中华现代学术名著丛书

国史要义

柳诒徵 著

2020年·北京

图书在版编目(CIP)数据

国史要义/柳诒徵著.—北京:商务印书馆,2011
(2020.2重印)
(中华现代学术名著丛书)
ISBN 978-7-100-08445-1

Ⅰ.①国… Ⅱ.①柳… Ⅲ.①中国历史—史评
Ⅳ.①K207

中国版本图书馆 CIP 数据核字(2011)第 125996 号

权利保留,侵权必究。

中华现代学术名著丛书
国 史 要 义
柳诒徵 著

商 务 印 书 馆 出 版
(北京王府井大街36号 邮政编码100710)
商 务 印 书 馆 发 行
北 京 通 州 皇 家 印 刷 厂 印 刷
ISBN 978-7-100-08445-1

2011年10月第1版　　开本880×1240 1/32
2020年2月北京第2次印刷　印张 10⅝　插页 1
定价:35.00元

柳诒徵

(1880—1956)

出版说明

百年前,张之洞尝劝学曰:"世运之明晦,人才之盛衰,其表在政,其里在学。"是时,国势颓危,列强环伺,传统频遭质疑,西学新知亟亟而入。一时间,中西学并立,文史哲分家,经济、政治、社会等新学科勃兴,令国人乱花迷眼。然而,淆乱之中,自有元气淋漓之象。中华现代学术之转型正是完成于这一混沌时期,于切磋琢磨、交锋碰撞中不断前行,涌现了一大批学术名家与经典之作。而学术与思想之新变,亦带动了社会各领域的全面转型,为中华复兴奠定了坚实基础。

时至今日,中华现代学术已走过百余年,其间百家林立、论辩蜂起,沉浮消长瞬息万变,情势之复杂自不待言。温故而知新,述往事而思来者。"中华现代学术名著丛书"之编纂,其意正在于此,冀辨章学术,考镜源流,收纳各学科学派名家名作,以展现中华传统文化之新变,探求中华现代学术之根基。

"中华现代学术名著丛书"收录上自晚清下至20世纪80年代末中国大陆及港澳台地区、海外华人学者的原创学术名著(包括外文著作),以人文社会科学为主体兼及其他,涵盖文学、历史、哲学、政治、经济、法律和社会学等众多学科。

出版说明

出版"中华现代学术名著丛书",为本馆一大夙愿。自1897年始创起,本馆以"昌明教育,开启民智"为己任,有幸首刊了中华现代学术史上诸多开山之著、扛鼎之作;于中华现代学术之建立与变迁而言,既为参与者,也是见证者。作为对前人出版成绩与义化理念的承续,本馆倾力谋划,经学界通人擘画,并得国家出版基金支持,终以此丛书呈现于读者面前。唯望无论多少年,皆能傲立于书架,并希冀其能与"汉译世界学术名著丛书"共相辉映。如此宏愿,难免汲深绠短之忧,诚盼专家学者和广大读者共襄助之。

商务印书馆编辑部
2010年12月

凡　　例

一、"中华现代学术名著丛书"收录晚清以迄20世纪80年代末,为中华学人所著,成就斐然、泽被学林之学术著作。入选著作以名著为主,酌量选录名篇合集。

二、入选著作内容、编次一仍其旧,唯各书卷首冠以作者照片、手迹等。卷末附作者学术年表和题解文章,诚邀专家学者撰写而成,意在介绍作者学术成就、著作成书背景、学术价值及版本流变等情况。

三、入选著作率以原刊或作者修订、校阅本为底本,参校他本,正其讹误。前人引书,时有省略更改,倘不失原意,则不以原书文字改动引文;如确需校改,则出脚注说明版本依据,以"编者注"或"校者注"形式说明。

四、作者自有其文字风格,各时代均有其语言习惯,故不按现行用法、写法及表现手法改动原文;原书专名(人名、地名、术语)及译名与今不统一者,亦不作改动。如确系作者笔误、排印舛误、数据计算与外文拼写错误等,则予径改。

五、原书为直(横)排繁体者,除个别特殊情况,均改作横排简体。其中原书无标点或仅有简单断句者,一律改为新式标点,专名号从略。

六、除特殊情况外,原书篇后注移作脚注,双行夹注改为单行夹注。文献著录则从其原貌,稍加统一。

七、原书因年代久远而字迹模糊或纸页残缺者,据所缺字数用"□"表示;字数难以确定者,则用"(下缺)"表示。

目　　录

史原第一 …………………………………………… 1
史权第二 …………………………………………… 24
　　附：汉之尚书 …………………………………… 46
史统第三 …………………………………………… 65
史联第四 …………………………………………… 87
史德第五 …………………………………………… 108
史识第六 …………………………………………… 138
史义第七 …………………………………………… 168
史例第八 …………………………………………… 210
史术第九 …………………………………………… 248
史化第十 …………………………………………… 280

柳诒徵先生学术年表 ……………………………… 贾浩 310
揭开"现代"的遮蔽，走向对传统理解的澄明 ………… 向燕南 316

史 原 第 一

　　史之初兴,由文字以记载,故世称初造文字之仓颉、沮诵为黄帝之史。

　　《世本》:沮诵、苍颉作书。宋衷曰:黄帝之世,始立史官,苍颉、沮诵居其职。(《初学记》)为黄帝左右史。

　　纪述事迹,宣明时序,推迁之久,历数以兴,故世亦称羲和、大挠之伦为黄帝之史。

　　《世本》:黄帝使羲和占日,常仪占月,臾区占星气,伶伦造律吕,大挠作甲子,隶首作算数。容成综此六术,著调历。(《史记·历书·索隐》)宋衷曰:皆黄帝史官也。(《左传序疏》)

　　盖先有创作,而后人追溯而锡之职名,非当部族初兴之时,已有史官也。然经籍论文字历数之用,皆重在施政教民。

　　《易·系辞》:上古结绳而治,后世圣人易之以书契,百官以治,万民以察。

《说文序》：黄帝之史仓颉，见鸟兽蹄迒之迹，知分理之可相别异也，初造书契。百工以乂，万品以察。

《尧典》：钦若昊天，敬授人时。

则凡民众之需要，皆恃部落酋长左右疏附者之聪明睿知以启之，而后凡百事为，乃有所率循而不紊。民之所仰，职有所专，由是官必有史。而吾国之有史官乃特殊于他族。《说文》释"史"字曰："史，记事者也。"是为通义。吾国与他族之史，皆记事也。《周官》释史曰："史掌官书以赞治。"此为吾史专有之义。由赞治而有官书，由官书而有国史。视他国之史起于诗人，学者得之传闻，述其轶事者不同。世谓吾民族富于政治性，观吾史之特详政治及史之起原，可以知其故矣。

《周官》：宰夫掌百官府之征令，辨其八职。六曰史掌官书以赞治。

国产多竹，编削为书，可执可记，可阁可藏。是亦异于他族，而言史原者所宜究也。《王制》曰：太史执简记。《国语》曰：右执鬼中。皆执竹也。与竹并用者，亦有木版，曰方。《聘礼记》曰：百名以上书于策，不及百名书于方。《中庸》曰：文武之政，布在方策。《周官》：司书掌邦中之版。木版固与竹简并用，然以其不利于编排，故用竹为多。编集竹片，则名曰册。重要之册，以丌阁藏，则名曰典。司此要籍，因亦曰典。

《说文》：典从册在丌上，尊阁之也。

古史孔多，唐虞时已有五典。史克述《虞书》慎徽五典。(《左传·文公十八年》)《皋陶谟》称五典五惇。是唐虞之前，已有若干典也。五惇之义，自来未析，稽之《内则》，盖古有惇史，记载长老言行。《皋陶谟》所谓五典五惇，殆即惇史所记善言善行可为世范者。故历世尊藏，谓之五典五惇。史所记，谓之五惇，犹之宋元史官所编之书，谓之宋史、元史矣。

《内则》：凡养老，五帝宪，三王有乞言。五帝宪，养气体而不乞言，有善则记之为惇史。(吾史注重嘉言懿行，盖自惇史以来即然。)三王亦宪，既养老而后乞言，亦徵其礼，皆有惇史。

典册相承，历世滋多。周公诰多士曰："惟尔知：惟殷先人有册有典。"吾史首《尧典》，固即夏商相传之典矣。史典旧典，通知程式，记事命官，必资史以作册。《周书·克殷》载尹佚筴，《洛诰》曰：王命作册，逸祝册。世存金文，亦多本史册。史册之积累者，不知凡几。今所传诵，特选择宝藏亿万中之一二耳。第竹简短狭，不能多书，一简裁二十许字。记事尚简，实缘限于工具，故必扼要而言，或为综述之语。今人以他国古代诗歌繁衍，或近世史传详赡，病吾古史之略，至诋《春秋》为账簿式，不足称史书者，皆未就古人用竹简之时代着想。即刘氏《史通》谓叙事之工者，以简要为主，推本《尚书》寡事，《春秋》省文，亦未能说明其所以寡事省文之原也。古史官之可考者，盖始于虞之伯夷。

《大戴记·诰志》：丘闻周太史曰：政不率天，下不由人。则凡事易坏而难成。虞史伯夷曰：明，孟也。幽，幼也。雌雄迭兴，而顺至正之统也。（孔广森曰：引之言率天之事。）

孙星衍《尚书今古文注疏·皋陶谟疏》：史公云：禹、伯夷、皋陶相与语帝前。经文无伯夷者。《大戴礼·诰志篇》子引虞史伯夷曰：明，孟也。幽，幼也。以解幽明庶绩咸熙。是伯夷为虞史官。史迁以皋陶方祗厥叙，及夔曰戛击鸣球至庶尹允谐，为史臣叙事之文，则即伯夷所述语也。

夏商之史，相传有终古及向挚，皆掌图法。

《吕氏春秋·先识》：夏桀迷惑，太史令终古出其图法，执而泣之。殷纣迷惑，内史向挚载其图法，出亡之周。

《酒诰》称太史友、内史友，足证商代有太史、内史诸职。第其职务不可详。考周之史官若史佚、辛甲之伦，皆开国元老，史官地位特尊，故设官分职，视唐虞夏商为多，而其职掌又详载于《周官》。自《隋志》以来，溯吾史原，必本之周之五史。惟后世囿于史官但司记注撰著，初不参加当时行政，故于《周官》五史之职掌，若与史书史学无关，但知溯职名所由来，而不悟政学之根本。实则后史职权，视周代有所减削而分析，而官书史体，及其所以为书之本，皆出于周也。

《周官·春官宗伯》序官：太史下大夫二人，上士四人，小史中士八人，下士十有六人，府四人，史八人，胥四人，徒四十人。内史中大夫一人，下大夫二人，上士四人，中士八人，下士十有六人，府四人，史八人，胥四人，徒四十人。外史上士四人,中士八人,下士十有六人,胥二人,徒二十人。御史中士八人,下士十有六人,其史百有二十人(此句特殊,载明其史,且载于府之上),府四人,胥四人,徒四十人。

又,太史掌建邦之六典,以逆邦国之治,掌法以逆官府之治,掌则以逆都鄙之治。凡辨法者考焉,不信者刑之。凡邦国都鄙及万民之有约剂者藏焉,以贰六官。六官之所登,若约剂乱,则辟法,不信者刑之。正岁年以序事,颁之于官府及都鄙,颁告朔于邦国。闰月,诏王居门终月。大祭祀,与执事卜日。戒及宿之日,与群执事读礼书而协事。祭之日,执书以次位常,辨事者考焉,不信者诛之。大会同朝觐,以书协礼事,及将币之日,执书以诏王。大师,抱天时,与太师同车。大迁国,抱法以前。大丧,执法以莅劝防,遣之日,读诔,凡丧事考焉。小丧,赐谥。凡射事,饰中舍算,执其礼事。

又,小史掌邦国之志,奠系世,辨昭穆,若有事,则诏王之忌讳。大祭祀,读礼法,史以书叙昭穆之俎簋。大丧、大宾客、大会同、大军旅,佐太史。凡国事之用礼法者,掌其小事。卿大夫之丧,赐谥读诔。

又,内史掌王之八枋之法,以诏王治。一曰爵,二曰禄,三曰废,四曰置,五曰杀,六曰生,七曰予,八曰夺。执国法及国令之贰,以考政事,以逆会计。掌叙事之法,受纳访,以诏王听治。凡命诸侯及孤卿大夫,则策命之。凡四方之事书,内史读之。王制禄,则赞为之,以方出之。赏赐亦如之。内史掌书王命,遂贰之。

又,外史掌书外令,掌四方之志,掌三皇五帝之书,掌达书名于四方。若以书使于四方,则书其令。

又，御史掌邦国都鄙及万民之治令，以赞冢宰。凡治者受法令焉，掌赞书，凡数从政者。

总五史之职，详析其性质，盖有八类。执礼，一也。掌法，二也。授时，三也。典藏，四也。策命，五也。正名，六也。书事，七也。考察，八也。归纳于一则曰礼。五史皆属春官宗伯。春官为典礼之官，即《尧典》之秩宗。伯夷以史官典三礼，其职犹简。故宗伯与史不分二职。历夏商至周，而政务益繁，典册益富，礼法益多，命令益夥，其职不得不分。然礼由史掌，而史出于礼。则命官之意，初无所殊。上溯唐虞，下及秦汉，官制源流，历历可循。《汉书·百官公卿表》：奉常，秦官，掌宗庙礼仪，属官有太史令丞。景帝更奉常为太常，后汉因之，太史仍属太常。此非本于《周官》五史之隶春官宗伯欤！

于此有最宜注意之一事，即《曲礼》述古官制，太史与太宰，同为天官，典司六典。与五官之典司五众者，显有司天与治人之分。而《周官》则冢宰为天官，太史属春官，皆为治人事之官也。

《曲礼》：天子建天官，先六大，曰大宰、大宗、大史、大祝、大士、大卜，典司六典。天子之五官，曰司徒、司马、司空、司士、司寇，典司五众。

推迹初民，震耀于自然现象，祷祈祭祀，最归仰于神明。故宗祝卜史，皆司天之官。而所谓太宰者，实亦主治庖膳，为部落酋长之下之总务长。祭祀必有牲牢，故宰亦属天官。《曲礼》所述，盖邃古之遗闻，距周已久远矣。颛顼以来，绝地天通，司天者渐趋重于司人。观《楚语》观射父述天地神明类物之官之演变可见。其中论宗之职,以能知牺牲之物而又心率旧典者为言,足知宗与宰史之联系。

> 《楚语》:观射父曰:古者民神不杂。使名姓之后,能知四时之生,牺牲之物,玉帛之类,采服之仪,彝器之量,次主之度,屏摄之位,坛场之所,上下之神,氏姓之出,而心率旧典者为之宗。

舜命伯夷典三礼,即以其心率旧典也。《吕刑》述命重黎绝地天通之后,称伯夷降典,折民惟刑,在禹平水土、稷降播种之上。知伯夷所典之礼之中,已有法制刑章,而非徒专治祭祀矣。马融释三礼,为天神地祇人鬼之礼。郑玄易之曰:天事、地事、人事之礼也。义各有当。最古之礼,专重祭祀,历世演进,则兼括凡百事为。宗史合一之时已然,至周则益崇人事。此宗与史古为司天之官,而后来为治人之官之程序也。

古之宰为天官也,与史联事。周之冢宰为天官也,仍与史联事。盖部落酋豪之兴,必倚一人副之以绾百务,又必倚一人随之以记所为。于是总务长与秘书长之两员,为构成机关必不可少之职务。相沿既久,而史与相乃并尊。相绾百务,史司案牍,互助相稽,以辅首领。故虽由司天者演变而治人事,其联系不可变也。周之六官,惟宰握典法则柄全权,其他百僚,不能相抗,惟史所掌,与宰均衡。虽宰之所属,如小宰司会司书,亦掌典法则之贰,但小宰等仅以助长官之本职,非相考察也。五史之职则全部官书咸在,据之以逆以考以辨以赞,非司会司书之比。宰及百官,不能紊法违章,实由于此。行政妙用,基于累世之经验,非一时一人凭理想而制订也。

《大戴记》曰:德法者,御民之衔勒也。吏者,辔也。刑者,筴也。天子御者,内史太史左右手也。古者以法为衔勒,以官为辔,以刑为筴,以人为手。故御天下数百年而不懈堕。又曰:是故天子御者,太史内史左右手也。六官亦六辔也。天子三公,合以正六官,均五政,齐五法,以御四者,故亦惟其所引而之。(《盛德篇》)此解释周官史职,最为精卓。古之有史,非欲其著书也,倚以行政也。然倚史以行政,而又属之春官,不为天子私人,其秩亦止中下大夫,而非公卿。虽得考察冢宰及百官,而必守礼奉法,有宗伯以临之,有冢宰以统之。尊卑总别之间,所以能得设官之利而无其弊也。

古制既明,史原乃有可考。史官掌全国乃至累世相传之政书,故后世之史,皆述一代全国之政事。而尤有一中心主干,为史法、史例所出,即礼是也。传称韩宣子适鲁,观书于太史氏,见《易》、《象》与《鲁春秋》,曰:周礼尽在鲁矣。吾乃今知周公之德与周之所以王也。(《左传》昭公二年)此《春秋》者,鲁史官相传之书,尚非孔子所修者。然已非泛泛记事之书。其所书与不书,皆有以示礼之得失。故韩起从而叹之。使为普通书记所掌档案,他国皆有,韩起何必赞美?故世谓古者止有书记官之史,而无著作家之史,必至汉魏以来始有著作家之史者,正坐不知此义也。古史浩繁,人难尽阅,掌档案者,既有全文,必为提要。苟无提要,何以诏人?故史官提要之书,必有定法,是曰礼经。《左传》隐公七年春滕侯卒,不书名,未同盟也。凡诸侯同盟,于是称名,故薨则赴以名,告终称嗣也,以继好息民,谓之礼经。杜预谓此言凡例,乃周公所制礼经也。

周公所制，虽无明文，要以五史属于礼官推之，史官所书早有礼经以为载笔之标准，可断言也。

世传夏殷已有《春秋》，墨子尝见百国《春秋》。

> 《史通》：春秋家者，其先出于三代。案《汲冢琐语》记太丁时事，目为夏殷《春秋》。……《孟子》曰：晋谓之《乘》，楚谓之《梼杌》，而鲁谓之《春秋》，其实一也。然则《乘》与《纪年》、《梼杌》，其皆《春秋》之别名者乎？故墨子曰：吾见百国《春秋》。盖皆指此也。

鲁之《春秋》何以能见周礼，而他国之《春秋》不能见乎？此一疑问也。学者但取《墨子·明鬼篇》所述周之《春秋》、燕之《春秋》、宋之《春秋》、齐之《春秋》所载神鬼之事，与孔子所修之鲁之《春秋》相较，即知鲁之《春秋》，最重人事，不载一切神话，其体最为纯洁，其书最有关于政治。故韩愈以谨严二字目之。古史起于神话，吾国何独不然。惟礼官兼通天人，而又总摄国政，知神话之无裨人事，乃有史例以定范围。（《史记》析《封禅书》与《礼书》为二。《汉书·郊祀志》亦不并入《礼乐志》。皆以别神话史与人事史也。）虽周宣王时之《春秋》，尚记杜伯之事，亦见《国语》，非墨子所臆造。以至左丘明之所传，《山海经》之所载，搜神述异，往往而有。而鲁之《春秋》，不此之务，惟礼为归。此韩起所以云然。惟鲁史虽一禀礼经，而犹有未尽谛者。如晋侯召王，虽为实事，不明君臣之分，故必改书曰：天王狩于河阳。

> 《左传》僖公二十八年：晋侯召王，以诸侯见，且使王狩。

仲尼曰：以臣召君，不可以训。（据此知鲁旧史盖据实书晋侯召王。）故书曰：天王狩于河阳。言非其地也，且明德也。

又有属辞未简，有所改订。如雨星不及地尺而复，修之曰：星陨如雨。则著作之演进而益精者也。

《公羊传》庄公七年：不修《春秋》曰：雨星不及地尺而复。君子修之曰：星陨如雨。

三传之释《春秋》也，各有家法，不必尽同，而其注重礼与非礼则一也。例如天王使家父来求车，丹桓宫楹，刻其桷，三传皆言其非礼。

《左传》桓公十五年春：天王使家父来求车，非礼也。
又，庄公二十三年秋：丹桓宫之楹。二十四年春：刻其桷。皆非礼也。
《公羊传》：桓公十五年春二月：天王使家父来求车。何以书？讥。何讥尔？王者无求，求车非礼也。
庄公二十三年秋：丹桓宫楹。何以书？讥。何讥尔？丹桓宫楹，非礼也。二十四年春王三月刻桓宫桷。何以书？讥。何讥尔？刻桓宫桷，非礼也。《穀梁传》桓公十五年春二月：天王使家父来求车。古者诸侯时献于天子，以其国之所有，故有辞让而无征求。求车非礼也。求金甚矣。

庄公二十三年秋：丹桓宫楹。礼，天子诸侯黝垩，大夫仓，士黈。丹楹非礼也。二十四年春王三月，刻桓宫桷。礼，天子之椫斫之砻之,加密石焉。诸侯之椫斫之砻之,大夫斫之,士斫木。刻桷非正也。夫人,所以崇宗庙也,取非礼与非正而加之于宗庙,以饰夫人,非正也。(《穀梁》尤尚正义,故迭言非正非礼之原起于非正之心,斥庄公以非正之心饰夫人,因之肆行非礼也。)

其他言礼与非礼者,不可胜举。后史承之,褒讥贬抑,不必即周之典法,要必本于君臣、父子、夫妇、兄弟之礼,以定其是非。其饰辞曲笔无当于礼者,后史必从而正之。故礼者,吾国数千年全史之核心也。伯夷所典,五史所掌,本以施于有政,范畴当时。久之社会变迁,人事舛牾,史官所持之礼,仅能为事外之论评,不能如周官之逆辨考赞矣。而赖此一脉之传,维系世教,元凶巨憝有所畏,正人君子有所宗。虽社会多晦盲否塞之时,而史书自有其正大光明之域。以故他族史籍,注重英雄宗教物质社会,第依时代演变,而各有其史观,不必有缃缃相承之中心思想。而吾国以礼为核心之史,则凡英雄宗教物质社会依时代之演变者,一切皆有以御之,而归之于人之理性,非苟然为史已也。

《史通·书志篇》:夫刑法礼乐,风土山川,求诸文籍,出于三礼。及班马著史,别裁书志,考其所记,多效礼经。章学诚《礼教篇》亦曰:史家书志之原,本于官礼。《史记》之《天官》、《平准》等书,犹以官职名篇,惜他篇未尽然也。两君皆以史之书志本于官礼,盖仅就著述之形式言之,而不知史家全书之根本皆系于礼。何其视礼之隘也!夫本纪、世家何以分?分于礼也。封爵、交聘何以表?表以礼也。列传之述外戚、宦官、佞幸、酷吏、奸臣、叛逆、伶官、义儿,何以定名?由礼定之也。名臣、卓行、孝友、忠义,何以定名？以礼定之也。不本于礼,几无以操笔属辞。第以镕冶之深,相承有自,漫谓故事当尔,遂未溯其本原,斯则就史言史者之失也。然即就史言史,亦必基于此中心思想而后有所评衡。例如马迁之纪项羽,蔚宗之纪后妃,刘氏何以讥之？(见《史通·本纪》、《列传》等篇。)《晋史》党晋而不有魏,《齐史》党齐而不有宋,郑氏何以讥之？(见《通志序》)一经谛思,本末具见。特前人习之而不必言,今人忘之而以为不足言耳。

以史言史者之未识史原,坐以仪为礼也。仅知仪之为礼,故限于史志之纪载典章制度,而若纪表列传之类不必根于礼经。不知典章制度节文等威繁变之原,皆本于天然之秩叙。故《皋陶谟》之言典礼,曰:天叙天秩,天不可见,则征之于民。曰:天聪明自我民聪明,天明畏自我民明威。

> 《皋陶谟》:天叙有典,敕我五典五惇哉。(郑玄曰:五典,五教也。五教据《左传》谓父义、母慈、兄友、弟恭、子孝。据《孟子》谓父子有亲、君臣有义、夫妇有别、长幼有序、朋友有信。)天秩有礼,自我五礼有庸哉。(郑玄曰:五礼,天子也,诸侯也,卿大夫也,士也,庶民也。)天命有德,五服五章哉。天讨有罪,五刑五用哉。天聪明自我民聪明,天明畏自我民明威。

五典由惇史所传,条举人类之伦理,而爵赏刑章由之而渐行制定。此五种伦理思想,必非一王一圣所创垂,实由民族之聪明所表现。于何征之？《尧典》曰:放勋乃殂落,百姓如丧考妣,三年,四海遏密八音。可见唐虞以前,吾民族早有孝念考妣之风尚,故史臣举此以形容其思君之哀。使其时民众但知暱其妻孥,不知有考妣,则状况哀痛,当曰:如丧艳妻爱子。胡为举考妣乎?民俗之兴,发源天性,圣哲叙之,遂曰天叙。推之天子、诸侯、大夫、士庶,宜有秩次,亦出于天。而礼之等威差别,随以演进矣。从民俗而知天,原天理以定礼。故伦理者,礼之本也;仪节者,礼之文也。观秩叙之发明,而古史能述此要义。司马迁所谓究天人之际者,盖莫大乎此。徒执书志以言礼,不惟隘于礼,抑亦隘于史矣。

天人之际,所包者广。本天叙以定伦常,亦法天时以行政事。故古者太史之职,在顺时觇土,以帅阳官,守典奉法,以行月令。

《周语》:古者太史顺时觇土。……先时九日,太史告稷曰:自今至于初吉,阳气俱蒸,土膏其动。……稷以告王,曰:史帅阳官,以命我司事。……太史赞王,王敬从之。……后稷省功,太史监之。

《月令》:先立春三日,太史谒之天子曰:某日立春。(夏秋冬同)……乃命太史守典奉法,司天日月星辰之行,宿离不贷,毋失经纪,以初为常。……季冬之月,天子乃与公卿大夫共饬国典,论时令,以待来岁之宜。乃命太史次诸侯之列,赋之牺牲,以共皇天上帝社稷之飨。

《周官》太史之职,赅之曰正岁年以叙事。此叙事二字,固广指行政。而史书之以日系月,以月系时,以时系年,所以纪远近别同异者,亦赅括于其内矣。古史年月,或有简略。《周书》宝典,首曰维王三祀二月丙辰朔。王在鄗则年月日地四者具焉。其纪时者,若尝麦书维四年孟夏,王初祈祷于宗庙。又曰:太史乃藏之盟府,以为岁典。其后史例益进,则虽无事必书首时,编年史之渊源若此。视他族由教堂纪事之牌乃渐汇而为编年史者,何如乎?

复次,古史授时,重在行政。记言记事,挚乳相因,其体制必多复杂。孔子曰:我欲载之空言,不如见之行事之深切著明也。而纯粹记事不杂空言之《春秋》乃成定体。其后若《虞氏春秋》、《吕氏春秋》,殆沿古者有杂记空言之《春秋》而为之。而《吕览》首十二纪,尤可见其名"春秋"之意。战国时,孔子所修之《春秋》已盛行(观《庄子》、《韩非子》所称《春秋》可见),亦有记空言之《春秋》,如《桃左春秋》曰:人主之疾死者,不能处半。(《韩非子·备内篇》)即记空言者也。为《吕览》者,首陈时令,而又以纪治乱存亡,盖欲在孔子所修《春秋》之外,别树一记言之《春秋》之帜。要亦出于古法,不得谓之非史。故史公与孔子之《春秋》牵连言之。刘知幾不明斯义,世之专攻吕书者亦未之思也。

> 《吕氏春秋·序意》:凡十二纪者,所以纪治乱存亡也(推当时人著书之意,盖重在能使读此书者知治乱存亡,不必逐年依次书写事实。且人之所以欲知前古之治乱存亡者,在能本之以治当时之国政。故摘取史实,参以议论,以证明其授时行政之重要而已。孔子之《春秋》,主旨亦在纪治乱存亡,而其言约义丰,别有《左氏春秋》辅之,纲举目张,不同诸子。且其法在假日月以定历数,藉朝聘以正礼乐。《吕纪》授时行政之意,亦在其中矣),所以知寿夭吉凶也。上揆之天,下验之地,中审之人。若此则是非可不可,无所遁矣。行也者,行其理也,行数循其理。(今《月令》在《小戴记》中,即礼也,礼即循理之谓。)

> 《史记·十二诸侯年表序》:赵孝成王时,其相虞卿上采

《春秋》，下观近世，亦著八篇为《虞氏春秋》。吕不韦者，秦庄襄王相，亦上观尚古，删拾《春秋》，集六国时事，以为八览六论十二纪，为《吕氏春秋》。及如荀卿、孟子、公孙固、韩非之徒，往往捃摭《春秋》之文以著书，不可胜纪。

《史通·六家》：儒者之说《春秋》也，以事系日，以日系月，言春以包夏，举秋以兼冬。年有四时，故错举以为所记之名也。苟如是，则晏子、虞卿、吕氏、陆贾，其书篇第本无年月，而亦谓之《春秋》，盖有异于此者也。（刘书专泥形式，故拘守《汉志》左史记言、右史记事，事为《春秋》、言为《尚书》之语，谓《尚书》为例不纯，执班书为断代史，力诋《古今人表》，皆未观其通也。）

举百国《春秋》、《桃左春秋》、《吕氏春秋》，与孔子所修之《春秋》及《左氏春秋》相较，皆有不逮。故治史者祖之，非漫然传习其术也。知《春秋》者，莫若庄周，揭其要旨，曰：《春秋》以道名分。（《庄子·天下篇》）名分者何？礼也。礼者，史之所掌。天子、诸侯、卿大夫、士之于君臣、父子、夫妇、兄弟及国际友朋之礼，胥有典法，示人遵守。故《春秋》依其名分，辩其是非，以求治人之道。《记》曰：名者，人治之大者也。《春秋》操之，故长于治人。

《史记·太史公自序》：《春秋》辨是非，故长于治人。
《大传》：名者，人治之大者也，可无慎乎！

顾名之源流，亦多曲折，治史者不可不知也。古之文字，即曰名。《祭法》曰：黄帝能正名百物，以明民共财。当时之所谓正名，盖推行仓、沮之文字，使知分理之相别异，远夷遐方，盖不相通。《禹贡》曰：揆文教。又曰：声教讫于四海。则吾华夏之族，推行文字，教之发音，渐广而及于其时之四海矣。《周官》外史，掌达书名于四方。《大行人》曰：王之所以抚邦国诸侯者……九岁属瞽史，谕书名，听声音。明文字为史之专职，而其赞治之效不徒记事，尤重同文。周宣王太史籀作大篆，秦太史令胡毋敬作博学七章，皆史官所有事。汉法，太史试学僮能讽书九千字以上，乃得为吏，故其时谓通行之文字为史书。（段氏《说文注》详述汉人之习史书。）则据古谊而言，后世谓乙部为史书者，乃冒古者文字之名。而世所矜言之小学出于保氏六书者，亦当谓之史学矣。惟此史学为后世经生及闾里书师所尸，而史官不之重，故迄今同文正名之功，犹有未竟。苗徭诸族，不能通吾秦汉以来之文字，则由古史职之义不明也。

名之为用，明民广教，为政治统一之工具，初非为礼家表彣彰，史家立义法也。然世变相沿，文质递变，为礼者乃详为区别，以表彣彰。如同一祭祀也，别之以祠、礿、尝、烝；同一田猎也，别之以苗、搜、狩、狝。名号凡目，粲然各殊，在今人视之，若甚无谓；而深察其意者，且以之言天人之际焉。

《春秋繁露·深察名号篇》：名也者，名其别离分散也。号凡而略，名详而目。目者遍辩其事也，凡者独举其大也。享鬼神者，号一曰祭。祭之散名，春曰祠，夏曰礿，秋曰尝，冬曰烝。猎禽兽者，号一曰田。田之散名，春苗秋搜冬狩夏狝。无有不皆中天意者。物莫不有凡号，号莫不有散名。如是，是故事如顺于名，名各顺于天，天人之际，合而为一。

推之人之命名，以昭彼已之别。生之有死，初无贵贱之殊。男女之有匹偶，公务之有主从，由质而言，均可表示。而尚文之世，必广为之礼，以寓其教民淑世之旨。如《记》称周道幼名，冠字，五十以伯仲，死谥，一人之身，自氏族外，复有若干称谓。他族读吾书者，每不之解，即吾国治史者亦多病之。（章氏《繁称篇》及《陔馀丛考》卷二"《左传》叙事氏名错杂"条均言之。）原礼之初意，由幼而冠，由冠而艾，勖以成人，昭其进德。要之没身加以考核，大行受大名，细行受细名，其律人若是之严也。

《周书·谥法》：谥者行之迹也，号者功之表也，车服者位之章也。是以大行受大名，细行受细名，行出于己，名生于人。

太史治大丧，于遣之日读诔，盖告于南郊，称天以诔。

《曾子问》：贱不诔贵，幼不诔长，礼也。惟天子称天以诔之。

《白虎通义》：天子崩，大臣至南郊谥之者何？以为人臣之义，莫不欲褒称其君，掩恶扬善者也。故之南郊，明不得欺天也。

故孟子曰：名之曰幽厉，虽孝子慈孙百世不能改。楚共王之殁，自请为灵若厉（《左传·襄公十三年》）。躬之不淑，则受谴人天。元首之尊，莫逃公议，此所以为名教。嬴政不知，但取世及以暨万世，虽亦不过由文而质，而礼意之亡，诈亦寻蹑。汉人复之，谥兼美恶。宋后始止美谥。（详《陔馀丛考》卷十六"两汉六朝谥法"条历举诸史之争谥议者。）而师儒锡字，多有字说以教青年，盖无往而非使人顾名思义也。

史本于礼而尚文，故曰文胜质则史。说《春秋》者，遂谓孔子之修《春秋》，欲反周之文从殷之质。其义深博，兹不缕举。第就《春秋》道名分言之。卫侯复国，灭同姓而称名。

《左传》僖公二十五年经：春王正月丙午，卫侯毁灭邢。杜注：卫、邢同姬姓，恶其亲亲相灭，故称名罪之。

《曲礼》：诸侯不生名，诸侯失地名，灭同姓名。

杞君来朝，用夷礼而称子。

《左传》僖公二十七年春经：杞子来朝。传：杞桓公来朝，用夷礼，故曰子。

郑克叔段，示灭兄弟之恩。

《左传》隐公元年：郑伯克段于鄢。段不弟，故不言弟。如二君，故曰克。称郑伯，讥失教也。

晋杀申生，以彰父子之变。

《左传》僖公五年经：晋侯杀其世子申生。杜注：称晋侯，恶用谖。

《公羊传》：晋侯杀其世子申生。曷为直称晋侯以杀？杀世子母弟，直称君者，甚之也。

崩薨卒葬，区内外而有书否。

《公羊传》：隐公三年三月庚戌，天子崩。何以不书葬？天子记崩不记葬，必其时也。诸侯记卒(《春秋》鲁公书薨，诸侯则书卒)记葬，有天子存不得必其时也。曷为或言崩，或言薨？天子曰崩，诸侯曰薨，大夫曰卒，士曰不禄。

又十一年：《春秋》君弑贼不讨，不书葬，以为无臣子也。子沈子曰：君弑，臣不讨贼，非臣也；子不复仇，非子也。

州国名字，别夷夏而示进退。

《公羊传》庄公十年：荆者何？州名也。州不若国，国不若氏，氏不若人，人不若名，名不若字，字不若子。

《穀梁传》庄公十四年：州不如国，国不如名，名不如字。

伯姬朝子，则一语参讥。

《穀梁传》僖公五年：杞伯姬来朝其子。妇人既嫁不逾竟，逾竟非正也。诸侯相见曰朝，伯姬为志乎朝其子也。伯姬为志乎朝其子，则是杞伯失夫之道矣。诸侯相见曰朝，以待人父之道待人之子，非正也。故曰杞伯姬来朝其子，参讥也。

缯子同谋,则婚姻不正。

又十四年:季姬及缯子遇于防,使缯子来朝。遇者同谋也,来朝者来请己也。朝不言使,言使非正也,以病缯子也。

其文极简,而示礼极严。执名分以治人,而人事悉括于其中而无所遁。后史视之,侗乎远矣!

古史限于工具,则文简。后史利用缣纸,则文丰。丰者详举事状,不必约以一辞。而史义相承,仍必谨于名分。如陈寿《魏志》,已逊范书,而于魏武之自进爵位,犹必临以天子,固亦自谓不失名分也。

《魏志·武帝纪》:建安元年,天子假太祖节钺,录尚书事。……天子拜公司空,行车骑将军。……十三年,汉罢三公官,置丞相御史大夫。夏六月,以公为丞相。……十八年,天子使御史大夫郗虑持节策命公为魏公。

《后汉书·献帝纪》:建安元年,镇东将军曹操自领司隶校尉,录尚书事。……曹操自为司空。……十三年,曹操自为丞相。……十八年,曹操自立为魏公,加九锡。

唐初玄武门之变,明代靖难兵之起,据事书之,可以见修史者进而益严。

《旧唐书·高祖纪》:武德九年六月庚申,秦王以皇太子建成与齐王元吉同谋害己,率兵诛之,诏立秦王为皇太子。

《新唐书·高祖纪》:九年六月丁巳,太白经天。庚申,秦王世民杀皇太子建成、齐王元吉。《太宗纪》:太子建成与齐王元吉谋害太宗,未发。九年六月,太宗以兵入玄武门,杀太子建成及齐王元吉。高祖大惊,乃以太宗为皇太子。

傅维鳞《明书·建文帝本纪》:建文元年秋七月癸酉,燕王棣兵起,号靖难。

《明史·建文帝本纪》:建文元年秋七月癸酉,燕王棣举兵反。

《史记·平准书》之终曰:烹弘羊,天乃雨。《汉书·张禹传》曰:上临候禹,禹数视其小子。范书《荀彧传》:彧饮药而卒,明年操遂称魏公云。以此知纪传之文,虽视《春秋》为详,而属辞严简,仍一脉也。《史通·称谓篇》首述孔子正名之说,次论诸史讹谬,谓何以申劝沮之义,杜渝滥之端。至清儒治史,偏尚考据矣,然论迁《史》而上推《舜典》。

《陔馀丛考》:《史记·高祖本纪》先总叙高祖一段,及述其初起事,则称刘季;得沛后称沛公;王汉后称汉王;即帝位后则称上。后代诸史皆因之。其实此法本于《舜典》,未即位以前称舜,即位之后分命九官即称帝曰。古时虽朴略,而史笔谨严如此。

论《通鉴》而兼驳辛楣。

《东塾读书记》:朱子答尤延之书云:温公旧例,凡莽臣皆书死,如太师王舜之类。独扬雄匿其所受莽朝官称,而以卒书,似涉曲笔。不免却按本例书之,曰莽大夫扬雄死。澧谓王莽篡汉,曹丕亦篡汉,仕于莽者皆书死,仕于丕者书卒(《纲目》书陈群卒),不能画一也。然钱辛楣谓史家通例,未有书死者(《春秋论》),则非也。《汉书·王莽传》书太师王舜死,大司马甄邯死,而《通鉴》因之,岂得云非史例乎?……《史记·秦始皇本纪》:三年,王龁死。七年,将军骜死。夏,太后死。十二年,文信侯不韦死。《秦楚之际月表》:二世元年,周文死,陈涉死。《郑世家》:郑子十二年,祭仲死。《赵世家》:肃侯十二年,商君死。孝成王十四年,平原君赵胜死。《韩世家》:昭侯二十二年,申不害死。《韩长孺传》:丞相田蚡死。《匈奴传》:骠骑将军去病死。以后诸史书死者亦不少。

义法之严,至一字必争其出入。由此可知名者人治之大。古人运之于礼,礼失而赖史以助其治。而名教之用,以之为约束联系人群之柄者,亘数千年而未替。以他族之政术本不基于礼义名教,而惟崇功利之史籍较之,宜其凿枘而不相入矣。夫人群至涣也,各民族之先哲,固皆有其约束联系其群之枢纽。或以武功,或以宗教,或以法律,或以物资,亦皆擅有其功效。吾民族之兴,非无武功,非无宗教,非无法律,亦非匮于物资,顾独不偏重于他民族史迹所趋,而兢兢然持空名以致力于人伦日用。吾人治史,得不极其源流而熟衡其利弊得失之所在乎!

老庄之学,最深于史,病儒者及史家之持空名,而为奸宄所盗也,则以礼教名义为不足恃。如曰:田成子一旦杀其君而盗其国,所盗者岂独其国耶?并与其圣知之法而盗之。圣人不死,大盗不止。其言若甚激切矣,然老庄所持以斥奸宄者,犹必用大盗之一辞,则是仍以名教也。《穀梁》曰:《春秋》有三盗。微杀大夫谓之盗,非所取而取之谓之盗,辟中国之正道以袭利谓之盗(哀公四年)。故老庄之恶大盗,无以异于《春秋》也。往有新闻记者,以史学相质,谓治史于今日,不必本之《春秋》矣。应之曰:君日从事于新闻,日操《春秋》之法,胡为有此言?使不操《春秋》之法,何必日日斥侵略国、书伪组织乎?此君闻之,恍然若失。由此可以知吾史之原,迄今日未失其功用也。

史 权 第 二

吾国史家,艳称南、董。秉笔直书,史之权威莫尚焉。

《左传》宣公二年:晋灵公不君。……赵穿攻灵公于桃园,宣子(赵盾)未出山而复。太史书曰:赵盾弑其君。以示于朝。宣子曰:不然。对曰:子为正卿,亡不越竟,反不讨贼,非子而谁?宣子曰:乌乎我之怀矣。自诒伊戚,其我之谓矣。孔子曰:董狐,古之良史也,书法不隐;赵宣子,古之良大夫也,为法受恶。

《公羊传》宣公六年:亲弑君者,赵穿也。亲弑君者赵穿,则曷为加之赵盾?不讨贼也。何以谓之不讨贼?晋史书贼曰:晋赵盾弑其君夷皋。赵盾曰:天乎!无辜,吾不弑君,谁谓吾弑君者乎?史曰:尔为仁为义,人弑尔君,而复国不讨贼,此非弑君而何?

《穀梁传》:宣公二年秋九月乙丑,晋赵盾弑其君夷皋。穿弑也,盾不弑,而曰盾弑,何也?以罪盾也。其以罪盾何也?曰:灵公朝诸大夫而暴弹之,观其辟丸也。赵盾入谏,不听;出亡,至于郊。赵穿弑公,而后反赵盾。史狐书贼曰:赵盾弑公。盾曰:天乎天乎!予无罪,孰谓盾而忍弑其君者乎?史狐曰:子为正卿,入谏不听,出亡不远。君弑,反不讨贼,则志同。志

史权第二

同则书重,非子而谁?故书之曰:晋赵盾弑其君夷皋。

《左传》襄公二十五年:崔杼妻棠姜美,庄公通焉。夏五月乙亥,公问崔子,遂从姜氏。侍人贾举止众从者,而入闭门。甲兴,公登台而请,弗许;请盟,弗许;请自刃于庙,勿许。公逾墙,射之,中股;反队,遂弑之。太史书曰:崔杼弑其君。崔子杀之,其弟嗣书而死者二人;其弟又书,乃舍之。南史氏闻太史尽死,执简以往,闻既书矣,乃还。

然赵盾、崔杼,当国重臣。史氏书事,公开不惧。崔杀三人,视赵盾之甘受恶名者,已大不同,而犹有踵而书者,杼亦无如何而听其书之。此事之大可疑者也。司马昭之弑逆,陈泰但敢曰:诛贾充以谢天下,而其进于此者乃不敢直言。

《魏志·陈泰传》注:干宝《晋纪》:高贵乡公之杀,司马文王会朝臣谋其故,太常陈泰不至。使其舅荀颛召之,子弟内外咸共逼之,垂涕而入。王待之曲室,谓曰:玄伯,卿何以处我?泰曰:诛贾充以谢天下。文王曰:为吾更思其次。泰曰:泰言惟有进于此,不知其次。文王乃不更言。《魏氏春秋》:帝之崩也,太傅司马孚、尚书右仆射陈泰枕帝尸于股,号哭尽哀。时大将军入于禁中,泰见之悲恸。大将军亦对之泣,谓曰:玄伯,其如我何?泰曰:独有斩贾充,少可以谢天下耳。大将军久之,曰:卿更思其他。泰曰:岂可使泰复发后言。遂欧血薨。

使晋齐诸国史官,无法守可据,纵一二人冒死为之,不能必四五人同执一辞,必书之而不顾一切。刘知幾但曰:为于可为之时则从,为于不可为之时则凶。又曰:烈士徇名,壮夫重气;宁为兰摧玉折,不作瓦砾长存。而董狐之时所以可为,顾未深考。盖时代悬隔,法制迥殊。止知重个人之气节,不知究古史之职权也。

《史通·直书》:夫为于可为之时则从,为于不可为之时则凶。如董狐之书法不隐,赵盾之为法受屈。彼我无忤,行之不疑,然后能成其良直,擅名今古。至若齐史之书崔弑,马迁之述汉非,韦昭仗正于吴朝,崔浩犯讳于魏国。或身膏斧钺,取笑当时;或书填坑窖,无闻后代。夫世事如此,而责吏臣不能申其强项之风,励其匪躬之节,盖亦难矣。……盖烈士殉名,壮夫重气;宁为兰摧玉折,不作瓦砾长存。若南、董之仗气直书,不避强御;韦、崔之肆情奋笔,无所阿容。虽周身之防有所不足,而遗芳余烈,人到于今称之。

春秋之时,史官盖有共同必守之法,故曰君举必书。

《左传》庄公二十三年:夏,公如齐观社,非礼也。曹刿谏曰:不可。夫礼所以整民也,故会以训上下之则,制财用之节;朝以正班爵之义,帅长幼之序,征伐以讨其不然。诸侯有王,王有巡守,以大习之,非是则君不举矣。君举必书,书而不法,后嗣何观?

又曰:德刑礼义,无国不记。

《左传》僖公七年:管仲曰:夫合诸侯以崇德也,会而列奸何以示后嗣。夫诸侯之会,其德刑礼义,无国不记。记奸之位君盟替矣。作而不记,非盛德也。

故一国君臣之大事,他国史策亦皆书之。如孙林父、宁殖出其君,名在诸侯之策。知一国之事,非仅本国记之,他国之史官有共同之书法以记之矣。

《左传》襄公二十年:卫宁惠子(宁殖)疾,召悼子(宁喜)曰:吾得罪于君,悔而无及也。名藏在诸侯之策,曰孙林父、宁殖出其君。君入则掩之。若能掩之,则吾子也;若不能,犹有鬼神,吾有馁而已,不来食矣。

世之考史者,徒知考辨古史记言记事孰左孰右,而不措意于春秋诸史无国不记之法,未为知要也。

《礼记·玉藻》:天子玄端而居,动则左史书之,言则右史书之。
《汉书·艺文志》:古之王者,世有史官,君举必书,所以慎言行,昭法式也。左史记言,右史记事。事为《春秋》,言为《尚书》。帝王靡不同之。

夫备物典策,祝宗卜史,惟伯禽始封为备。故曰周礼尽在鲁。他国史官,似不能尽秉周礼。

《左传》定公四年:分之土田陪敦,祝宗卜史,备物典策,官司彝器。因商奄之民,命以伯禽,而封于少皞之虚。……分唐叔以大路、密须之鼓、阙巩、姑洗,怀姓九宗,职官五正。命以康诰,而封于夏虚。

然观传文鲁举卜史典策,晋举职官五正,盖辞避重复,故官不列举。列国之有史官,遵用周制,当日始封已然。其史官出于王朝,守其世学者,殆尤笃于史德。董狐家世董晋典籍,推其远源,盖出于辛甲。

《左传》昭公十五年:王(景王)语籍谈曰:昔而高祖孙伯黡,司晋之典籍,以为大政,故曰籍氏。及辛有之二子董之,晋于是乎有董史。杜注:辛有,周人也。其二子适晋为太史,籍黡与之共董督晋典,因为董氏。董狐其后。

《晋语》:文王访于辛尹。韦注:辛,辛甲。尹,尹佚。皆周太史。

《汉书·艺文志》:道家:《辛甲》二十九篇。注:纣臣,七十五谏而去,周封之。

《左传》襄公四年:昔周辛甲之为太史也,命百官,官箴王阙。

其治典籍以为大政,非有王章,何所依据?故于君臣变故,奋死不顾。而巨憝权臣,亦有所严惮而莫之敢夺。《左氏》凡例,弑君书法,有称君称臣之别。此凡例者,殆董史等所共知。

《左传》宣公四年:凡弑君,称君,君无道也;称臣,臣之罪也。文公十六年：书曰：宋人弑其君杵臼，君无道也。

其究主名，申大义，或别有详于官制者。守道守官，甘以身殉，宜矣。

《左传》昭公二十年：仲尼曰：守道不如守官，君子韪之。
又定公四年：子鱼曰：社稷不动，祝不出竟，官之制也。（祝史同官。祝有官制，史亦有官制可见。）

公羊家之说，《春秋经》书弑君之贼不再见，而赵盾卫孙免侵陈，再见于宣公六年，以见盾不亲弑。谓史狐所书者为史例，孔子所书者为经例。

《春秋繁露·玉杯篇》：赵盾弑君四年之后，别牍复见，非《春秋》之常辞也。……盾之复见，直以赴问而辨不亲弑，非不当诛也。
王闿运《公羊传笺》：晋史书贼曰：晋赵盾杀其君夷獠。此史例也。《春秋》经例，不可用史例。用史例，则盾反有词，故以经助史。……据晋史之言，如《春秋》之例，则盾亦不当复见。今复见者，正所以治之也。

盖孔子修《春秋》，据旧史而益加精严。而旧史之书事，久有义例，故恒见经史之殊。宁殖出君，自知其名在诸侯之策，而今之《春秋》乃书曰：卫侯出奔齐（襄公十四年）。尤可见孔子之《春秋》异于旧史，而宁殖所言，必属实事。使诸侯之策固无其文，何为以此自诬乎？

春秋国君之于史，谓之社稷之臣。

《檀弓》：卫有太史曰柳庄，寝疾。……公曰：若疾革，虽当祭必告。公再拜稽首，请于尸曰：有臣柳庄也者，非寡人之臣，社稷之臣也。

军不先史，不能得人之国。

《左传》闵公二年：狄人囚史华龙滑与礼孔以逐卫人。二人曰：我太史也，实掌其祭，不先，国不可得也。乃先之，至则告守者曰：不可待也。夜与国人出。

将帅进退，有史参加。

《左传》襄公十四年：左史谓魏庄子曰：不待中行伯乎？庄子曰：夫子命从帅。

盟誓朝贡，史悉纪载。

《左传》襄公二十三年：将盟臧氏，季孙召外史掌恶臣而问盟首焉。二十九年：鲁之于晋也，职贡不乏，玩好时至，公卿大夫相继于朝，史不绝书，府无虚月。

不第君臣命位，司其策授已也。

史权第二

《左传》僖公二十八年:王命尹氏及王子虎内史叔兴父策命晋侯为侯伯。襄公十年:逼阳妘姓也。使周内史选其族嗣纳诸霍人,礼也。哀公三十年:郑伯有既死,使太史命伯石为卿,辞。太史退则请命焉,复命之,又辞。如是三,乃受策入拜。

至如鲁之史革,更书断罟。

《鲁语》:莒太子仆弑纪公,以其宝来奔。宣公使仆人以书命季文子曰:夫莒太子不惮以吾故杀其君,而以其宝来,其爱我甚矣!为我与之邑,今日必授,无逆命矣。里革(即《左传》之太史克)遇之,而更其书曰:莒太子杀其君而窃其宝来,不识穷固,又求自迩。为我流之于夷,今日必通,无逆命矣。(按此即后世给事中中书舍人封驳之权舆。)明日有司复命,公诘之,仆人以里革对。公执之,曰:逆君命者,女亦闻之乎?对曰:臣以死奋笔(此与董狐、南史同一不畏死者),奚啻其闻之也。臣闻之曰:毁则者为贼,掩贼者为藏,窃宝者为宄,用宄之财者为奸。使君为藏奸者,不可不去也;臣违君命者,亦不可不杀也。公曰:寡人实贪,非子之罪。乃舍之。(《左传》文公十八年载是事出于季文子,惟宣公问之,则使太史克对,其言述周礼誓命尤详。盖即季文子主动,亦必以史官格君之非也。)

又宣公夏滥于泗渊,里革断其罟而弃之。公闻之曰:吾过而里革匡我,不亦善乎?是良罟也。为我得法,使有司藏之,使吾无忘谂。师存侍曰:藏罟不如寘里革于侧之不忘也。(可见其史官当在君侧。)

晋史黯之箴赵鞅，楚倚相之谤申公，侃侃直言，廷争面折。

《晋语》：赵简子田于蝼，史黯闻之，以犬待于门。简子见之，曰：何为？曰：有所得犬，欲试之兹囿。简子曰：何为不告？对曰：君行，臣不从，不顺。主将适蝼而麓不闻，臣敢烦当日。简子乃还。

《楚语》：左史倚相廷见申公子亹，子亹不出，左史谤之，举伯以告。子亹怒而出曰：女无亦谓我老耄而舍我，而又谤我！左史倚相曰：唯子老耄，故欲见以交儆子；若子方壮，能经营百事，倚相将奔走承序，于是不给，而何暇得见。

是当时各国史官职权之尊，实具有特殊地位，非后世史官仅掌撰述之比。近人论史者，比之司法独立，然亦未能推其比于司法独立之由来。盖非从五史职掌观之，无以知其系统矣。

周之太史所掌典则法制，既与冢宰相同，而王者驭臣出治之八枋，悉由内史所诏。国法国令之贰，咸在史官，以考政事，以逆会计。胪举其目，则治、教、礼、政、刑、事，总摄六官。官属、官职、官联、官常、官成、官法、官刑、官计，赅括百职。祭祀、法则、赋贡、礼俗、田役，既无不知，而所谓禄位刑赏废置，尤为有国大权，必操于元首及执政者。太史掌之，内史亦掌之。举凡爵禄废置、杀生予夺，或王所未察及其未当者，均得导之佐之。是史虽仅仅文官幕僚之长，而一切政令，皆其职权所司。由是可知周之设官，惟史权高于一切。诸侯之国，其有太史、内史诸职者，王朝当亦规定其职权，必非各国自为风气，或一二史官沽名市直也审矣。（韩起曰：周礼尽在鲁。盖鲁特完备，他国非不知周之礼经，特不如周之详

史权第二

尽耳。)

且史之掌典法则也,与小宰司书司会虽同;而礼书礼法四方之志,三皇五帝之书,则小宰司书诸官所不备也。故周之史官,为最高之档案库(各官之档案,有各官之史掌之。其成为典则礼法者,计已刊修,如后世之会典),为实施之礼制馆,为美备之图书府,冢宰之僚属不之逮也。由是论之,后世史籍所以广志礼乐、兵刑、职官、选举、食货、艺文、河渠、地理,以及诸侯世家、列国载记、四裔藩封,非好为浩博无涯涘也。自古史职所统,不备不足以明吾史之体系也。而本纪所书、列传所载、世表所系,命某官、晋某爵、设某职、裁某员、变某法、诛某罪、录某后、祀某人,一一皆自来史职所掌,而后史踵其成规,当然记述者也。惟古之施行记述,同属史官;后世则施行记述,各不相谋。而史籍乃专属于执笔者之著述耳。他族立国,无此规模,文人学者,自为诗文,或述宗教,或颂英雄,或但矜武力而为相斫书,或杂记民俗而为社会志,其体系本与吾史异趣。或且病吾史之方板简略,不能如其活动周详。是则政宗史体,各有渊源,必知吾国政治之纲维,始能明吾史之系统也。

周官史职,不言谏争,惟曰赞、曰诏、曰考、曰逆。则施行之当否与随事之劝戒,已寓其中。且曰逆者,预事防维,夙申法守,则消弭于未然者多,而补救于事后者少矣。《王制》有天子受谏、百官受质之文,皆承太史典礼执简记之下,则谏及质者,史所有事也。

>《王制》:太史典礼,执简记,奉讳恶。天子斋戒受谏,司会以岁之成质于天子,冢宰斋戒受质。大乐正大司寇市三官以其成从质于天子,大司徒大司马大司空斋戒受质。百官各以其成质于三官,大司徒大司马大司空以百官之成质于天子,百

官斋戒受质。

殷史辛甲执图法而谏至七十五次。及在周为太史,且命百官官箴王阙。则史之据法典以谏君,其来久矣。《大戴记》谓三代之礼,天子不得为非,失度则史书之,工读之。

《大戴记·保傅篇》:三代之礼,天子春朝朝日,秋暮夕月。……食以礼,彻以乐,失度则史书之,工诵之,三公进而读之,宰夫减其膳。是天子不得为非也。

召公所述瞽史献典教诲,为天子听政旧制。

《周语》:天子听政,使公卿至于列士献诗,瞽献典,史献书,师箴,瞍赋,矇诵,百工谏,庶人传语,近臣尽规,亲戚补察,瞽史教诲,耆艾修之,而后王斟酌焉。是以事行而不悖。

师旷述史之为书,自《夏书》官师相规而来。

《左传》襄公十四年:师旷曰:夫君,神之主也,民之望也。若困民之主,匮神乏祀,百姓绝望,社稷无主,将安用之?弗去何为。天生民而立之君,使司牧之,勿使失性;有君而为之贰,使师保之,勿使过度。……自王以下,各有父兄子弟以补察其政,史为书,瞽为诗,工诵箴谏,大夫规诲,士传言,庶人谤,商旅于市,百工献艺。故《夏书》曰:遒人以木铎徇于路,官师相规,工执艺事以谏。正月孟春,于是乎有之,谏失常也。天之爱民甚矣，岂其使一人肆于民上，以从其淫，而弃天地之性？必不然矣。

则古史之职，以书谏王，其源甚古，不必始于周代。其原则实在天子不得为非一语。使一人肆于民上，以从其淫，其祸至烈。而吾族圣哲深虑预防之思想，乃以典礼史书，限制君权；其有失常，必补察之，勿使过度。虽其事不似他族之以宪法规定，而历代相传，以为故事，则自甚恶如桀、纣、厉、幽失其约束之效力者外，凡中材之主，皆可赖此制以维持于不敝。夫自天子失度，史可据法以相绳，则冢宰以降，孰敢纵恣。史权之高于一切，关键在此。后世台谏之有监察权，不仅监察官吏，实历代一贯相承之良法美意。苏轼所谓委任台谏一端，是圣人过防之至计。风采所系，不问尊卑。"言及乘舆，则天子改容；事关廊庙，则宰相待罪"者（苏轼上神宗书中语），非由自古虽天子不得为非之定义而来乎？

惟是吾国史权之尊，固仿佛有他国司法独立之制度。然其精义，又与他族之言权者有别。他族之言权者，每出于对待而相争；吾国之赋权者，乃出于尚德而互助。此言史权者最宜郑重辨析者也。历世贤哲，主持政权，上畏天命，下畏民嵒，惟虑言动之有愆，致贻国族以大患。乐得贤者，补阙拾遗于左右。爰有动则左史书之，言则右史书之之法，其初以备遗忘，其后以考得失，相勉于善，屈己从人。而史之监察权，由是树立。主持大政者，不惟不之防禁，且欣受而乐从。《皋陶谟》曰："臣哉邻哉！邻哉臣哉！"又曰："予违汝弼，汝无面从，退有后言，钦四邻。"古之君臣，犹之宾主，其谓之邻者，取其密迩而相辅助。故太史内史，皆若友朋，共为大政。又惧后世不知此义，定为四辅之制。《洛诰》曰：乱为四辅，所以诞保文武受民。其法固传自《虞书》，非周特创。《大戴记》述明堂之位史佚与周、召、太公同为四圣，即所谓乱为四辅也。

《大戴记·保傅篇》：明堂之位曰笃仁而好学，多闻而道慎。天子疑则问，应而不穷者，谓之道。道者，导天子以道者也。常立于前，是周公也。诚立而敢断，辅善而相义者，谓之充。充者，充天子之志也。常立于左，是太公也。絜廉而切直，匡过而谏邪者，谓之弼。弼者，拂天子之过者也。常立于右，是召公也。博闻强记，接给而善对者，谓之承。承者，承天子之遗忘者也。常立于后，是史佚也。故成王中立而听朝，则四圣维之，是以虑无失计，而举无过事。殷周之所以长久者，其辅翼天子有此具也。

中央政府如此，诸侯之国亦然。观卫武公抑戒之自儆，可以知此种根本观念，非出于臣下要求权利，而为主持政务者要求互助。盖深知匡弼箴规，不惟有益于国事，实则有益于其身家。保世滋大，与覆宗陨命相较若何？故贤者乃勤求如恐不及。

《楚语》：左史倚相曰：昔卫武公年数九十有五矣，犹箴儆于国曰：自卿以下至于师长士，苟在朝者，无谓我老耄而舍我。必恭恪于朝，朝夕以交戒我。闻一二之言，必诵志而纳之，以训导我。在舆有旅贲之规，位宁有官师之典，倚几有诵训之谏，居寝有亵御之箴，临事有瞽史之导，宴居有师工之诵。史不失书，瞍不失诵，以训御之，于是乎作抑戒以自儆也。及其没也，谓之睿圣武公。

史权第二

后世古意寖湮,然如唐太宗之欲观国史,犹以知前日之恶为后来之戒为言。此中国之政术特异于他族者也。

《通鉴·唐纪》:太宗贞观十七年,上谓监修国史房玄龄曰:前世史官所记,皆不令人主见之,何也?对曰:史官不虚美隐恶,人主见之必怒,故不敢献。上曰:朕欲自观国史,知前日之恶,为后来之戒,公可撰次以闻。

复次,吾国史权,虽无明文规定,若他族之争立国宪以保障言论之自由;然亦未尝无明定之责任。《保傅篇》曰:太子有过,史必书之。史之义不得不书过,不书过则死。此即古史有明定责任之证。且非独太子之史如此,即宫中之女史亦然。

《大戴记·保傅篇》:太子既冠,成人,免于保傅之严,则有司过之史,有亏膳之宰。太子有过,史必书之,史之义不得不书过,不书过则死。过书而宰彻去膳,夫膳宰之义,不得不彻膳,不彻膳则死。

《诗·卫风·静女》毛传:古者后夫人必有女史彤管之法,史不记过,其罪杀之。后妃群妾以礼御于君所,女史书其日月,授之以环,以进退之。生子月辰则以金环退之,当御者以银环进之,著于右手。既御,著于左手。事无大小,记以成法。

《周官》誓太史曰杀,誓小史曰墨。说者疑"史"为"事"字之讹,或谓为后人所窜改。不知此乃使史官自勉于职,不避权势最要之条文,与《戴记》、《毛传》可以互证。

《周官·秋官》:条狼氏誓邦之太史曰杀,誓小史曰墨。

故蔡墨曰:一日失职,则死及之。

《左传》昭公二十九年:蔡墨曰(杜注:蔡墨,晋太史):物有其官,官修其方,朝夕思之。一日失职,则死及之。

不然,齐史何以视死如归,里革何以以死奋笔,史鱼何以甘以尸谏哉!

《大戴记·保傅篇》:卫灵公之时,蘧伯玉贤而不用,迷子瑕不肖而任事。史鳅患之,数言蘧伯玉贤而不听,病且死,谓其子曰:我即死,治丧于北堂。吾生不能进蘧伯玉而退迷子瑕,是不能正君者,死不当成礼,而置尸于北堂,于我足矣。灵公往吊,问其故,其子以父言闻。灵公造然失容曰:吾失矣。立召蘧伯玉而贵之,召迷子瑕而退之。徙丧于堂,成礼而后去。卫国以治,史鳅力也。

《孟子》曰:《春秋》天子之事。赵注曰:孔子惧王道遂灭,故作《春秋》。因鲁史记,设素王之法,谓天子之事也。杜预《左传集解序》亦曰:说者以为仲尼自卫反鲁,修《春秋》,立素王,丘明为素臣。盖谓孔子以《春秋》为无冕之王也。素王之称,自伊尹时已有之。

史权第二

《史记·殷本纪》:伊尹处士,汤使人聘迎之,五反然后肯往,从汤言素王及九主之事。《集解》引刘向《别录》曰:九主者,有法君、专君、授君、劳君、等君、寄君、破君、国君、三岁社君,凡九品,图画其形。

庄周亦言玄圣素王之道。(《天道篇》)素王疑即古史相传纪述天子得失之事。孔子修《春秋》,用古史之法,故曰设素王之法。然孔子以鲁臣何以得行天子之事?以《周官》证之,其义自明。古之史官,本以导相天子为职,其所诏告及所记录爵禄废置、杀生予夺,何一非天子之事?孔子修《春秋》,特遵史官之职而为之,非欲以私人僭行天子之事。其恐人之罪之者,以为虽遵史法,而身非史官耳。《穀梁传》谓《春秋》有临天下之言,说者亦以王者抚有天下解之。

《穀梁传》哀公七年:《春秋》有临天下之言焉,有临一国之言焉,有临一家之言焉。注:徐乾曰:临者抚有之也,王者无外,以天下为家,尽其有也。

实则《春秋》所治,自天王始(如天王使家父求车,讥其非礼之类),岂惟以天子之事治天下。第其治天子诸侯者,必本周之典礼,故虽严而非僭也。

后世史职,远逊于古矣。其踪迹迁流,犹断续可见。《史通》称赵鞅晋一大夫,犹有直臣书过。

《说苑》:昔周舍事赵简子,立于门三日。简子问之,舍曰:

愿为谔谔之臣，墨笔操牍，司君之过而书之。日有记，月有效，岁有得也。简子说。

陈胜、萧何，犹踵其法。

《史记·陈涉世家》：以朱防为中正，胡武为司过，主司群臣。

《后汉书·文苑传·崔琦传》：萧何佐汉，乃设书过之吏。刘攽曰：吏当作史。

而君举必书之语，亦几等于固定之宪章。汉唐学者，时时称述以资谏戒。

《后汉书·荀悦传》：悦言古者天子诸侯，有事必告于庙。朝有二史，左史记言，右史记事，事为《春秋》，言为《尚书》。君举必记，善恶成败，无不存焉。下及士庶，苟有茂异，咸在载籍。或欲显而不得，或欲隐而名章。得失一朝，而荣辱千载。善人劝焉，淫人惧焉。

又《酷吏传·阳球传》：奏罢鸿都文学曰：伏承有诏敕中尚方为鸿都文学乐松、江览等三十二人图象立赞，以劝学者。臣闻传曰：君举必书。书而不法，后嗣何观？案松、览等皆出于微蔑，斗筲小人……有识掩口，天下嗟叹。臣闻图象之设，以昭劝戒，欲令人君动鉴得失。未闻竖子小人诈作文颂，而可妄窃天官，垂象图素者也。

《旧唐书·魏知古传》：知古累修国史……睿宗女金仙、玉真二公主入道,有制各造一观。季夏盛暑,营造不止,知古上疏谏曰:……且国有简册,君举必记,动则左史书之,言则右史书之。是以非礼勿言,非礼勿动。夫如是则君之所举,可不慎欤!臣备位谏诤,兼秉史笔,书而不法,后嗣何观?臣愚以为不可。

又《徐坚传》:监修唐史,神龙初,再迁给事中。时雍州人韦月将上书告武三思不臣之迹,反为三思所陷,中宗即令杀之。时方盛夏,坚上表曰:月将诬构良善,故违制命,准其情状,诚合严诛,但今朱夏在辰,天道生长,即从明戮,有乖时令,致伤和气。君举必书,将何以训?伏愿详依国典,许至秋分,则知恤刑之规,冠于千载;哀矜之惠,洽乎四海。中宗纳其所奏,遂令决杖配流岭表。(《册府元龟·国史部叙》亦曰:古之王者,世有史官。君举必书,书法不隐。所以慎言行,示劝戒也。)

柳虬当西魏时,犹以直笔于朝显言其状为请,史且称其事遂施行。是《春秋》故事,至北朝时犹若伏流之一现。纵当时法意,久异成周,史之职掌,亦已迥殊,而其遗风善制,流传之久,可以概见。

《北周书·柳虬传》:虬以史官密书善恶,未足惩劝,乃上疏曰:古者人君立史官,非但记事而已,盖所以为监诫也。动则左史书之,言则右史书之。彰善瘅恶,以树风声。故南史抗节,表崔杼之罪;董狐书法,明赵盾之愆。是知直笔于朝,其来久矣。而汉魏以还,密为记注,徒闻后世,无益当时。非所谓将顺其美,匡救其恶者也。且著述之人,密书其事,纵能直笔,人莫之知,何止物情横议,亦自异端并起。故班固致受金之名,陈寿有求米之论。著汉魏者非一氏,造晋史者至数家。后代纷纭,莫知准的。……诸史官记事者,请皆当朝显言其状,然后付之史阁。庶令是非明著,得失无隐,使闻善者自修,有过者知惧。敢以愚管,轻冒上闻,乞以瞽言,访之众议。事遂施行。

观高澄及韦安石之言,都甚敬畏史权。

《北齐书·魏收传》:齐文襄谓司马子如曰:魏收为史官,书吾等善恶。闻北伐时,诸贵常饷史官饮食,司马仆射颇曾饷不?因共大笑。仍谓收曰:卿勿见元康等在吾目下趋走,谓吾以为勤劳。我后世身名在卿手,勿谓我不知。

《新唐书·朱敬则传》:请高史选,以求名才。侍中韦安石尝阅其稿史,叹曰:董狐何以加,世人不知史官权重宰相。宰相但能制生人,史官兼制生死。古之圣君贤臣,所以畏惧者也。

惟韩愈猥以人祸天刑为虑,其识乃不逮柳宗元。合观其言,亦可知政宗隆替史职伸屈之因。

韩愈《答刘秀才论史书》:孔子圣人,作《春秋》,辱于鲁卫陈宋齐楚,卒不遇而死;齐太史氏兄弟几尽;左丘明纪春秋时事以失明;司马迁作《史记》刑诛;班固瘐死;陈寿起又废,卒亦无所至;王隐谤退死家;习凿齿无一足;崔浩、范晔赤诛;魏收天绝;宋孝王诛死。足下所称吴兢,亦不闻身贵,而今其后有闻也。夫为史者,不有人祸,则有天刑,岂可不畏惧而轻为之哉!

柳宗元《与韩愈论史官书》：退之以为纪录有刑祸，避不肯就，尤非也。……又言不有人祸，必有天刑。若以罪夫前古之为史者，然亦甚惑。凡居其位，思直其道。道苟直，虽死不可回也；如回之，莫如亟去其位。孔子之困于鲁卫宋蔡齐楚者，其时暗，诸侯不能以也，其不遇而死，不以作《春秋》故也。当其时虽不作《春秋》，孔子犹不遇而死也。若周公史佚，虽纪言书事，犹遇而显也。又不得以《春秋》为孔子累。范晔悖乱，虽不为史，其族亦赤。司马迁触天子喜怒，班固不检下，崔浩沽其直以斗暴虏，皆非中道。左丘明以疾盲，出于不幸。子夏不为史亦盲，不可以是为戒。其余皆不出此。是退之宜守中道，不忘其直，无以他事自恐。退之之恐，惟在不直不得中道，刑祸非所恐也。

降至唐文宗时，郑朗犹能守职。

《新唐书·郑朗传》：开成中，权起居郎。文宗与宰相议政，适见朗执笔螭头下，谓曰：向所论事，亦记之乎？朕将观之。朗曰：臣执笔所书者，史也，故事天子不观史。昔太宗欲观之，朱子奢曰：史不隐善，不讳恶。自中主以下，或饰非护失。见之则史官无以自见，且不敢直笔。褚遂良亦称史记天子言动，虽非法必书，庶几自饰。帝悦，谓宰相曰：朗援故事，不畀朕见起居注，可谓善守职者。然人君之为，善恶必记，朕恐平日言之不协治体，为将来羞，庶一见得以自改。朗遂上之。

苏轼之谏神宗，以国史记之为神宗惜。是皆踪迹迁流，断续可

见者也。

苏轼《上神宗书》：青苗放钱，自昔有禁。今陛下始立成法，每岁常行。虽云不许抑配，而数世之后，暴君污吏，陛下能保之欤？异日天下恨之，国史记之，曰：青苗钱自陛下始。岂不惜哉！

综观史迹，古史之权，由隆而替；古史之职，亦由总而分。夫古之五史，职业孔多，蔽以一语，则曰掌官书以赞治。由斯一义，而历代内外官制，虽名实贸迁，沿革繁夥，其由史职演变者乃特多。是亦研究史权所宜附论及之者也。吾国自《周官》以后，殆无一代能创立法制。设官分职，大抵因仍演变，取适一时。故虽封建、郡县，形式不同，地域广轮，日增于昔，而内外重要职务，恒出于周之史官。其由周代中士、下士之御史，演变为御史大夫、中丞，建立台察之制，为世所共知者，无论矣。秦汉京师地方长官，实曰内史。秦以御史监郡，汉由丞相遣史刺州，嗣遂演为刺史州牧之职（均见《汉书·百官公卿表》）。盖史本秘书幕职，近在中枢，熟谙政术，且为政治首长所亲信。故对于首善之区，及地方行政，典司督察，胜于外僚。后世如金元行省以中书省臣出领，清之督抚犹带尚书侍郎职衔，均此意也。

《周官》之制，相权最尊，而太史内史执典礼以相匡弼。法意之精，后世莫及。秦汉不知礼意，而以丞相总大政，御史大夫贰之，犹存周制于什一。武、宣以降，丞相与御史大夫之权浸微，大权悉操于人主。此其与古制最相舛戾者也。（观《周官》国政咸总于冢宰，知其时王者实垂拱无为。）然人主以私意而忘礼意，而事实所需，仍不能出于古制。爰有中书、尚书，近在宫禁，典治官书，出纳诏奏，其职实周之内史。惟周之内史，为外廷之要职，而中书、尚书为天子之私人耳。司马迁以太史令为中书令，即以外廷之史变为内廷之史之证。成帝罢宦官，增置尚书，分曹治事。迄东汉而政归台阁，三公徒拥虚名，居相位者非领尚书录尚书事，不得与闻机要。盖以内史掌相权，而又惧内外之隔阂，复以宰相参加内史，与周制适成一反比例矣。知中书、尚书之为内史，则知魏晋以降演变至唐为中书、尚书、门下三省，至宋为中书门下，至元及明初为中书省，明中叶至清初为殿阁大学士，清雍、乾以降为军机大臣者，皆内史也。（门下省由汉之仆射、侍中、给事中演变，亦即内史。故给事中掌封驳，以其职在内廷，得进言于人主，与闻用人行政也。）而尚书由汉之六曹，演变而为六部，则又以内史而变为行政长官，与内史之出为地方长官，同一性质。故吾谓历代内外重要官制，皆出于史也。唐宋时内史变为相矣，史职仍不可阙，于是有翰林学士掌内制，中书舍人掌外制，即古史之掌策命者也。翰林学士号为内相，演变而为明之大学士。史又变为相矣。上下二千年，或以史制相，或以相领史，及史变为相，复别置史，而史又变为相。故二千年中之政治，史之政治也；二千年中之史，亦即政治之史也。子母相生，最可玩味。而其利弊得失，亦复循环相因。无论武人崛起，裔族勃兴，苟欲经世保邦，必倚史以成文治，此其利与得也。君主专制，不知任相，而所倚以为治者，因亦不能创制显庸，第以奉行故事、熟习例案、救弊补偏、适应环境为事，此其弊与失也。夫以进化公例言，万事演蜕，胥由混合而区分。吾国史权最隆之时，乃职权混合之时；至其区分，则行政监察著述，各席其权，而分途演进，不得谓史权之没落。惟不综观官制及著作之渊源，乃不能得其条理脉络之所在耳。章氏《史释篇》略论内阁六科翰林中书之属比于古史，顾氏《日知录》极论唐宋及明代封驳之制之善，第都未能从源及流，为吾国史职作一整个有系统之叙述。清代所定《历代职官表》，以清为主，而上溯之，尤未明于官制递嬗之故。爰为纵论及之。

附：汉之尚书

尚书即今所谓秘书处，典其事者即曰尚书，犹今之治秘书者即曰秘书也。秦时相府有尚书。

《秦策》：文信侯相秦，臣事之为尚书，习奏事。

汉则为内廷之职，以能史书者为令史。

《汉书·艺文志》：汉兴，萧何草律，著其法曰：太史试学童，能讽书九千字以上，乃得为史。又以六体试之，课最者以为尚书、御史史书令史。韦昭曰：若今尚书，兰台令史也。（按萧何律文之意，盖谓最工书者，得为尚书之史书令史，或为御史之史书令史。韦注似未分析。又据萧何律，知西汉开国，即有所谓尚书，故文帝诛薄昭之故事在尚书。特自成帝以后，设官始多，权亦日重耳。）

郎官善书者，亦给事其中。

《汉书·张安世传》：少以父任为郎，用善书给事尚书。（师古曰：于尚书中给事也。）精力于职，休沐未尝出。上行幸河东，尝亡书三箧，诏问莫能知，唯安世识之，具作其事。后购求得书，以相校，无所遗失，上奇其材，擢为尚书令。（按此三箧，殆犹今之所谓公事箱，观下云具作其事，盖箧中文书，各有应行事件，安世能识其纲要，故作书施行。若是古书，不当云具作其事也。）

西汉之季，以博士高第为尚书，盖必经光禄选试。

《汉书·孔光传》：是时博士选三科（言分三等也），高为尚书，次为刺史，其不通政事，以久次补诸侯太傅。光以高第为尚书，观故事品式，数岁，明习汉制及法令。上甚信任之，转为仆射尚书令。

东汉之季，则由三公选荐，或出特拜，不经选试。

《后汉书·李固传》：旧任三府选令史，光禄试尚书郎。（言旧制尚书郎由光禄试之也。）时皆特拜，不复选试。

又《王畅传》：是时政事多归尚书，桓帝特诏三公令高选庸能。太尉陈蕃荐畅清方公正，有不可犯之色。由是复为尚书。

《汉书·百官公卿表》不详其职掌。

《汉书·百官公卿表》：仆射，秦官，自侍中、尚书、博士、郎皆有。孟康曰：皆有仆射，随所领之事以为号也。　侍中左右曹诸吏散骑中常侍，皆加官。　侍中中常侍得入禁中诸曹受尚书事。［按《后汉书·朱穆传》：汉家旧典，置侍中中常侍各一人，省尚书事。（注：省，览也。）黄门侍郎传发书奏，皆用姓族。自和熹太后以女主称制，不接公卿，乃以阉人为常侍小黄门通命两宫。知《百官公卿表》所谓侍中中常侍得入禁中诸曹受尚书事者，即穆所谓省尚书事也。武帝游宴后廷，用宦者为中尚书（见《萧望之》及《石显传》），而侍中中常侍仍用姓族，不皆阉人。其侍中中常侍尽用阉人，自和熹太后称制始。故《百官公卿表》曰侍中中常侍得入禁中诸曹受尚书事，明其为姓族，非阉人，而以有此加官，故得入禁中也。若如后汉之中常侍常在禁中，不必曰得入禁中矣。］

《续汉志》始详著之。

　　《续汉·百官志》：尚方令一人，千石。本注曰：承秦所置，武帝用宦者，更为中书谒者令。成帝用士人，复故，掌凡选署及奏下尚书曹文书众事。　尚书仆射一人，六百石。本注曰：署尚书事，令不在，则奏下众事。　尚书六人，六百石。本注曰：成帝初置尚书四人，分为四曹（曹犹今之科也）。　常侍曹尚书主公卿事，二千石；曹尚书主郡国，二千石事；民曹尚书主凡吏上书事；客曹尚书主外国夷狄事。世祖承遵，复分二千石曹，又分客曹为南主客曹、北主客曹，凡六曹。　左右丞各一人，四百石。本注曰：掌录文书期会。左丞主吏民章报及驺伯史，右丞假署印绶及纸笔墨诸财用库藏。　侍郎三十六人，四百石。本注曰：一曹有六人，主作文书起草。 令史十八人，二百石。本注曰：曹有三主书，后增剧曹三人，合二十一人。〔按尚书为天子之秘书处，分曹办事，与相府之分曹者内外相当。相府之诸曹掾史，丞相之秘书也。《汉书·百官公卿表》亦未详言。《续汉书·百官志》太尉公一人，长史一人，千石。本注曰：署诸曹事。掾史属二十四人。本注曰：汉旧注，东西曹掾，比四百石，馀掾比三百石，属比二百石，故曰公府掾比古元士三命者也。或曰：汉初掾史，辟皆上言之，故有秩比命士，其所不言，则为百石属（此犹今之简任委任），其后皆自辟除。故通为百石云。（此则一律为委任也。）西曹主府史署用，东曹主二千石长史迁除及军吏，户曹主民户祠祀农桑，奏曹主奏议事，辞曹主辞讼事，法曹主邮驿科程事，尉曹主卒徒转运事，贼曹主盗贼事，决曹主罪法事，兵曹主兵事，金曹主货币盐铁事，仓曹主仓谷事。黄阁主簿录省众事。令史及御属二十三人。本注曰：汉旧注，公令史百石。自中兴以后注不说石数。御属主为公御，阁下令史主阁下威仪事，记室令史主上表章报书记，门令史主府门，其余令史各典曹文书。合相府（即太尉府）之秘书处与内廷之秘书处，设立多职，分曹办事观之，可见中央政府统治各地，文书猥多，性质复杂，非设多曹，不能赅括。而内廷尚书有视相府诸曹为少者，赵瓯北所谓其所不掌者惟刑罚有廷尉，礼仪有太常，军马有大司马，赋税有大司农，纠劾有御史而已。然汉旧仪，三公曹主断狱及天下岁尽集课事，又典斋祀，则亦总持刑狱财赋礼仪也。二千石曹民曹皆兼主盗贼。汉旧仪，二千石曹尚书，掌中郎官水火盗贼辞讼罪眚。民曹尚书，典缮治功作监池苑囿盗贼事。则《续汉志》本注所引尚书六曹职务,特举其略,不可以其文之不备,即谓为职所不统也。]

尚书在帝左右。

《汉书·霍光传》:尚书左右皆惊。

掌制诏下御史。

《史记·三王世家》:三月乙亥,御史臣光守尚书令奏未央宫。制曰:下御史。六年三月戊申朔乙亥,御史臣光守尚书令丞非下御史。

读章奏。

《汉书·霍光传》:尚书令读奏……尚书令复读。

主封事。

《汉书·魏相传》:故事,诸上书者皆为二封。署其一曰副,领尚书者先发副封,所言不善,屏去不奏。相复因许伯白去副封,以防壅蔽。

累朝故事皆归掌录。

《汉书·元后传》:诏尚书奏文帝时诛将军薄昭故事。按

《汉书》文帝十年冬,将军薄昭死,注引郑氏曰:昭杀汉使者,文帝不忍加诛,使公卿从之饮酒,欲令自引分,昭不肯,使群臣丧服往哭之,乃自杀。郑氏所述,当即出于尚书所记之故事。

故尚书号为百官之本,枢机重职。

《汉书·贾捐之传》:尚书,百官本。 《石显传》:尚书,百官之本。

又《萧望之传》:中书令弘恭、石显久典枢机。 《孔光传》:凡典枢机十余年。

以慎密而能守法为贵。

《孔光传》:领尚书事,后为光禄勋,复领尚书诸吏给事中如故。……守法度,修故事。……上有所问,据经法以心所安而对,不希指苟合。如或不从,不敢强谏争。以是久而安。时有所言,辄削草槁,以为章主之过,以奸忠直,人臣大罪也。有所荐举,唯恐其人之闻知。沐日归休,兄弟妻子燕语,终不及朝省政事。或问光温室省中树皆何木也,光嘿不应,更答以它语,其不泄如是。

臣门如市,臣心如水。世传为名言。

《汉书·郑崇传》:上责崇曰:君门如市人,何以欲禁切主上?崇对曰:臣门如市,臣心如水。

顾以士大夫为人主治秘书,犹不便于燕私。故自武帝至宣、元时,以宦者为中书令,于出入内庭尤便。弘恭、石显所由宠任也。

  《汉书·萧望之传》:宣帝以史高为大司马车骑将军,望之为前将军,周堪为光禄大夫,皆受遗诏辅政,领尚书事。……初宣帝不甚从儒术,任用法律,而中书宦官用事。中书令弘恭、石显久典枢机,明习文法,亦与车骑将军高为表里,论议常独持故事,不从望之等。……望之以为中书政本,宜以贤明之选。自武帝游宴后廷,故用宦者,非国旧制;又违古不近刑人之义。白欲更置士人,繇是大与高、恭、显忤。

  又《佞幸传》:石显字君房,济南人。弘恭,沛人也。皆少坐法腐刑为中黄门,以选为中尚书。宣帝时任中书官,恭明习法令故事,善为请奏,能称其职。恭为令,显为仆射。元帝即位数年,恭死,显代为中书令。是时元帝被疾,不亲政事,方隆好于音乐。以显久典章奏,中人无外党,精专可信任,遂委以政,事无小大,因显白决。贵幸倾朝,百僚皆敬事显。显为人巧慧习事,能探得人主微指,内深贼,持诡辩以中伤人,忤恨睚眦,辄被以危法。初元中,前将军萧望之及光禄大夫周堪、宗正刘更生皆给事中。望之领尚书事,知显专权邪辟,建白以为尚书百官之本,国家枢机,宜以通明公正处之;武帝游宴后廷,故用宦者,非古制也,宜罢中书宦官,应古不近刑人。元帝不听,繇是大与显忤,后皆害焉。……自是公卿以下畏显,重足一迹。显与中书仆射牢梁、少府五鹿充宗结为党友,诸倚附者,皆得宠位。……其后御史大夫缺,群臣皆举大鸿胪冯野王行能第一。天子以问显,显曰:九卿无出野王者,然野王亲昭仪兄,臣恐后世必以陛下度越众贤,私后宫亲,以为三公。上曰:善,吾不见是。乃下诏嘉美野王,废而不用。

成帝时罢中书宦官(成帝建始四年),自是迄东汉权在尚书。而魏晋以降士大夫为中书令者,又为政权所萃,其势轶于尚书。盖尚书、中书皆人主之秘书,重尚书则尚书握其权,重中书则中书握其权也。

《陔馀丛考》:尚书本秦官少府之属,在内掌文书者,汉因之。武帝始用宦官为中书谒者令,于是尚书与中书职事多相连。其时中书如唐之枢密使,明之司礼监。而尚书通掌章奏,出诏命,参决众事,如唐之中书门下,明之内阁也。……曹操以刘放、孙资为秘书郎。文帝即位,更秘书为中书,以放为监,资为令,遂掌机密。明帝益任焉。其时中书监令号为重任,蒋济曰:今外所言,辄云中书。《晋书》荀勖由中书监除尚书令,或贺之,而勖有夺我凤池之叹。至晋惠帝时,孙秀为中书监,王威为中书令,权倾中外。则更任之极重者矣。

东汉开国,以侯霸为尚书令,始能定当时之政制。

《后汉书·侯霸传》:族父渊以宦者有才辨任职。元帝时,佐石显等领中书,号曰大常侍。成帝时,任霸为太子舍人。……建武四年,光武征霸,与车驾会寿春,拜尚书令。时无故典，朝廷又少旧臣，霸明习故事，收录遗文，条奏前世善政法度有益于时者，皆施行之。（据此知霸之明习故事，盖自其族父尝领中书，故能记识前世善政法度也。）

其时大臣难居相任（亦见《侯霸传》），**政归台阁，封爵进退，一出尚书。**

《后汉书·冯勤传》：给事尚书，以图议军粮，任事精勤，遂见亲识。每引进，帝辄顾谓左右曰：佳哉，吏也！由是使典诸侯封事。勤差量功次轻重，国土远近，地势丰薄，不相逾越，莫不厌服焉。由是封爵之制，非勤不定，帝益以为能。尚书众事，皆令总录之。

积之既久，尚书操实权而非相。三公以虚名而受责，选举诛赏，都由尚书。质言之，则东汉之政府，一秘书之政府也。

《后汉书·陈忠传》：时三府任轻，机事专委尚书，而灾眚变咎，辄切免公台。忠以为非国旧体，上疏谏曰：臣闻君使臣以礼，臣事君以忠。故三公称曰冢宰，王者待以殊敬，在舆为下，御坐为起。入则参对而议政事，出则监察而董是非。汉典旧事，丞相所请，靡有不听。今之三公，虽当其名，而无其实，选举诛赏，一由尚书。尚书见任，重于三公，陵迟以来，其渐久矣。

秘书所重在例案，援据例案，则是非有准。故自孔光、石显皆

以明习故事，久居尚书。东汉尚书之称职者，亦莫不曰晓习故事，闲达国典。所谓万事不理问伯始者，徒以胡广达练事体明解朝章耳。

《后汉书·蔡茂传》：郭贺能明法，建武中为尚书令。在职六年，晓习故事，多所匡益。

又《黄香传》：帝惜香干用，久习旧事，复留为尚书令。

又《黄琼传》：稍迁尚书仆射，琼随父（即香）在台阁，习见故事。及后居职练达，官曹争议，朝堂莫能抗夺。

又《刘祐传》：补尚书侍郎，闲练故事，文札强辨，每有奏议，应对无滞，为僚类所归。

又《窦武传》：尚书郎张陵、妫皓、苑康、杨乔、边韶、戴恢等，文质彬彬，明达国典。

又《阳球传》：补尚书侍郎，闲达故事，其章奏处议，常为台阁所崇信。

又《胡广传》：达练事体，明解朝章，虽无謇直之风，屡有补阙之益。故京师谚曰：万事不理问伯始。

故事不赅，则求之经训。

《后汉书·张敏传》：为尚书。建初中，有人侮辱人父者，而其子杀之。肃宗贳其死刑而降宥之。自后因以为比，是时遂定其议，以为轻侮法。敏驳议曰：……孔子曰：民可使由之，不可使知之。《春秋》之义，子不报仇，非子也。而法令不为之减者，以相杀之路不可开故也。……议寝不省，敏复上疏：……

孔子垂经典,皋陶造法律,原其本意,皆欲禁民为非也。未晓轻侮之法,将以何禁?……和帝从之。

又《韩棱传》:窦宪与车驾会长安,尚书以下议欲拜之,伏称万岁。棱正色曰:夫上交不谄,下交不黩。礼无人臣称万岁之制。议者皆惭而止。

经典故事,咸得其比,则权幸畏之。亦犹民主国家,必援据宪法。其限制君权,体恤民物,有时且可独申己意,不为群议所挠。

《后汉书·杨秉传》:劾奏中常侍侯览、具瑗等……书奏,尚书召对秉掾属曰:公府外职,而奏劾近官,经典汉制,有故事乎?秉使对曰:春秋赵鞅以晋阳之甲逐君侧之恶,传曰:除君之恶,惟力是视。邓通慢,申屠嘉召通诘责,文帝从而请之。汉世故事,三公之职,无所不统。尚书不能诘。帝不得已,竟免览官,而削瑗国。

又《朱晖传》:元和中,召拜为尚书仆射。……是时谷贵,县官经用不足,朝廷忧之。尚书张林上言谷所以贵,自钱贱故也,可尽封钱,一取布帛为租,以通天下之用。又盐食之急者,虽贵人不得不须,官可自鬻。又宜因交趾、益州上计吏往来,市珍宝,收采其利,武帝时所谓均输者也。于是诏诸尚书通议。晖奏据林言不可施行,事遂寝。后陈事者复重述林前议,以为于国诚便。帝然之,有诏施行。晖复独奏曰:《王制》天子不言有无,诸侯不言多少,食禄之家不与百姓争利。今均输之法,与贾贩无异。盐利归官,则下人穷怨;布帛为租,则吏多奸盗。诚非明主所当宜行。帝卒以林等言为然,得晖重议,因发怒切责诸尚书。晖等皆自系狱。三日,诏勅出之,曰:国家乐闻驳议,黄发无怨,诏书过耳,何故自系?晖因称病笃,不肯复署议。尚书令以下惶怖。诏晖曰:今临得谴让,奈何称病?其祸不细。晖曰:行年八十,蒙恩得在机密,当以死报。若心知不可,而顺旨雷同,负臣子之义。今耳目无所闻见,伏待死命。遂闭口不复言。诸尚书不知所为,乃共劾奏晖。帝意解,寝其事。后数日,诏使直事郎问晖起居,太医视疾,太官赐食。晖乃起谢。

又《虞诩传》:迁尚书仆射。……先是宁阳主簿诣阙诉其县令之枉,帝大怒,持章示尚书,尚书遂劾以大逆。诩驳之曰:主簿所讼,乃君父之怨;百上不达,是有司之过。愚蠢之人,不足多诛。帝纳诩言,笞之而已。诩因谓诸尚书曰:小人有怨,不远千里,断发刻肌,诣阙告诉,而不为理,岂臣下之义?君与浊长吏何亲,而与怨人何仇乎?闻者皆惭。

故汉廷之优礼尚书,冠冕百僚,良以尚书能为元首处理国事,恒得其宜,不独司喉舌,工文牍,以精勤自效为人主私人已也。

《后汉书·宣秉传》:光武特诏御史中丞与司隶校尉、尚书令会同,并专席而坐,故京师号曰三独坐。

又《钟离意传》:药崧者,河内人。天性朴忠,家贫为郎。常独直台上,无被,枕杜,食糟糠。帝每夜入台,辄见崧,问其故,甚嘉之。自此诏大官赐尚书以下,朝夕餐给,帷被皂袍,及侍史二人。《汉官仪》:尚书郎入直台中,官供新青缣白绫被或锦被,昼夜更宿,帷帐画,通中枕,卧旃蓐,冬夏随时改易。

大官供食，五日一美食，下天子一等。尚书郎伯使二人，女侍史二人，皆选端正者。伯使从至止车门还。女侍史洁被服，执香炉烧熏，从入台中，给使护衣服也。

又《张禹传》：延平元年，迁为太傅，录尚书事。邓太后以殇帝初育，欲令重臣居禁内，乃诏禹舍宫中，给帷帐床褥，太官朝夕进食，五日一归府。每朝见，特赞，与三公绝席。……数上疾乞身，诏遣小黄门问疾，赐牛一头，酒十斛，劝令就第，其钱布、刀剑、衣物，前后累至。

又《韩棱传》：五迁为尚书令，与仆射郅寿、尚书陈宠同时，俱以才能称。肃宗尝赐尚书剑，唯此三人，特以宝剑，自手署其名，曰：韩棱楚龙渊，郅寿蜀汉文，陈宠济南椎成。时论者为之说，以棱渊深有谋，故得龙渊；寿明达有文章，故得汉文；宠敦朴，善不见外，故得椎成。……窦氏败，棱典案其事，深竟党与，数月不休沐。帝以为忧国忘家，赐布三百匹。

又《周荣传》：子兴少有名誉。永宁中，尚书陈忠上疏荐兴曰：古者帝王有所号令，言必弘雅，辞必温丽，垂于后世，列于典经。故仲尼嘉唐虞之文章，从周室之郁郁。窃见光禄郎周兴，孝友之行，著于闺门，清厉之志，闻于州里，蕴椟古今，博物多闻，《三坟》之篇，《五典》之策，无所不览，属文著辞，有可观采。尚书出纳帝命，为王喉舌。臣等既愚暗，而诸郎多文俗吏，鲜有雅才，每为诏文，宣示内外，转相求请，或以不能，而专己自由，辞多鄙固。兴抱奇怀能，随辈栖迟，诚可叹惜。诏乃拜兴为尚书郎。

又《黄香传》：祗勤物务，忧公如家。……帝知其精勤，数加恩赏。

又《冯衍传》：子豹拜尚书郎，忠勤不懈。每奏事，未报，常俯伏省阁，或从昏至明。肃宗闻而嘉之，使黄门持被覆豹，敕令勿惊。

西汉重臣，率称领尚书，或平尚书事、视尚书事，并参尚书事。

《汉书·霍光传》：霍山自承领尚书。（萧望之、孔光领尚书事见前。）

《张安世传》：拜为大司马车骑将军，领尚书事。

《张敞传》：为太中大夫，与于定国并参尚书事。

《张禹传》：为诸吏光禄大夫，秩中二千石，给事中领尚书事。

《史丹传》：父高，宣帝疾病，拜高为大司马车骑将军领尚书事。

《师丹传》：哀帝即位，为左将军，赐爵关内侯，食邑，领尚书事。

《何并传》：大司马车骑将军王音内领尚书，外典兵马。

《薛宣传》：复召宣给事中，视尚书事。

《成帝纪》：以元舅侍中卫尉平侯王凤为大司马大将军，领尚书事。

《董贤传》：为三公，常给事中领尚书。

东汉则曰录尚书事。其两人并命，则曰参录尚书事。

《后汉书·章帝纪》：以赵憙为太傅，牟融为太尉，并录尚书事。

《和帝纪》：以邓彪为太傅，赐爵关内侯，录尚书事，百官总己以听。

又，大司农尹睦为太尉，录尚书事。

《殇帝纪》：太尉张禹为太傅，司徒徐防为太尉，参录尚书事。

《安帝纪》：太尉冯石为太傅，司徒刘熹为太尉，参录尚书事。

《顺帝纪》：太常桓焉为太傅，大鸿胪朱宠为太尉，参录尚书事。

又，刘光为太尉，录尚书事。

又，大鸿胪庞参为太尉，录尚书事。

《冲帝纪》：以太尉赵峻为太傅，大司农李固为太尉，参录尚书事。

《质帝纪》：司徒胡广为太尉，司空赵戒为司徒，与梁冀参录尚书事。

《灵帝纪》：以前太尉陈蕃为太傅，上窦武及司徒胡广参录尚书事。

又，司徒胡广为太傅，录尚书事。

又，后将军袁隗为太傅，与大将军何进参录尚书事。

《献帝纪》：司徒王允录尚书事，总朝政。

又，司空淳于嘉为司徒，光禄大夫杨彪为司空，并录尚书事。

又，光禄大夫马忠为太尉，参录尚书事。

又，太仆朱儁为太尉，录尚书事。

史权第二

又,太常杨彪为太尉,录尚书事。

又,卫尉赵温为司徒,录尚书事。

又,镇东将军曹操自领司隶校尉,录尚书事。

夫以一文牍秘书之机构,而内外演变,极其复杂而重要者,何也?准故事则有例案可循,而行政合于心习,操命令则有威权可擅,而事先宜慎防维。贤明之主,以太史、内史隶六官,则政治无不公开;专制之世,以尚书、中书为内职,则宰制任其私便。故观于两汉尚书之职,可以得政权之要义焉。分职愈多,辖地愈广,集权愈尊。委任大臣,则虑两府三公夺其魁柄;总持禁近,则惟左右侍从为其腹心。于是由龃龉而调整,又必就外官之可倚重者,总领其事。而其他重臣不参机密,仅能负其所掌一机关之责,于大政无与焉。明之各部尚书不入内阁者,不敌大学士之尊;清之大学士不入军机者,亦不过虚拥中堂之名。前后一辙也。顾此秘书文牍之职,由人主与大臣争权,而为此因龃龉而调整之机构,又别有两患焉。禁近复藏内幕,则宦竖之力得而驾之;外官或擅兵柄,则武人之力得而夺之。历朝已事,不可缕举,要皆集权之必然趋势也。东汉陈忠、李固等,恒思调燮内外。

《后汉书·陈忠传》(其谏疏前半见前):近以地震策免司空陈褒,今者灾异,复欲切让三公。昔孝成皇帝以妖星守心,移咎丞相,使贲丽纳说方进,方进自引,卒不蒙上天之福,徒乖宋景之诚。故知是非之分,较然有归矣。又尚书决事,多违故典,罪法无例,诋欺为先,文惨言丑,有乖章宪。宜责求其意,割而勿听。……忠意常在褒崇大臣,待下以礼。其九卿有疾,使者临问,加赐钱布,皆忠所建奏。顷之,拜尚书令。延光三年,拜司隶校尉,纠正中官外戚宾客。近幸惮之,不欲忠在内。

又《李固传》:陛下之有尚书,犹天之有北斗也。斗为天喉舌,尚书亦为陛下喉舌。斗斟酌元气,运乎四时。尚书出纳王命,赋政四海,权尊势重,责之所归。若不平心,灾害必至。诚宜审择其人,以毗圣政。今与陛下共理天下者,外则公卿尚书,内则常侍黄门。譬犹一门之内,一家之事,安则共其福庆,危则通其祸败。

而窦武之败,乃由宦竖盗发其书。则内幕之内幕尤可惧也。

《后汉书·窦武传》:武奏免黄门令魏彪,以所亲小黄门山冰代之。使冰奏素狡猾尤无状者长乐尚书郑飒,送北寺狱。蕃谓武曰:此曹子便当收杀,何复考为?武不从。令冰与尹勋、侍御史祝瑨杂考飒,辞连及曹节、王甫。勋、冰即奏收节等,使刘瑜内奏。时武出宿归府典,中书者先以告长乐五官史朱瑀,瑀盗发武奏。

论汉尚书之职,必上推之于周之史职,下极之于后世之秘书,其义始备。古史起源,固亦不过专司记录。以其切近主权者,谏争规劝,易于进言,而史权由之而重。汉之尚书非其比矣。然如申屠刚、钟离意、张陵诸贤,焜耀史策,实亦可以成主德而申公宪。

《后汉书·申屠刚传》:迁尚书令。光武尝欲出游,刚以陇蜀未平,不宜宴安逸豫。谏不见听,遂以头轫乘舆轮,帝遂为止。

又《钟离意传》:征为尚书。时交阯太守张恢坐赃千金,征还伏法。以资物簿入大司农,诏班赐群臣。意得珠玑,悉以委地,而不拜赐。帝怪而问其故,对曰:臣闻孔子忍渴于盗泉之水,曾参回车于胜母之闾,恶其名也。此臧秽之宝,诚不敢拜。帝嗟叹曰:清乎尚书之言。乃更以库钱三十万赐意,转为尚书仆射。车驾数幸广成苑,意以为从禽废政,常当车陈谏般乐游田之事,天子即时还宫。永平三年夏旱,而大起北宫,意诣阙免冠上疏……诏因谢公卿百僚,遂应时澍雨焉。时诏赐降胡子缣,尚书案事,误以十为百。帝见司农上簿,大怒,召郎将答之。意因入叩头曰:过误之失,常人所容,若以懈慢为愆,则臣位大罪重,郎位小罪轻,咎皆在臣,臣当先坐。乃解衣就格。帝意解,使复冠而贳郎。帝性褊察,好以耳目隐发为明,故公卿大臣数被诋毁,近臣尚书以下,至见提拽……朝廷莫不悚慄,争为严切,以避诛责。唯意独敢谏争,数封还诏书,臣下过失,辄救解之。……帝虽不能用,然知其至诚,亦以此故不得久留,出为鲁相。后德阳殿成,百官大会,帝思意言,谓公卿曰:钟离尚书若在,此殿不立。

又《张陵传》:官至尚书。元嘉中,岁首朝贺,大将军梁冀带剑入省,陵呵叱之,令出,敕羽林虎贲夺冀剑。冀跪谢,陵不应,即劾奏冀,请廷尉论罪。有诏以一岁俸赎,而百寮肃然。初冀弟不疑为河南尹,举陵孝廉,不疑疾陵之奏冀,因谓曰:昔举君,适所以自罚也。陵对曰:明府不以陵不肖,误见擢序,今申公宪,以报私恩。不疑有愧色。

故制度无定,亦视居其职者之若何。至如翟酺之诈孙懿以求

为尚书,则学者之无行,可资监戒者耳。

《后汉书·翟酺传》:时尚书有缺,诏将大夫六百石以上,试对政事、天文、道术,以高第者补之。酺自恃能高,而忌故太史令孙懿,恐其先用,乃往候懿。既坐,言无所及,惟涕泣流连。懿怪而问之,酺曰:图书有汉贼孙登将以才智为中官所害,观君表相,似当应之。酺受恩接,凄怆君之祸耳。懿忧惧移病,不试,由是酺对第一,拜尚书。(试尚书以天文、道术,亦可见尚书性质与古史官相近。)

史 统 第 三

史之所重在持正义。梁、隋以来,爰有正史之名,历代相沿,充溢簿录。顾正史二字,初未有确定界说。《隋志》称世有著述,皆拟班、马,以为正史。乃依其世代聚而编之,以备正史。故《唐六典》曰:乙部为史,其类一十有三。一曰正史,以纪纪传表志。《四库提要》曰:总括群书,分十五类。首曰正史,大纲也。章学诚辨其类例不同,亦未陈正史之定义。

  章学诚《论修史籍考略》:旧例以二十一家之书,同列正史,其实类例不清。马迁乃通史也,梁武《通史》、郑樵《通志》之类属之。班固断代专门之书也,华、谢、范、沈诸家属之。陈《志》分国之书也,《十六国春秋》、《九国志》之类属之。《南、北史》断取数代之书也,薛、欧五代诸史属之。《晋书》、《唐书》集众官修之书也,宋、辽、金、元诸史属之。

梁启超以官书目之,义亦未谛。官书不限于正史,正史亦不尽官书也。

  梁启超《中国史籍十类表》:第一正史。甲,官书。所谓二十四史是也。乙,别史。华峤《后汉书》、习凿齿《蜀汉春秋》等其实皆正史。(习凿齿《汉晋阳秋》是编年体,非华氏《后汉书》一类。)

寻《六典》之说,盖世所公认。诸史不尽有表志,而纪传之体实同。故自《隋志》以降,编年之休皆别为类,不入正史。纪传体之为正史,允足备一义矣。第正史之名,始于梁阮孝绪,其《正史削繁》一书,今虽不传,疑其所谓正史,即《七录》所谓国史,取别于伪史者也。

> 《隋书·经籍志》杂史类:《正史削繁》九十四卷,阮孝绪撰。
> 阮孝绪《七录》:纪传录十二类。一曰国史。……七曰伪史。

梁武《通史》,吴蜀二主皆入世家,五胡及拓跋氏列于夷狄传(见《史通》史记家)。阮氏所持之义,必与《通史》相同。五胡拓跋,概非正史,其于曹魏不用习氏之说,则萧梁受禅,不能斥魏也。准此以言,《隋志》之载正史,已不同于阮氏。魏周诸书次于齐梁,则以隋承周后,不得外拓跋于夷狄矣。至刘知幾《史通》历举正史,并及《十六国春秋》,则又大异于《隋志》。崔书在《隋志》,属于霸史,《唐志》亦列伪史。其不得为正史,尽人所知也,即刘氏亦屡称为伪史,顾置之正史之列。

> 《史通·正史篇》:贞观中诏以前后《晋史》十有八家,制作虽多,未能尽善。乃敕史官更加纂录,采正典与杂说数十余

史统第三

部,兼引伪史《十六国书》。……崔鸿殁后,永安中其子续写奏上,请藏诸秘阁。由是伪史宣布,大行于时。

岂以鸿书纪纲皆以晋为主,故特重之耶？然国书曰录,主纪曰传,亦与《三国志》不同。列之正史,未审其何所取义也。

《史通·正史篇》：崔鸿考核众家,辨其同异,除烦补阙,错综纲纪,易其国书曰录,主纪曰传,都谓之《十六国春秋》。

又《探赜篇》：崔鸿鸠诸伪史,聚成春秋,其所列者,十有六家而已。魏收云：鸿世仕江左,故不录司马、刘、萧之书,又恐识者尤之,未敢出行于外。案于时中原乏主,海内横流,遽彼东南,更为正朔,适使素王再出,南史重生,终不能别有异同,忤非其议。安得以伪书无录,而犹归罪彦鸾者乎！且必以崔氏祖宦吴朝,故情私南国；必如是则其先徙居广固,委质慕容,何得书彼南燕,而与群胡并列？爱憎之道,岂若是邪！且观鸿书之纪纲,皆以晋为主,亦犹班书之载吴项,必系汉年；陈寿之述孙刘,皆宗魏世。何止独遗其事,不取其书而已哉！但伯起躬为魏史,传列岛夷,不欲使中国著书,推崇江表,所以辄假言崔志,用纾魏羞。

《唐志》正史内附集史,李氏《南、北史》列焉。郑樵《艺文略》正史末有通史,亦即所谓集史也。元主中夏,以辽金之史与宋并列。辽金虽未统一,以魏齐周之史为正史例之,固承《隋志》之义也。自元及清,盖无所谓霸史、伪史之说。章氏生清代,虽熟于史义,顾亦不能质言,姑以辽金元史为集众官修之书比之晋唐；而阮氏正史之义，讫未有人发之。今之政体，既异前世，正、伪、杂、霸之辨，似可存而不论。然民族主义及政权统一，皆今之所最重，亦即吾史相承之义有以启之。故由正史之名，推其义之从来，则三统五德及后世正统之辨，固今日所当理董，不必为清人隐讳之辞及前哲辨析未精者所囿矣。

《公羊传》隐公元年曰：何言乎王正月？大一统也。三年曰：故君子大居正。一统与居正，实贯上下千古而言，故董仲舒《对策》曰：春秋大一统者，天地之常经，古今之通谊也。炎黄以来，吾史虽有封建郡县之殊，禅让世及之制，而群经诸子以迨秦汉纪载，述吾政教所及之区域，赢缩不同，地望互异，要必骈举东西南朔所届，以示政权之早归于一。

  《尧典》：宅嵎夷曰旸谷，平秩东作。宅南交，平秩南讹。宅西曰昧谷，平秩西成。宅朔方曰幽都，平在朔易。

  《禹贡》：东渐于海，西被于流沙，朔南暨，声教讫于四海。

  《王制》：西不尽流沙，南不尽衡山，东不尽东海，北不尽恒山。凡四海之内，断长补短，方三千里。

  《尔雅》：东至于泰远，西至于邠国，南至于濮铅，北至于祝栗，谓之四极。觚竹、北户、西王母、日下，谓之四荒。岠齐州以南戴日为丹穴，北戴斗极为空桐，东至日所出为太平，西至日所入为大蒙。

  《大戴记·五帝德》：北至于幽陵，南至于交趾，西济于流沙，东至于蟠木。

  《吕氏春秋·任数》：东至开梧，南抚多颗，西服寿麋，北怀儋耳。

又《为欲》：北至大夏，南至北户，西至三危，东至扶木。

又《求人》：禹东至榑木之地，南至交趾孙朴续樠之国，西至三危之国，北至人正之国。

秦《琅琊台刻石文》：西涉流沙，南尽北户，东有东海，北过大夏。

《史记·五帝本纪》：黄帝东至于海，西至于空桐，南至于江，北逐荤粥。……颛顼北至于幽陵，南至于交趾，西至于流沙，东至于蟠木。

故其思想之广大，动以天下为言。《皋陶谟》曰：光天之下，至于海隅苍生，万邦黎献，共惟帝臣。《立政》曰：方行天下，至于海表，罔有不服。《北山》之诗曰：溥天之下，莫非王土；率土之滨，莫非王臣。战国时人且以为自舜以来之诗（《吕氏春秋·慎人》）。是以部落酋长不妨以千百计，而统治之者必归于一个中央政府。此其与他族史迹之型成，徒以一都、一市、一国、一族与其他市、府、国、族颉颃杂立，代兴争长，垂数千年不能统于一者，迥殊之特色也。

由天下之观念，而有天下非一人之天下也，天下之天下也之观念（《吕氏春秋·贵公》）；又有天下非一家之有也，有道者之有也之观念（《逸周书·殷祝》）。故曰垂三统，列三正，去无道，开有德，不私一姓。此实吾民族持以衡史最大之义。其衡统一之时代，必以道德为断。三统五德，不必拘一姓之私。而无道者虽霸有九州，不得列之正统。虽曰五德本于五行，其取相胜或相生，本无定说。学者多病其诞妄，然以道德表治统，固不得为迷信也。

《汉书·谷永传》：天生蒸民，不能相治，为立王者以统理之。方制海内,非为天子;列土封疆,非为诸侯,皆以为民也。垂三统,列三正,去无道,开有德,不私一姓,明天下乃天下之天下,非一人之天下也。

《春秋繁露·三代改制质文篇》:三正以黑统,初正日月朔于营室,斗建寅,天统气始通化物,物见萌达,其道黑,故朝正服黑。……正白统者,历正日月朔于虚,斗建丑,天统气始蜕化物,物始芽,其色白,故朝正服白。……正赤统者,历正日月朔于牵牛,斗建子,天统气始化物,物始动,其色赤,故朝正服赤。(据卢文弨校补)……三统之变,近夷遐方,无有生煞者,独中国后。(按此文即谓近夷遐方不能以相生相胜之义得吾治统,得吾治统者,独中国之民族耳。)而三代改正,必以三统天下,曰三统五端化四方之本也。天始废始施地必待中,是故三代必居中国,法天奉本,执端要以统天下,朝诸侯也。是以朝正之义,天子纯统色衣,诸侯统衣,缠缘纽,大夫、士以冠参,近夷以绥,遐方各衣其服而朝,所以明乎天统之义也。其谓统三正者,曰正者正也,统改其气,万物皆应而正,统正其余皆正。

《史记·秦始皇本纪》:始皇推终始五德之传,以为周得火德,秦代周德从所不胜,方今水德之始。(此以相胜为义)

《汉书·律历志·世经》:炮牺继天而王,为百王先,首德始于木,故为帝太昊。……共工氏伯九域。言虽有水德,在火木之间,非其序也。任知刑以疆,故伯而不王。秦以水德在周汉木火之间,周人迁其行序,故《易》不载。炎帝……以火承木,故为炎帝。……黄帝氏作,火生土,故为土德。……少昊……挚立,土生金,故为金德。……颛顼受之……金生水,故为水德。……帝喾受之……水生木,故为木德。帝尧封于唐……木生火,故为火德。……尧嬗(舜)以天下,火生土,故为土德……舜嬗禹以天下,土生金,故金德。……汤伐夏桀,金生水,故为水德。……武王伐纣,水生木,故为木德。……汉高祖……伐秦继周,木生火,故为火德。(张苍以汉为水德,公孙臣以汉为土德。其说不一。)

《史记·高祖本纪赞》曰:汉兴承敝易变,使人不倦,得天统矣。此言其道能承天之统也。《汉书·郊祀志》:宣帝即位,由武帝正统兴。则谓一姓传位之正统也。《师丹传》称劾奏董宏知皇太后至尊之号,天下一统,而称引亡秦以为比喻。则以太后之称不宜有二为一统。又称为人后者为之子,故为所后服斩衰三年,而降其父母期,明尊本祖而重正统也。亦以哀帝之嗣成帝为正统。皆帝王家事,非指国权之迁变。故治史者谓后儒误用正统二字,不知汉人所谓正统,固有专义。然《世经》谓秦在木火之间,颜师古曰:志言秦为闰位。《王莽传赞》曰:紫色蛙声,馀分闰位。则正闰之辨,汉已有之矣。秦、新失德,均不得为正统;曹魏篡逆,同于新莽,故习凿齿斥魏而正蜀。

《晋书·习凿齿传》:桓温觊觎非望,凿齿著《汉晋春秋》以裁正之。起汉光武,终于晋愍帝。于三国之时,蜀以宗室为正;魏虽受汉禅晋,尚为篡逆。至于文帝平蜀,乃为汉亡,而晋始兴焉。

《世说注》引习凿齿《汉晋春秋·晋承汉统论》曰:若以魏为有代王之德,则其道不足;道不足,则不可谓制。当年若以有靖乱之功,则孙、刘鼎立。共工秦政,犹不见叙于帝王,况暂制数州之众哉!

其所持义,地未统一,道不足称,蜀为宗室,实兼三义,初非止私一姓。《史通》既辨《晋书》之非,又以《通史》为当,说似两歧。然《探赜篇》所谓定邪正之途,明顺逆之理,则固深得习氏之用心也。

  《史通·探赜篇》:习凿齿之撰《汉晋春秋》,以魏为伪国者,此盖定邪正之途,明顺逆之理耳。而檀道鸾称其当桓氏执政,故撰此书,以绝彼瞻乌,防兹逐鹿。……安有变三国之体统,改五行之正朔,勒成一史,传诸千载,而藉以权济物议,取诫当时。(按此驳《晋书》承檀氏之说,命意尤正。有所为而为者,固不逮无所为而为。后世以朱子当南宋,故取习氏之说者,其识乃下于刘氏。)
  《史通·世家篇》:魏有中夏,而扬益不宾,终亦受屈中朝,见称伪主。为史者必题之以纪,则上通帝王;牓之以传,则下同臣妾。梁主敕撰《通史》,定为吴蜀世家,持彼僭君,比诸列国,去太去甚,其得折中之规乎?

自宋以来,持正统论与不持正统论者迭作。而传授之正,疆域之正,种族之正,道义之正,诸观念恒似凿枘而不能相通。使四者皆备,则固人无异词,而史实所限,则必一一精析而后得当。骤视之似持论不同,切究之则固皆以正义为鹄也。兹先就不持正统论者言之。司马温公之为《通鉴》,自谓臣愚诚不足以识前代之正闰。

又曰:正闰之论,自古及今,未有能通其义,确然使人不可移夺者。然必曰:苟不能使九州合为一统,皆有天子之名而无其实者也。又曰:正闰之际,非所敢知。但据其功业之实而言之。周、秦、汉、晋、隋、唐,皆尝混壹九州,传祚于后,子孙虽微弱播迁,犹承祖宗之业,有绍复之望。四方与之争衡者,皆其故臣也。故全用天子之制以临之。其余地丑德齐,莫能相壹,名号不异,本非君臣者,皆以列国之制处之。彼此均敌,无所抑扬,庶几不诬事实,近于至公(均见《通鉴·魏纪论》)。是其主张惟以能统一九州为正,而于秦、隋不加贬削。则国族之不自力,虽以种族之正,屈于偏安者,可以鉴此而知自奋。义固未可非也。然于纪年之法,不得不取列国之一以系他国之事,故又曰:天下离析之际,不可无岁时月日以识事之先后。据汉传于魏而晋受之,晋传于宋以至于陈而隋取之,唐传于梁以至于周而宋承之,故不得不取魏、宋、齐、梁、陈、后梁、后唐、后晋、后汉、后周年号以纪诸国之事,非尊此而卑彼,有正闰之辨也。则不逮《纲目》并书之允。《史通》曰:纪之为体,犹《春秋》之经,系日月以成岁时,书君王以显国统(《本纪篇》)。是纪年即显国统。不辨正闰,不分尊卑,则择取其一者,不如列国并书矣。

王船山亦不持正统论者也。然生际明清之交,又丁元室之后,人力所穷,史实又异,而其孤怀宏识,又深病李槃等之局于一姓之私,则宁归之于一治一乱,而不忍承认元清之统一。故船山之不持正统论,与温公相似而实不同。然其不持私己之偏辞,务求大公之通论,与温公之意,亦无不合。

王夫之《读通鉴论》卷十九:三代而下,吾知秦、隋之乱,汉、唐之治而已;吾知六代五季之离,唐、宋之合而已。治乱合离者,天也;合而治之者,人也。舍人而窥天,舍君天下之道而论一姓之兴亡,于是而有正闰之辨,但以混一者为主。故宋濂作史,以元为正,而乱华夷,皆可托也。夫汉亡于献帝,唐亡于哀帝明矣。延旁出之孤绪,以蜀汉系汉,黜魏、吴,而使晋承之,犹之可也。然晋之篡立,又奚愈于魏、吴,而可继汉邪?萧詧召夷以灭宗国,窃据弹丸,而欲存之为梁统;萧衍之逆,且无以愈于陈霸先,而况于詧?李存勖,朱邪之部落,李昪,不知谁氏之子,必欲伸其冒姓之妄于诸国之上,以嗣唐统而授之宋;则刘渊可以继汉,韩山童可以继宋乎?(近世有李槃者云然。)一合而一离,一治而一乱,于此可以知天道焉,于此可以知人治焉。

又《叙论一》:天下之生,一治一乱。当其治,无不正者以相干,而何有于正?当其乱,既不正矣,而又孰为正?有离有绝,固无统也,而又何正不正耶?以天下论者,必循天下之公,天下非一姓之私也。惟为其臣子者,必私其君父,则宗社已亡,而必不忍戴异姓异族以为君。若夫立乎百世以后,持百世以上大公之论,则五帝三王之大德,天命已改,不能强系之以存。故杞不足以延夏,宋不足以延商,夫岂忘禹、汤之大泽哉!非五子不能为夏而歌雒汭,非箕子不能为商而吟麦秀也。故昭烈亦自君其国于蜀,可为汉之余裔,而拟诸光武,为九州兆姓之大君,不亦诬乎?充其义类,将欲使汉至今存而后快,则又何以处三王之明德,降苗裔于编氓耶?蜀汉正矣,已亡而统在晋;晋自篡魏,岂承汉而兴者?唐承隋,而隋抑何承?承之陈,则隋不因灭陈而始为君;承之宇文氏,则天下之大防已乱,何统之足云乎!无所承,无所统,正不正,存乎其人而已矣。正不正,人也;一治一乱,天也。犹日之有昼夜,月之有弦望晦朔也。非其臣子以德之顺逆定天命之去留,而詹詹然为已亡无道之国延消谢之运,何为者耶？宋亡而天下无统,又奚说焉！近世有李榖者,以宇文氏所臣属之萧岿为篡弑之萧衍延苟全之祀,而使之统陈；沙陀夷族之朱邪存勖,不知所出之徐知诰,冒李唐之宗,而使之统分据之天下。父子君臣之伦大紊,而自矜为义,有识者一哄而已。（按船山之言,不私一姓,痛斥李榖,则延南明之绪者,在船山犹未以为然也。但船山于华夷之辨极严,则又深憾于吾族之不自力。故其责治乱于人,与温公之义初不相悖,且与五德代兴及《纲目》无统之说,亦不相悖。李榖等之识,正坐不解五德代兴及无统之说耳。）

又其论石勒、拓跋宏之事曰：天下所极重而不可窃者二：天子之位也,是谓治统；圣人之教也,是谓道统。而痛责败类之儒鬻道统以教之窃（《读通鉴论》卷十三）。是船山论史,固自有所谓统,专以华夷道义为衡,非漫然无所统也。故主萧齐以存华夏,斥杨广以诛篡逆,又与尊南朝而闰秦、隋者,持义相等矣。

《读通鉴论》卷十六：齐高帝……凡篡位者未即位皆称名,已即位则称帝,史例也。萧齐无功窃位,不足列于帝王之统系；而以帝称者,以北有拓跋氏之称魏,故主齐以存华夏。

又卷十九：凡六代不肖之主,皆仍其帝称。篇内独称炀帝曰逆广,以其与刘劭同其覆载不容之罪；且时无夷狄割据,不必伸广以明正统。（据此,知船山存六代之帝称,即以明正统。）

清鲁一同亦不持正统论者,曰：去一无实之名而各如其所自

为,帝则曰帝,王则曰王。是其论正统虽与欧阳修异,而仍是欧著《五代史》帝梁之法。(参阅《五代史记·梁本纪论》)

鲁一同《正统论》:重正统则穷于夺,轻正统则穷于予。且夫既已谓之正矣,而轻以予夫盗贼篡弑极不正之人,此人之所以滋不服也。故曰莫若并去正统之名。去正统之名,而后可以惟吾所予。篡而得者谓之篡,盗而得者谓之盗,而皆不绝其为君,而卒亦不予之为正。《春秋》之法,用夷礼则夷之,通上国则进之。予夺何常,惟变所适。今去一无实之名,而各如其所自为,帝则曰帝,王则曰王。高光崛起,李赵徬徨,魏晋篡窃,秦隋疆梁,偏安割据,画土分疆,无所拘滞,安所纷扰哉!

周树槐之持论,亦曰:必也去其正统之名,纷纷异同之论皆息。然亦曰:元人之以宋辽金列为三史,非公论。而于蜀汉,南宋又以其人而重之。则未尝不持种族之正、道义之正也。惟其生于清世,恶清室之窃正统,而不敢昌言,乃以不持正统之说为得。故不持正统者,即不承认清之统一天下为正统也。

周树槐《书苏文忠正统论后自记》:必也去其正统之名,纷纷异同之论皆息矣。 《再书正统论后》:元人之以宋辽金列为三史也,非公论也。至明人病之,欲黜辽金,悉从《晋书·载记》之例,亦非公论也。从《载记》之例,辽可也,金不可也;于宋可也,于南宋不可也。……蜀汉列于正统者,以有武乡侯、汉寿亭侯也;南宋列于正统者,以有岳忠武、紫阳诸贤也。贤者之益于人国如是哉！

梁启超《新史学》，谓中国史家之谬，未有过于言正统者。其所举例，以《纲目》及乾隆间《通鉴辑览》为主，而断之曰：不论正统则亦已耳，苟论正统，吾敢翻数千年之案而昌言曰：自周秦以后，无一能当此名者也。第一夷狄不可以为统，则胡元及沙陀三小族在所必摈，而后魏、北齐、北周、契丹、女真更无论矣；第二篡夺不可以为统，则魏、晋、宋、齐、梁、陈、北齐、北周、隋、后周、宋在所必摈，而唐亦不能免矣；第三盗贼不可以为统，则后梁与明，在所必摈，而汉亦如唯之与阿矣。然则正统当于何求之？曰统也者，在国非在君也，在众人非在一人也。舍国而求诸君，舍众人而求诸一人，必无统之可言。此梁氏当清季在海外之言论，自谓能翻数千年之案，其实不予夷狄、篡夺、盗贼，即吾史数千年相承之义，并未能于传统之学说之外，有所发明。且所谓统在国，非在君，在众人，非在一人，则国族之统，正当求诸众史矣。梁氏又谓：若夫以中国之种族而定，则诚爱国之公理，民族之精神，虽违于统之义，犹不悖于正之名也。而惜乎数千年未有持此以为鹄者也，则尤为失言。元明以来不必论，即唐皇甫湜《东晋正闰论》，力诋元魏，非以种族论正闰者乎？湜之言曰：昔之著书者有帝元（指元魏），今之为录者皆闰晋，可谓失之远矣。或曰：元之所据，中国也。曰：所以为中国者，以礼义也；所以为夷狄者，无礼义也，非系于地。晋之南渡，文物攸归，礼乐咸在，流风善政，史实存焉。魏氏恣其暴强，虐此中夏，斩伐之地，鸡犬无余，驱士女为肉篱，委之戎杀，指衣冠为刍狗，逞其屠刈，种落繁炽，历年滋多。此而帝之，则天下之士有蹈海而死，天下之人必登山而饿，忍食其粟而立其朝哉！是其持论之严，虽郑所南无以过也。

既知不持正统论者之同一尚统一、尚正义,其所持之正义,同一去无道开有德,不私一姓,是实吾国传统之史义。即亦可以明于持正统论者之基本观念,亦无异于不持正统论者也。宋人反复详究正统论者,以欧公为最。欧公《外集》论此者凡七篇,《居士集》论之者三篇,而《外集》又有《正统辨》上下二篇。二篇之论最严,以汉、唐、宋继三代,不数秦、隋。《居士集》之论,则予秦、隋而绝东晋,谓正统至汉而绝,晋得之而又绝,隋、唐得之而又绝。自尧舜以来三绝而复续。惟有绝而有续,然后是非公,予夺当,而正统明。其意亦与《通鉴》之论相同,且开《纲目》无统之说。惟绝东晋,未就夷夏之义析之耳。

  欧阳修《正统论下》:居天下之正,合天下于一,斯正统矣,尧、舜、夏、商、周、秦、汉、唐是也。始虽不得其正,卒能合天下于一,斯谓之正统可矣,晋、隋是也。天下大乱,僭窃并兴,正统无属,则正统有时而绝。故正统之序,上自尧舜,历夏、商、周、秦、汉而绝,晋得之而又绝,隋、唐得之而又绝。自尧、舜以来,三绝而复续。惟有绝而有续,然后是非公,予夺当,而正统明。

同时有章望之著《明统论》,立正统、霸统二说。以秦、晋、隋为霸统,谓欧公既曰君子大居正,而以不正人居之,是正不正之相去未能相远也。苏轼著论辨之,谓欧阳以名言,章以实言,名轻而后实重。欧阳子重与之,而吾轻与之。正统听其自得者十,曰:尧、舜、夏、商、周、秦、汉、晋、隋、唐。序其可得者六,亦以存教,曰:魏、梁、后唐、晋、汉、周。使夫尧舜三代之所以为贤于后世之君者,皆不在乎正统。故后世之君不以其道而得之者,亦不以为尧舜三代之比,于是乎实重。(详苏集《正统论》上、中、下篇。)夫史家所持者名教也,辨统以名,责实亦以名。苏氏第谓论统犹不足以别其实耳。而予之以统之后,又一一判其贤不肖,则仍持名教也。且一代之统之正否,大共之名也;某君某主之贤否,个别之名也。史家已于个别各有论赞,而犹欲总其全体而判其正否。犹之学校诸生之成绩,既已科别高下,而又有总平均之高下,以示奖惩。如苏之意,则轻于总平均,而专责科别之谓。譬之学校生徒,概予毕业,而优劣任人评之耳。

郑樵之为《通志》也,三国、南北朝并次为纪。正闰泯焉,夷夏亦无别也。是虽效梁武为《通史》,仅仅汇录旧史,未能精别名分也。朱子踵《通鉴》为《纲目》,虽多门人本其意为之,而凡例则朱子所自定也。其于统系,有正统与无统之别。盖合温公天子列国之判,及欧公正统三绝之说,而厘然各当矣。其于汉也迄炎兴,异于温公,重正义也;其于晋也迄元兴,异于欧公,重华夏也。惟宋魏对峙以后归于无统,未以四朝为正,则犹有待于郑所南之更定焉。

专持夷夏之义以论正统者,莫严于郑所南之《心史》。谓正统惟三皇、五帝、三代、西汉、东汉、蜀汉、大宋而已。两晋、宋、齐、梁、陈可以中国与之,不可列之于正统。李唐实夷狄之裔,其诸君家法甚缪戾,特以其并包天下颇久,贞观、开元太平气象,东汉而下未之有也,姑列之于中国,特不可以正统言。又谓《南史》宜曰《四朝正史》,《北史》宜黜曰《胡史》。是专持种族之正之义也。惟谓不以正而得国,则篡之者非逆,以为宋解,尚属私于所君之词。然举汉取嬴政之国、唐取普六茹坚之国以为例,则说亦可通。全谢山力言

《心史》为伪书,然即明人所托,郑氏之言,亦明人持正义以论史之特识也。

  《心史·古今正统大论》:中国之事,系乎正统。正统之治,出于圣人,以教后世天下之人所以为臣为子也。岂宜列之以嬴政、王莽、曹操、孙坚、拓跋珪、十六夷国等与中国正统互相夷虏之语杂附于正史之间,且书其秦、新室、魏、吴、元魏、十六夷国名年号及某祖某帝朕诏天子封禅等事,竟无以别其大伦。……臣行君事,夷狄行中国事,古今天下之不祥,莫大于是。……若夫夷狄风俗兴亡之事,许存于本史,若国名素其狴犴单于之号及官职州县并从之。……其曰《北史》,是与中国抗衡之称,宜黜曰《胡史》。仍修改其书,夺其僭用天子制度等语。其曰《南史》,实以偏方小之,然中国一脉系焉,宜崇曰《四朝正史》。……嬴政不道,王莽篡逆,刘玄降赤眉,刘盆子为赤眉所挟,五代篡逆尤甚,冥冥长夜,皆不当与之。普六茹坚小字那罗延,夺伪周宇文辟之土,而并僭陈之天下,本夷狄也。魏徵犹引杨震十四世孙书之,此必普六茹坚援引前贤以华族谱云,并宜黜其国名年号,惟直书其姓名及甲子焉。……若论古今正统,则三皇、五帝、三代、西汉、东汉、蜀汉、大宋而已。司马绝无善治,或谓后化为牛氏矣。宋、齐、梁、陈巍然缀中国之一脉,四姓廿四帝,通不过百七十年,俱无善治,俱未足多议,故两晋、宋、齐、梁、陈可以中国与之,而不可列之于正统。李唐为《晋载记》凉武昭王李暠七世孙,实夷狄之裔,况其诸君家法甚缪戾,特以其并包天下颇久,贞观、开元太平气象,东汉而下未之有也,姑列之于中国,特不可以正统言。……以正而

史统第三

得国,则篡之者逆也,如逆莽逆操之类是也。不以正而得国,则篡之者非逆也,汉取嬴政之国,唐取普六茹坚之国,大宋取柴宗训之国是也。

方正学《释统》之言曰:天下有正统一,变统三。三代,正统也。如汉如唐如宋,虽不敢几乎三代,然其主皆有恤民之心,则亦圣人之徒也,附之以正统,亦孔子与齐桓、仁管仲之意也。奚谓变统?取之不以正,如晋、宋、齐、梁之君,亦不可为正矣;守之不以仁义,戕虐乎生民,如秦如隋,使传数百年,亦不可为正矣;夷狄而僭中国,女后而据天位,治如苻坚,才如武氏,亦不可继统矣。二统立而劝戒之道明,侥幸者其有所惧乎?(《释统》上)变统之说,视章望之所定霸统较贬,霸统不及武周之窃唐,变统则贬之矣。又曰:变统之异于正统者,何也? 始一天下而正统绝,则书甲子而分注其下。(《释统》下)是亦欧公所谓三绝,朱子所谓无统之意也。魏禧《正统论》,历举欧、苏、郑三家之说,谓郑氏为尤正,顾未及方氏《释统》。而其所创正统、偏统、窃统三目,亦即章氏霸统、方氏变统而小易之耳。

方氏生当明初,吾族习于蒙古者久,闻其言者多訾之。故又作《后正统论》,专伸夷夏之义。

方孝孺《后正统论》:俗之相成,岁薰月染,使人化而不知。在宋之时,见胡服闻胡语者,犹以为怪;主其帝而虏之,或羞称其事。至于元,百年之间,四海之内,起居饮食,声音器用,皆化而同之。斯民长子育孙,于其土地,习熟已久,以为当尔。昔既为其民矣,而斥之以为夷狄,岂不骇俗而惊世哉!然顾嫌者乃一时之私,非百世不易之道也。贤者之虑事,当先于众人,而预忧于后世。苟以夷狄之主而进之于中国,则无厌之虏,何以惩畏,安知其不复为中国害乎?如是则生民之祸大矣,斯固仁者之所不忍也。然则当何为?曰其始一天下也,不得已以正统之法书其国号,而名其君;于制诏号令变更之法,稍异其文;崩殂薨卒之称,递降之;继世改元之礼,如无统,一传以后,分注之。凡所当书者,皆不得与中国之正统比,以深致不幸之意。使有天下者惩其害,而保守不敢忽;使夷狄知大义之严,正统之不可以非类得,以消弭其侥觊之心。

丘琼山作《世史正纲》,即本方氏之法书元世史,至明太祖始复中国之统。其于中国之人渐染元俗,日与之化,身其氏名,口其言语,家其伦类,忘其身之为华,十室而八九,言之尤极沉痛。而仍元之世,第谓世道至此,坏乱已极,亦不似王洙《宋史质》之以明之先祖虚承宋统,则于正义之中,亦不抹杀史实。胡应麟以是书继《纲目》,非过言也。

> 《世史正纲》:有华夏纯全之世,汉、唐是也。有华夏割据之世,三国是也。有华夷分裂之世,南北朝及宋南渡是也。有华夷混乱之世,东晋及五代是也。若夫胡元入主中国,则又为夷狄纯全之世焉。噫!世道至此,坏乱极矣。此《世史正纲》所由作也。……窃原天地之理,惟圣贤之意,以严万世夷夏之防。于元之混一天下,依《纲目》南北朝五代例,分书其年号于甲子之下。
>
> 又:洪武元年春正月,太祖即皇帝位,复中国之统。……自

有天地以来，中国未尝一日而无统也。虽五胡乱华，而晋祚犹存；辽金僭号，而宋系不断。未有中国之统尽绝，而皆夷狄之归，如元之世者也。三纲既沦，九法亦斁，天地于是乎易位，日月于是乎晦冥，阴浊用事，迟迟至于九十三年之久。中国之人，渐染其俗，日与之化，身其氏名，口其言语，家其伦类，忘其身之为华，十室而八九矣。不有圣君者出，乘天心之所厌，驱其类而荡涤之，中国尚得为中国乎！

《四库提要》：《世史正纲》三十二卷，明邱濬撰。是书本明方孝孺《释统》之意，专明正统。起秦始皇二十六年，讫明洪武元年，以著世变事始之所由。于各条之下随事附论。……王士禛《池北偶谈》称其议论严正；陶辅《桑榆漫志》称其义严理到，括尽幽隐，深得《麟经》之旨；胡应麟《史学占毕》称《春秋》之后有朱氏，而《纲目》之后有丘氏。

又：《宋史质》一百卷，明王洙撰。是编因《宋史》而重修之。别创义例，大旨欲以明继宋，非惟辽金两朝皆列于外国，即元一代年号，亦尽削之。而于宋益王之末，即以明太祖之高祖追称德祖元皇帝者承宋统。

华夏之人，服习名教，文儒治史，不能禁世之无乱，而必思持名义拨乱世而反之正。国统之屡绝屡续者恃此也。缘此而强暴者虽专恃力征经营，而欲其服吾民族之心，则虽据有其实，犹必力争于名。如清之入主中夏，以兵力耳，而多尔衮致史忠正书，必曰：国家之抚定燕都，乃得之于闯贼，非取之于明朝也。此即以名义图服民心也。享国百年，犹惧不义，乃修馆书，乃辨正统。于明人之思宋，可以启清人之思明也，则力斥之。虽操笔诸臣，即王船山所谓败类之儒，而其意必受之于清室，观其力斥《宋史新编》，已可概见。使儒者阐明史统，无碍于盗窃攘夺者之所为，则据其实者何必争此已往之名？以此思之，则知史统之关系矣。

  柯维骐《宋史新编·凡例》：宋接帝王正统。契丹、女真相继起于西北，与宋抗衡。虽各建号享国，不过如西夏元昊之属，均为边夷。今会三史为一，而以宋为正。辽、金与之交聘交兵，及其卒其立，附载本纪，仍详君臣行事为传，列于外国，与西夏同。

  《四库提要》：《宋史新编》二百卷，明柯维骐撰。……托克托等作《宋史》，其最有理者，莫过于本纪终瀛国公，而不录二王；及辽、金两朝各自为史。……元破临安，宋统已绝，二王崎岖海岛，建号于断樯坏橹之间，偷息于鱼鳖鼋鼍之窟，此而以帝统归之，则淳维远遁以后，武庚构乱之初，彼独非夏、商嫡冢神明之胄乎？何以三代以来，序正统者不及也？他如辽起滑盐，金兴肃慎，并受天明命，跨有中原，必以元经帝魏，尽黜南朝，固属一偏。若夫南北分史，则李延寿之例，虽朱子生于南宋，其作《通鉴纲目》，亦沿其旧轨，未以为非。元人三史并修，诚定论也。而维骐强援蜀汉，增以景炎祥兴，又以辽、金二朝，置之外国，与西夏、高丽同列，又岂公论乎？

  吾族由大一统而后有所谓正史，由正史而后有所谓通史、集史。而编年与纪传之体虽分，要皆必按年记录。虽史才之高下不同，而必持义之正，始足以经世而行远。当时之以偏私为正者，后史又从而正之。是即梁氏所谓统在国在众人也。明于三统五德之义,则天下为公,不私一姓,而前史之斷斷于一家传统者,非第今不必争,亦为昔所不取。而疆域之正,民族之正,道义之正,则治史者必先识前贤之论断,而后可以得治乱之总因。疆域不正则耻,民族不正则耻。推此二耻之所由来,则自柄政者以至中流士夫全体民众,无不与有责焉。吾史之不甘为偏隅,不甘为奴虏,不甘为附庸,非追往也,以诏后也。蒙文通氏谓持正闰论者固政治民族主义,盖有见于此,而未详举各家之说。故备论之。

蒙文通《肤浅小书》:史家正闰之论,肇于《汉晋春秋》,而极于《宋史质》。粗视之若无谓,而实有深意存焉。《世经》言炎帝受共工,共工受太昊。《祭典》曰:共工氏霸九域。言虽有水德,在火木之间,非其次序也,故《易》不载。《易》曰:炮牺氏没,神农氏作。言共工霸而不王,虽有水德,非其序也。共工固为天子,而《易》、《书》家(《尚书大传》、《易·系辞》)黜之也。《秦始皇本纪》后附班固《典引》曰:周历已终,仁不代母,秦值其位。《索隐》言秦值其闰位,德在木火之间。《郊祀志》亦言昔共工氏以水德间于木火,与秦同运,非其次序。《索隐》之言,即据《郊祀志》文。是秦与共工实为天子,而汉师不以为天子也。习凿齿作《汉晋春秋》,其《晋承汉统论》曰:昔共工氏霸有州九,秦政奄平区夏,犹不见序于帝王。今若以魏为有代王之德,则其道不足,道不足则不可谓制当年。当年不制于魏,则魏未曾为天下之王。王道不足于曹,则曹未始为一日之王也。于是习氏之书,以蜀汉为正统而黜魏。萧颖士亦作《黜陈闰隋论》,以唐承梁,固以唐人以南朝为僭伪故也。朱子《纲目》亦沿习氏,以南为正统。陆游之作《南唐书》,称本纪,以易马令之书,是亦欲以南唐继唐,而斥北宋人五代正统之论。明时王洙作《宋史质》一百卷,以明继宋,非惟辽金两代皆列于外国,即元一代年号亦尽削之;而于宋益王之末,即以明太祖之高祖追称德祖元皇帝者承宋统,于瀛国公降元以后,岁岁书帝在某地。王洙之书,显为种族之痛,朱氏、陆氏固以痛及于金祸,习氏固以痛于五胡。共工姜姓,为苗黎之族;秦人之事,吾固考其为西戎。则正闰论者,固政治民族主义也。

史 联 第 四

纪传表志体之积为正史,而编年、本末诸体卒莫能敌之者,何也?以其持义之正,则固有各徇其私而不相合者;以其累世相续,则未若编年之起讫相衔;以其叙事之详,则未若本末之系统尤著。顾治史者既莫之易,而又相率病之。胡越相悬,参商是隔,断续相离,前后屡出。刘知幾既迭述其短,又谓交错纷扰,古今是同,前史未安,后史宜革。

《史通·六家》:寻《史记》疆宇辽阔,年月遐长,而分以纪传,散以书表。每论家国一政,而胡越相悬;叙君臣一时,而参商是隔。此其为体之失者也。

又《二体》:若乃同为一事,分在数篇,断续相离,前后屡出。于《高纪》则云语在《项传》,于《项传》则云事具《高纪》。又编次同类,不求年月,后生而擢居首帙,先辈而抑归末章。遂使汉之贾谊,将楚屈原同列;鲁之曹沫,与燕荆轲并编。此其所以为短也。

又《载言》:《左氏》为书,言事相兼,烦省合理,故使读者寻绎不倦,览讽忘疲。至于《史》《汉》则不然,凡所包举,务存恢博;文辞入记,繁富为多。是以贾谊、晁错、董仲舒、东方朔等传,唯上录言,罕逢载事。夫方述一事,得其纪纲,而隔以大篇,分其次序。遂令披阅之者,有所懵然。后史相承,不改其辙,交错纷扰,古今是同。

又于《表历》深诋迁史,外篇《杂说》,虽颇易辞,要于纪传表书相联之谊,未能明也。

《史通·表历》:文尚简要,语恶烦芜,何必款曲重沓,方称周备?观马迁《史记》,则不然矣。天子有本纪,诸侯有世家,公卿以下有列传。至于祖孙昭穆,年月职官,各在其篇,具有其说,用相考核,居然可知。而重列之以表,成其烦费,岂非谬乎?且表次在篇第,编诸卷轴,得之不为益,失之不为损。用使读者莫不先看本纪,越至世家;表在其间,缄而不视。语其无用,可胜道哉!既而班、《东》二史,各相祖述,迷而不悟,无异逐狂。必曲为铨择,强加引进,则列国年表,或可存焉。何者?当春秋战国之时,天下无主,群雄错峙,各自年世。若申之于表,以统其时,则诸国分年,一时尽见。如两汉御历,四海成家,公卿既为臣子,王侯方比郡县,何用表其年岁,以别于天子哉!

又《杂说上》:观太史公之创表也,于帝王则叙其子孙,于公侯则纪其年月。列行萦纡以相属,编字戢香而相排。虽燕越万里,而于径寸之内,犬牙可接。虽昭穆九代,而于方尺之中,雁行有叙。使读者阅文便睹,举目可详,此其所以为快也。

章氏《史篇别录例议》,申马班之例,议刘氏所讥,欲以子注标题,定著别录。其为读史者之计良得,而于作史者之善犹未尽量而

史联第四

言。第曰纪传苦于篇分,别录联而合之,分者不终散矣;编年苦于年合,别录分而著之,合者不终混矣。而不知表志即所以联合,纪传即所以分著。又其分合均所以为联,乃纪传体之特色。徒曰纪传区之以类,事有适从,寻求便易,故相沿不废。盖犹未能深求史之起源,乃吾族立国行政与史义、史法一贯之故也。(《章氏遗书》卷七《史篇别录例议》甚长,不具录。)邃古以来,史参行政。政治组织,日进文明,因事设官,各有专职。礼教兵刑,厘然不紊,而其所重,尤在官联,不联无以为组织也。是故《周官》小宰以六联合邦治,且曰凡小事皆有联。

> 《周官》:小宰以官府之六联合邦治。一曰祭祀之联事,二曰宾客之联事,三曰丧荒之联事,四曰军旅之联事,五曰田役之联事,六曰敛弛之联事。凡小事皆有联。

说者谓《周官》联六事之意,不特六职也。在乡则比闾族党州为联,在遂则邻里酂鄙县为联。司徒之安民,曰联兄弟,联师儒朋友。惟联而后骨理相凑,脉络相通,而合天下为一家之气象可见矣(宋叶时语)。举史官以为例。太史凡射事饰中舍算,执其礼事,射人与太史数射中,此其联之互著者也。小司寇大比登民数,自生齿以上登于天府,内史、司会、冢宰贰之,司民之职又载之。冢宰、司会之职不著,内史之职亦不著也。故在《周官》之书,有分有联,已具史法,交互错综,各视其性质之特重者分之,又视其平衡或主从者著之。要皆就事实而权衡,非持空论以载笔。且官之有联,仅同时间之行事也。史之所纪,则若干时间,若干地域,若干人物,皆有联带关系,非具有区分联贯之妙用,不足以胪举全国之多方面,而又各显其特质。故纪传表志之体之纵横经纬者,乃吾大国积年各方发展、各方联贯之特征,非大其心以包举万流,又细其心以厘析特质,不能为史,即亦不能读史。故刘氏所谓疆宇辽阔、年月遐长者,即足解释其所谓胡越相悬、参商是隔之由来。又所谓披阅懵然缄而不视者,正坐未悟斯义耳。

古代史籍体制孔多,申叔时所举,有春秋、世、诗、礼、乐、令、语、故志、训典诸种。后世体制,要皆由之演进。其最著者,则本纪、世家、表、书、列传,都出于《世本》也。秦嘉谟所辑《世本》,分帝系、纪、王侯谱、世家、大夫谱、传、氏姓、居、作、谥法,凡十篇。洪饴孙辑《世本》,言之尤详,谓太史公述《世本》以成《史记》,纪传不自《史记》始也。又曰:《左传正义》引《世本》记文,《史记索隐》、《路史注》引《世本》纪文,记、纪音同,此即《史记》本纪之所本。桓谭曰:太史公三代世表,旁行斜上,并效《周谱》。按《隋·经籍志》,《世本王侯大夫谱》二卷。是《世本》即《周谱》也。又《世本》有《帝系篇》,又有《作篇》记占验、饮食、礼乐、兵农、车服、图书、器用、艺术之原,即太史公八书所本,后世诸志之祖。又有《居篇》,记帝王都邑,亦后世地理志所仿。而何焯谓《汉书古今人表》权舆于《世本》(《义门读书记》),姚振宗因之悟得《人表》即据楚汉之际所传之《世本》。(楚汉之际好事者为《世本》十五篇,见《史通》。)足知史体相沿,有演变综合而无创作。而人事之有联属者,必各就其特质分著于某篇某体之中。纵横交错,乃有以观其全,而又有以显其别。如黄帝生元嚣及生昌意,载之《帝系》;黄帝造火食旂冕,作宝鼎,使羲和占日,使伶伦造磬,则载之《作篇》。昆吾者卫是也,参胡者韩是也,季连者楚是也,载之《帝系》;而卫、韩、楚后世之君,又载之《王侯谱》。皆分析其性质,而各有专属。《易》曰:君子以类

史联第四

族辨物。史体之区分综合,即由先哲类族辨物之精心也。

班书裁节《史记》,于《项羽传》汉王乃与数十骑遁去下曰:语在《高纪》。于与陈平金四万斤以间楚君臣下曰:语在《陈平传》。一则以其为汉王家事,一则以其为陈平秘计,故明示其分析之由。于汉王数羽十罪下曰:语在《高纪》。则为史公补注。迁书《羽纪》固亦未载十罪也。至鸿门之宴曰:语在《高纪》。则示其详略之宜。又非不略载其经过,盖事之相联者,有宾主焉,有轻重焉。为一人之传记,与为一时各方面之纪传之法不同,必权其主宾轻重之孰当,而后可支配其事实。不得以各方面之与此一人有关系者,悉入于此一人传中。故戴名世《史论》曰:譬如大匠之为巨室也,必先定其规模,向背之已得其宜,左右之已审其势,堂庑之已正其基;于是入山林之中,纵观熟视,某木可材也,某木可柱也,某木可栋也、榱也,某石可础也、阶也;乃集诸工人,斧斤互施,绳墨并用,一指挥顾盼之间,而已成千门万户之巨观。良将之用众也,纪律必严,赏罚必信,号令必一,进退必齐,首尾作应,运用之妙成于一心,变化之机莫可窥测;乃可以将百万之众,而条理不紊,臂指可使。兵虽多而愈整,法虽奇而实正(《戴南山集》)。盖即指《史》、《汉》诸良史支配史迹错综离合以见其联系,而各显其特性之妙而言。而凡诸史之所谓语在某篇者,不过略示义例,亦不碍其截断语气。凡纪传表志相联之事,不可缕举,胡尝一一注之。读史者所贵心知其意也。

章氏以诸史自注语在某篇,等于杜氏《左传注》某事为某年某事张本之例,语固有见。

《史篇别录例议》:杜氏之治《左》也,于事之先见者,注曰:为某年某事张本。于事之后出者,注曰:事见某公某年。乃知子注不入正文，则属辞既无扞格，而核事又易周详，斯无憾矣。马班未见杜氏治《左》之例，而为是不得已，后人盍亦知所变通欤！

然未知史之有联，以正文表示其在他书者，《左氏》先有其例，非若杜氏只述本书之先后错见也。申叔时之言教学，《春秋》、《世》、《诗》诸书并举。知读《春秋》亦必读《世》读《诗》，而后见其分篇相联。《左氏传》载庄姜之美曰：卫人所为赋《硕人》也。以及许穆夫人赋《载驰》，郑人赋《清人》，均杂见传中。是非后史自注语在某篇之权舆乎？《诗》与《春秋》非一书，犹之纪与传非一体。使非古人之讲《春秋》兼讲《风诗》，作传者何故著此语？即著此语，亦不知其何谓矣！

《左传》隐公三年：卫庄公娶于齐东宫得臣之妹，曰庄姜。美而无子，卫人所为赋《硕人》也。闵公二年：立戴公以庐于曹，许穆夫人赋《载驰》。……郑人恶高克，使帅师次于河上，久而弗召。师溃而归，高克奔陈，郑人为之赋《清人》。

又凡史事无往不联，而纪传有注有不注，亦就《左氏传》熟玩，而可得之。《清人》、《载驰》之类见于《诗》，传中注之。《新台》、《南山》之诗，则不注矣。此示读者举一反三，而非泥于定体。推之管仲作内政寄军令，秦穆作誓，咸不之及，则以其别有语与训典、故志诸书相联，不必备载，亦不必尽注也。故《世本》一书，有分类相联之法。《诗》、《书》、《春秋》、《国语》，亦复分书而相联。由此而演进为纪传世家书表之史。历世相承，他族莫比。非切究其内容，不能漫议其形式也。

　　史之为体,一时代有一时代之中心人物;而各方面与之联系,又各有其特色,或与之对抗,或为之赞助,而赞助者于武功文事内务外交之关系又各不同。为史者若何而后可以表示此一中心?若何而后可以遍及各方面?则莫若纪传表志之骈列为适宜矣。如汉武帝为一中心人物,而其关系之多,不能尽见于纪也。家族之事,在《景十三王》、《武五子》、《外戚窦田》、《卫霍》、《东方朔》、《车千秋》、《江充》、《霍光》诸传,及《外戚恩泽侯表》;武功之盛,载《卫霍》、《张骞李广利》、《司马相如》、《严助》及《朝鲜南粤闽粤西南夷》、《匈奴》、《西域》诸传,《功臣表》、《地理志》。而太初改历,天马作歌,见知故纵之法,均输告缗之事,登封郊祀之仪,宣防白渠之利,分见诸志。文史儒术,有专传,有汇传;而儒林学派,又与《艺文志》相联。酷吏任刑,有专传,有汇传;而廷尉迁除,又与《百官公卿表》相联。故其妙在每一事俱有纵贯横通之联络,每一人又各有个性共性之表见。若第为汉武专传,不第不能尽量胪举,而上溯文景,下洎昭宣,家国事物迁变演进之风,尤难贯摄。此为专传不能如纪传表志之善之最易见者也。即由《通鉴》而编《本末》,就武帝时事,分立诸题,其不赅不备,亦犹专传。推之唐太宗、王安石诸人,其广狭不侔,而多方面之联系不能但作一传则同也。

　　纪传易复,编年无重。《史通》所谓《春秋》之善,语无重出也。然《左氏传》按年叙事,亦不免有重复。如郑忽怒鲁,齐桓封卫,语皆复见,未为疵颣。

　　　《左传》桓公六年:诸侯之大夫戍齐,齐人馈之饩,使鲁为其班,后郑。郑忽以其有功也,怒,故有郎之师。

又,十年:初北戎病齐,诸侯救之,郑公子忽有功焉。齐人饩诸侯,使鲁次之。鲁人以周班后郑,郑人怒,请师于齐,齐人以卫师助之。

又,闵公二年:僖之元年,齐桓公迁邢于夷仪。二年,封卫于楚丘,邢迁如归,卫国忘亡。

又,僖公二年:诸侯城楚丘而封卫焉。

至于迁史,本纪、世家、年表、列传错综离合,复笔尤多。有整齐杂语,或略或复者,如《周本纪》止载穆王征犬戎及甫侯作修刑辟,而西征之事,则载《秦本纪》、《赵世家》。

《史记·秦本纪》:造父以善御幸于周缪王,得骥、温骊、骅骝、騄耳之驷,西巡狩,乐而忘归。徐偃王作乱,造父为缪王御,长驱归周,一日千里以救乱。

《赵世家》:造父幸于周缪王,造父取骥之乘匹与桃林,盗骊、骅骝、騄耳献之缪王。缪王使造父御,西巡狩,见西王母,乐之忘归。而徐偃王反,缪王日驰千里马,攻徐偃王,大破之。

有别裁互著,旁见侧出者,如子产事具《郑世家》,又著之《循吏传》;范蠡事具《越世家》,又著之《货殖传》是也。而其错综之妙,有以见其中心思想者,尤莫如书孔子之事。孔子既有世家,生卒事迹又见年表《鲁世家》,而周、秦本纪各国世家又多载其行事及卒年。大书特书不一书,尤可见其用意。

《史记·周本纪》:敬王四十一年,孔子卒。

《秦本纪》:惠公元年,孔子行鲁相事。……孔子以悼公十二年卒。

《吴太伯世家》:阖庐十五年,孔子相鲁。

《齐太公世家》载夹谷之会,孔丘相鲁事,特详。

《燕召公世家》:献公十四年,孔子卒。

《管蔡世家》:蔡昭侯二十六年,孔子如蔡。

《陈杞世家》:孔子读史记至楚复陈云云。……湣公六年,孔子适陈。……十三年,楚昭王卒于城父,时孔子在陈。……二十四年,楚惠王复国,遂灭陈而有之。是岁孔子卒。

《卫康叔世家》:灵公三十八年,孔子来,禄之如鲁。后有隙,孔子去。后复来。……出公八年,孔子自陈入卫。九年,孔文子问兵于仲尼,仲尼不对。其后鲁迎仲尼,仲尼反鲁。……庄公二年,鲁孔丘卒。

《宋微子世家》:景公二十五年,孔子过宋,宋司马桓魋恶之,欲杀孔子。孔子微服去。……太史公曰:孔子称微子去之云云。

《晋世家》:定公十二年,孔子相鲁。……三十三年,孔子卒。

《楚世家》:昭王十六年,孔子相鲁。……二十七年,孔子在陈,闻是言曰:楚昭王通大道矣。

《郑世家》:孔子尝过郑,与子产如兄弟云。及闻子产死,孔子为之泣曰:古之遗爱也。……声公二十二年,孔子卒。

钱竹汀乃转以诋毁史迁。

《廿二史考异》:《周本纪》孔子卒。……周、秦二本纪,鲁、燕、陈、卫、晋诸世家,皆书孔子卒;而吴、齐、蔡、宋、楚世家,则不书。夫孔子鲁人也,其卒宜书于《鲁世家》。孔子有东周之志,孔子卒而周不复兴矣。以其卒之系于周,则书于《周本纪》,亦宜也。若秦、若卫、若陈、若晋与燕,于孔子何与,而亦书孔子卒也?或曰:孔子之卒,史迁为天下惜之,故不独于鲁书。若然,则十二国皆宜书,何为又有书,有不书也?且孔子之先,宋人也,齐、楚与蔡,孔子尝至其国焉,视秦、晋、燕之从未一至者,有间矣,何为乎宜书而反不书也?

殆未熟复迁书,观其比事属辞,力求联系,而又不嫌方板之法。若十二世家一一书孔子卒,则庸手所为,尚成义法乎?钱氏固未知史意。即苏魏公以此为强记之诀,亦是后世以博见强识为读史要务之见,未为知言也。

《宋名臣言行录》载苏氏家训,王禹玉、元厚之诸公,尝询祖父(即苏颂)曰:公记之博,以至国朝典故,本末无遗,日月不差,用何术也?祖父曰:亦有一说。某每以一岁中大事为目,欲记某年事,则不忘矣。如某年改元,其年有某事;某年上即位,其年有某事;某年立后若太子,其年有某事;某年命相,其年有某事。则记事之一法也。复观太史公书,是岁孔子生,是岁孔子卒,是岁齐桓公会于葵丘,是岁晋文公始霸之类,恐亦此意也。

后史无有如孔子之足以表见中心思想者,故史公之法不传。然如陈寿之于《蜀志》,隐然有以见诸葛亮之为中心,故诸传载亮言行最多;而《出师表》既载本传,《董允向宠传》中又节载之,不避复见,似亦史公遗意。钱氏亦病其重出。要之史之重出,有成书时失于检校者(如欧公《五代史记》多无关系之重复),有著者实具深意者,不可不分别论之。章氏于校勘目录,盛称别裁互著之善;而于纪传之互著未为阐明。其实一理也。

《廿二史考异》:《诸葛亮传》……侍中、侍郎郭攸之、费祎、董允等。案诸葛亮《出师疏》,本传已载其全文。而侍中郭攸之、费祎,侍郎董允等云云,复载允传。将军向宠云云,又载《向朗传》。亦重出也。

史有同一性质,而有数十百事者。著之纪传,则不可胜载;略之则不赅不备。表以列之,志以详之,则相得益彰焉。如汉高大封功臣,吕后定列侯功次,本纪约言之,诸人亦不能尽传;有《功臣侯表》,则百数十人之事迹世系兴废具见;而风云际会,事资群力,非少数人所得专擅其功之义彰矣。光武功臣封者三百六十五人,外戚恩泽封者四十五人(《后汉书·光武本纪》建武十三年),范书自云台列将二三十人及樊宏、阴识、马援诸家外,不能一一缕举,则无表之故也。《王莽传》为史传最长者,其于更定地名,不能悉载,第撮举其悖谬,曰:一郡至五易名,而还复其故,吏民不能纪。每下诏书,辄系其故名。曰制诏陈留大尹太尉,其以益岁以南付新平,新平故淮阳;以雍丘以东付陈定,陈定故梁郡;以封丘以东付治高,治高故东郡;以陈留以西付祈隧,祈隧故荥阳。陈留已无复有郡矣,大尹太尉皆诣行在所。其号令变易,皆此类也。而《地理志》一一载莽所易之名,虽无关于闳旨,而王莽地名,乃比光武功臣为能备著于后世。若货币之于莽传明著语在《食货志》者，更无论矣。故有表志而纪传可简，无表志则纪传虽详而不能备。且其备也，必资官书；无当时之官书，虽极读史之勤，穿穴纪传而补为之表，必不能免纰漏。治史而病官书，尚野史，非知史之全体者也。顾史家有以表补纪传者，亦有以纪示传所不书者。如《汉书·百官公卿表》于见于纪传之人，不书地名；其不见者，则以地名表之。若天汉元年济南太守琅邪王卿为御史大夫，二年有罪自杀之类，是也。或书其地兼及其字，如元凤五年巨鹿太守淮阳朱寿少乐为廷尉，坐侍中邢元下狱风吏杀元弃市之类，是也。《后汉书》转用此例以为纪。三公有传者，不著其地；其无事迹可见者，则以地名表之。如《明帝纪》，永平十四年，巨鹿太守南阳邢穆为司徒；《和帝纪》，永元十年，太常太山巢堪为司空之类，是也。使其有表，则此等无事迹之高官，正不必浪载于纪矣。

世人矜言创作，动辄诋诃古人，而于古人政治学术著作之精微，都不之察。史公创制之精，纪传书世皆摄于表，旁行斜上，纵横朗然，琐至逐月，大兼各国。读此者第一须知在西历纪元前百年间，何国有此种史书，详载埃及、巴比伦、腓尼基、波斯、希腊、罗马各国行事，年经月纬本末灿然者乎？且史公端绪，上承《周谱》，在西元前更不止百年。盖吾政教所包者广，故其著作所及者周。竹素编联，乃能为此表谱。（《春秋》书之竹简，表谱殆必书之缣素。）下迨秦楚之际，世乱如麻，而群雄事迹，亦能按月记注。他国同时之史，能若是乎？《史通》初病表历，后亦赞美。止就国史评衡，未与殊方比勘。今人论史，尤宜比勘外史，始有以见吾史之创制为不可及矣。又如今人病吾国族记载户口数字多不确实，是诚亟宜纠正。然因以谯诃昔人，则又未知吾史之美。如《汉书·地理志》详载郡国户口,吾尝询之读域外书者,当西历纪元时,有详载今日欧洲大小都市户口细数者乎?且《汉志》之纪户口,又非自平帝时始有纪录,其源则自周代司民岁登下万民之生死而来。民政之重户口,孰有先于吾国者乎?徒以近百年间,国力不振,遂若吾之窳敝,皆受前人遗祸,而不知表章国光,即史之表志一端观之可以概见矣。

史之为义,人必有联,事必有联,空间有联,时间有联。纪传表志之体之善,在于人事时空在在可以表著其联络。而凡欲就史迹纵断或横断之以取纪述观览之便者,皆于史实不能融合无间也。《左氏》始于隐公,而有时必上溯惠公某年。

　　《左传》隐公元年:惠公之季年,败宋师于黄。
　　又,桓公二年:惠之二十四年,晋始乱。……惠之三十年,晋潘父弑昭侯,而立桓叔不克。……惠之四十五年,曲沃庄伯伐翼。

《史记》始于黄帝,而《历书》、《货殖传》屡称神农。史之不可限断若是。《史通》以班书为断代之史,后世信之无异词。第一察班书志表,即知其不然矣。班承迁史,整齐其文,补所未备。《律历》则始自伏羲,迄于建武;《礼乐》则贯通周汉,下迨显宗;《刑法》起黄帝、颛顼,而论及建武永平;《食货》则始自《洪范》,而结以世祖;《郊祀》由颛顼、共工,以至王莽;《五行》则博解《春秋》,地理则详释《禹贡》;《艺文》之从古至汉,《古今人表》之从古及秦,更无论矣。故以断代史例绳班书,毋宁以继承马迁之通史视班书。即后世断代为史,亦多志及前世,不能专限于某朝。隋志经籍,唐表世系，以至各史地理，多举前承疆域，其势不能截然画分也。《明史》及《清史稿》艺文志，专纪一代之书，究逊于汉、隋二志。则著者之学有不逮，非史例必应尔也。

表以联事，志则联文。名贤巨传，载文虽多，仍可依类纳之于志。贾谊、晁错传皆载文，而谊论积贮铸钱，错请重农贵粟之文，则入于《食货志》。刘向、刘歆父子之传，亦各载文，而其学说广著《律历》、《五行》、《艺文志》中。董仲舒议限民名田，匡衡议定南北郊祀，皆著志中，不入本传也。后史若王俭之议郊祀明堂，谅闇奉祠，载之《礼志》（《南齐书》）。刘秩之论丧纪制度，加笾豆，许私铸钱，改制国学，分在《礼仪》、《食货》各志（《旧唐书》）。是皆所谓类族辨物矣。（《宋史·兵志》载王安石论保甲各节，虽非载文，亦以其辨论归之于志，不尽具于本传也。）刘、章二氏咸论载文，而未及志传相联之用，圆神方智，实亦可由此悟之。

汇传之相联，无俟论矣，专传亦各有联。曹参之治黄老，以师盖公，载本传矣；而其宾礼东郭先生、梁石君，则见于《蒯通传》。卫青奉法遵职，士夫无称，见传赞矣；而黄义、曹梁称大将军遇士大夫以礼，古名将不过，则见于《伍被传》。

> 《汉书·蒯通传》：齐悼惠王时，曹参为相，礼下贤人，请通为客。初齐王田荣怨项羽，谋举兵畔之，劫齐士，不与者死。齐处士东郭先生梁石君在劫中，强从。及田荣败，二人丑之，相与入深山隐居。客谓通曰：先生之于曹相国，拾遗举过，显贤进能，齐国莫若先生者。先生知梁石君、东郭先生世俗所不及，何不进之于相国乎？通曰：诺。臣之里妇与里之诸母相善也，里妇夜亡肉，姑以为盗，怒而逐之。妇晨去过所善诸母，语

以事而谢之。里母曰：女安行，我今令而家追女矣。即束缊请火于亡肉家，曰：昨暮夜，犬得肉，争斗相杀，请火治之。亡肉家遽追呼其妇。故里母非谈说之士也，束缊乞火非还妇之道也。然物有相感，事有适可，臣请乞火于曹相国。乃见相国曰：妇人有夫死三日而嫁者，有幽居守寡不出门者，足下即欲求妇，何取？曰：取不嫁者。通曰：然则求臣亦犹是也。彼东郭先生、梁石君，齐之俊士也，隐居不嫁，未尝卑节下意以求仕也。愿足下使人礼之。曹相国曰：敬受命。皆以为上宾。

《伍被传》：被曰：臣所善黄义从大将军击匈奴，言大将军遇士大夫以礼，与士卒有恩，众皆乐为用。骑上下山如飞，神力绝人如此。数将习兵，未易当也。及谒者曹梁使长安来，言大将军号令明，当敌勇，当为士卒先；须士卒休，乃舍；穿井得水，乃敢饮；军罢，士卒已逾河，乃度；皇太后所赐金钱，尽以赏赐，虽古名将不过也。

光武功臣，首推邓禹，观其本传，似其功业止于初破赤眉收抚民众，及收复长安、谒祠高庙二事。其后赤眉复入长安，禹威损挫，归附者离散，非冯异奋翼渑池，禹且为赤眉所虏。殊不见其功业远过他将也。必合寇恂、贾复、吴汉、铫期诸传观之，然后知禹之佐光武，不亚萧何之佐汉高，知人进贤，宜为元辅。然其推举诸将之事，必一一著之禹传，则重脆而失当。此各有专传分配得宜，既显禹功又表现诸将特长之法之妙也。

《后汉书·寇恂传》：数与邓禹谋议，禹奇之，因奉中酒共交欢。光武问禹，诸将谁可使守河内者。禹曰：寇恂文武备足,有牧人御众之才,非此子莫可使也。乃拜恂为河内太守。

又《贾复传》:因邓禹得召见,光武奇之,禹亦称有将帅节,于是署复破虏将军。

又《吴汉传》:汉为人质厚少文,造次不能以辞自达。邓禹及诸将多知之,数相荐举,乃得召见,遂见亲信,常居门下。光武将发幽州兵,夜召邓禹,问可使行者。禹曰:间数与吴汉言,其人勇鸷有智谋,诸将鲜能及者。即拜汉大将军。(上称禹及诸将多知之,似知汉者不止禹一人。下述拜汉大将军由禹特举,犹之韩信之拜大将,出于萧何力荐矣。)

又《铫期传》:期为神将,与傅宽、吕晏俱属邓禹。徇傍县,又发房子兵。禹以期为能,独拜偏将军,授兵二千人。宽、晏各数百人。还言其状,光武甚善之。

分配之法,善可参稽,恶亦错见。如《张汤传》,已极写其乡上意所便矣,《汲黯传》又载其与李息言:汤智足以距谏,诈足以饰非,非肯正为天下言,专阿主意。主意所不欲,因而毁之;主意所欲,因而誉之。好兴事舞文法,内怀诈以御主心,外挟贼吏以为重。伍被、严助、朱买臣传,又与汤传钩联(《史》、《汉》各传)。马防兄弟贵盛,奴婢各千人已上,资产巨亿,皆买京师膏腴美田;又大起第观,连阁临道,弥亘街路,多聚声乐,曲度比诸郊庙;宾客奔凑,四方毕至。本传已详言矣,而《马皇后纪》称其见外家问起居者,车如流水,马如游龙,苍头衣绿褠,领袖正白,以见其侈汰。第五伦疏又曰:窃闻卫尉廖以布三千匹,城门校尉防以钱二百万,私赡三辅衣冠,知与不知,莫不毕给。又闻腊日亦遗其在洛中者钱各五千,越骑校尉光腊用羊三百头,米四百斛,肉五千斤(《后汉书·第五伦传》)。皆旁见侧注之意也。推之戴圣大儒,礼学名家,载在《儒林》,无贬辞也;而行治不法,其子宾客为盗,则见于《何武传》。

《汉书·何武传》:九江太守戴圣,《礼经》号小戴者也。行治多不法,前刺史以其大儒,优容之。及武为刺史,行部录囚徒,有所举以属郡,圣曰:后进生何知?乃欲乱人治,皆无所决。武使从事廉得其罪,圣惧自免。后为博士,毁武于朝廷。武闻之,终不扬其恶。而圣子宾客为群盗,得系庐江,圣自以子必死。武平心决之,卒得不死。自是后圣惭服。武每奏事至京师,圣未尝不造门谢恩。

班固良史,坐种兢死。诏谴责种,非其罪也,而肃宗素薄其人,则见于《崔骃传》。

《后汉书·崔骃传》:肃宗雅好文章,谓窦宪曰:公爱班固而忽崔骃,此叶公之好龙也。

赵瓯北论《新唐书》,于名臣完节者,虽有小疵,多见他传,而于本传多削之,盖亦为贤者讳之意。此正史联之妙,赵氏能识之者。近人谓吾史都似聚若干篇墓志铭而成,盖以《名臣碑传》、《琬琰集》、《耆献类徵》之类视史。若知史之镕裁辉映,迥与集录碑传殊科,不致发此论矣。

《陔馀丛考》:《新唐书》于名臣完节者,虽有小疵,而于本传多削之,盖亦为贤者讳之意。如褚遂良恶刘洎,遂诬之至死,是遂良生平第一罪过,乃本传中绝不及,仅于传赞中略见之,而详其事于洎传。遂良又与江夏王道宗有隙,诬其与房遗爱谋反,流象州;又尝构卢承庆、李乾祐,皆坐贬;及贱买中书译语人地,为韦思谦所劾,此皆遂良短处,《新书》各见于道宗、承庆、思谦等传,而本传不载。马周初为御史,韦挺为人夫,不之礼,及周为中书令,遂沮挺入相;又中挺运粮辽东,事见挺传,而周传不载。张易之诬魏元忠有不臣语,引张说为证,将廷辨,说惶遽欲从,宋璟谓说曰:名义至重,不可陷正人;若不测,吾将与子俱死。说乃以实对,元忠得免死。此事见吴兢、宋璟传及《通鉴》,而说本传但云张易之诬魏元忠,援说为证,说廷对谓元忠无不逊语,忤后旨,流钦州,而绝不及宋璟劝说之事。张嘉贞与说同相,说恶之,因其弟嘉祐犯罪,怵嘉贞素服待罪,不入直,遂出为幽州刺史,说代其处。事见嘉贞传,而说传亦不载。张嘉贞为定州刺史,立颂恒岳庙中,有祈赛钱数十万,嘉贞以为颂文之功,纳其数万,事见《旧书》,而《新书》嘉贞传亦不载。姚崇荐李乂由黄门为侍郎,外托引重,实去其纠驳之权;崇又以韩思复沮捕蝗事,出思复为德州刺史,事见乂及思复传,而崇传不载。玄宗欲相韩休,李林甫知之,遂荐休;休既相,德林甫,乃引林甫为相。事见林甫传,而休传不载。《通鉴》郭子仪以副使张昙性刚,谓其轻己,听吴曜之谮,奏诛之;田承嗣既降,郭子仪应之缓,承嗣复叛去;而《新书·崔光远传》子仪与贼战汲县,光远援之不力,及光远守魏,与贼战,子仪亦不救,故败。此数事皆子仪短处,而子仪本传不载。赵璟与张贽同相,贽恃久在禁廷,以国政为己任,乃徙璟门下侍郎。姜公辅奏德宗云:窦参尝语臣云:上怒臣未已。帝怒,乃杀参,时谓公辅所奏窦参语,得之贽,云参之死,贽有力焉。又贽素恶于公异、于邵等,既辅政,乃逐之。事见璟及公辅、公异等传。《旧唐书》贽传亦载之,乃《新书》本传不载,此皆欲以完节予其人,不忍累以白璧之玷。固用心之忠厚,亦作史之通例也。

　　史以明政教,彰世变,非专为存人也。故既以联合而彰个性,亦可略个性而重联合。桑弘羊、孔仅之理财,唐都、洛下闳之治历,缇萦上书,赵过教田,番系穿渠,陈农求书,见于纪表书志可矣,不必特为之传也。而于事功之合作,风教之攸关者,附见错举,亦往往以类及之。谷口郑子真、蜀严君平(《汉书·王贡两龚鲍传叙》)、太原闵仲叔、荀恁、安阳魏桓(《后汉书·周黄徐姜申屠传叙》),见于《叙论》;公孙敖、路博德等附之《卫霍传》;左原、茅容等附之《郭泰传》,则事功之由群力,风尚之非一人之义显矣。至于奉使西域,一岁中多者十余,少者五六辈;西征大宛,军官吏为九卿者三人,诸侯相郡守二千石百余人,千石以下千余人(《汉书·张骞李广利传》);党锢之祸,初所连及二百余人,后之死徙废禁者六七百人(《后汉书·党锢列传》),岂能一一著之,致等点鬼簿哉!至若《蜀志》之不尽载者,补以《季汉辅臣赞》,《魏书》之不尽载者,具于高允《徵士颂》,则又史家之变例,以载文补列传也。《唐书·李光弼传》附载诸将,盖效《卫霍传》例;而《郭子仪传》不附,则犹《史记》世家于孔子卒有书有不书,以示变化不拘也。赵氏盛称《明史》诸传附著之善,则犹泥于存人之观念矣。

　　《新唐书·李光弼传》:光弼所部将,李怀光、仆固怀恩、田神功、李抱真、董秦、哥舒曜、韩游环、浑释之、辛京杲自有传，若荔非元礼、郝廷玉、李国臣、白孝德、张伯仪、白元光、陈利贞、侯仲庄、柏良器，皆章章可称列者，附次左方。（按柏良器后尚有乌承玼，此文未尽举也。）

《廿二史劄记》：《宋史》数人共事者，必各立一传，而传中又不彼此互见，一若各为一事者。非惟卷帙益繁，亦且翻阅易眩。《明史》则数十人共一事者，举一人立传，而同事者即各附一小传于此人传后；即同事者另有专传，而此一事不复详叙，但云语在某人传中。如孙承宗有传，而柳河之役，则云语在《马世龙传》中；祖宽有传，而平登州之事，则云语在《朱大典传》，是也。否则传一人而兼叙同事者，如《陈奇瑜传》云与卢象昇同破贼乌林关等处，《象昇传》亦云与奇瑜同破贼乌林关等处是也。甚至熊廷弼、王化贞，一主战，一主守，意见不同也，而事相涉，则化贞不另传，而并入廷弼传内。袁崇焕、毛文龙，一经略，一岛帅，官职不同也，而事相涉，则文龙不另传，而并入崇焕传内。此又编纂之得当也。而其尤简而括者，莫如附传之例，如《扩廓传》附蔡子英等，《陈友定传》附靳义等，《方孝孺传》附卢原质等，以其皆抗节也；《柳升传》附崔聚等，以其皆征安南同事也；《李孜省传》附邓常恩等，以其皆以技术宠幸也。至末造殉难者，附传尤多，如《朱大典传》附王道焜等数十人，《张肯堂传》附吴钟峦等数十人；而《史可法传》，既附文臣同死扬州之难者数十人，若再附武臣，则篇幅太冗，乃以诸武臣尽附于《刘肇基传》，以及《忠义》、《文苑》等，莫不皆然。又《孝义传》既案其尤异者各为立传，而其他曾经旌表者数十百人，则一一见其氏名于传序内。又如正德中谏南巡罚跪午门杖谪者一百四十余人,嘉靖中伏阙争大礼者亦一百四五十人,皆一一载其姓名。盖人各一传,则不胜传,而概删之,则尽归泯灭,惟此法不致卷帙浩繁,而诸人名姓仍得见于正史。此正修史者之苦心也,

世谓吾民族富于政治性,非漫诶也。由史之有联出于官之有联观之,则著作之精微,远基于政治之经验。其初一官一事,专务本身之发展,不计环境之骈罗,牴牾冲突,驯致决裂,乃有以知联络组织之重要。当官必负专责,同寅必求协恭,相让相联,乃可以应付百官而各得其当。此官联之语所由产也。史掌官书,实参政治,熟见百司之体系,必有脉络之贯通,类族辨物,有向心力而无离心力。积累而至迁史班书,又不知经过若干之经验与思考,而后有此鸿裁巨制,以表政宗而副国体。故自《官》、《礼》至《史》、《汉》,皆兼广大精微之胜义,非简单头脑所能识度。后世政治家与著作家,席其成规,较易为力。然亦惟知其意者能得其运用之妙,否则龃龉华离矣。是故知政而后知史,亦必知史而后知政。不知史则但谋局部之扩张,若其余皆可蔑弃,如前所论,务为专传而病前史之为者,即其襟抱不能容纳万流,只能察识片面之病也。班孟坚之自述曰:穷人理,该万方。治史而能着眼于此,始不致徒以史求史,而经世之用无穷矣。

史 德 第 五

　　吾国言史学之专书有二,曰刘知幾之《史通》,章学诚之《文史通义》。此尽人所知也。然二书同为治史学之要籍,而二人之主旨不同。刘氏自以所志不遂,郁怏孤愤,多讥往哲,喜述前非。章氏立论,主于敬恕,故著《史德》、《文德》二篇,畅论其旨。其最要之语曰:德者何? 谓著书者之心术也。夫秽史者所以自秽,谤书者所以自谤,素行为人所羞,文辞何足取重? 魏收之矫诬,沈约之阴恶,读其书者先不信其人,其患未至于甚也。所患夫心术者,谓其有君子之心,而所养未底于粹也。又曰:文史之儒,竞言才学识,而不知辨心术,以议史德,乌乎可哉! 所谓文史之儒,即指刘氏也。章氏盖谓刘氏有君子之心,而所养未底于粹。世之诵习章氏之学者,似皆未悟其所指。刘咸炘虽谓《史德》一篇最为精深,其所举敬、恕二义,颇不易晓,敬即慎于褒贬,恕即曲尽其事情(《治史绪论》)。然未尝切究章氏所谓以此为史岂可与闻古人大体诸语。章氏并时及自唐以后之为史者,固未有如章氏所举示。即郑樵持论激昂,而章氏甚推郑樵,且樵之言亦多本刘知幾也。梁任公《历史研究法补编》,谓实斋补充史德甚是,而谓实斋所讲亦不圆满;又谓心术端正,相当必要,但尚不足以尽史德之含义。我以为史家第一件道德,莫过于忠实。因历举夸大、附会、武断诸病,且谓忠实之史家对于过去事实十之八九应取存疑态度,史家道德应如鉴空衡平(《历

史德第五

史研究法补编》第二章《史家的四长》)。其陈义甚高,第似未甚虚心体察章氏之意,忠实及鉴空衡平,非养心术使底于粹之谓乎?

章氏论德,固亦明于古人所言皆兼本末、包内外、合道德文章而一之。然曰临文必敬,非修德之谓(《文德篇》),则易使学者误认平时不必修德,而临文乃求其敬。此合本而求末也。刘、梁二氏又皆就史言德,苟谛思之,吾人不欲为史家,即无须乎修德乎?故治史而不言德则已,言德则必究德之所由来,及其为用之普遍,而非曰吾欲为史家始不得不正其心术。知此,则学者之先务,不当专求执德以驭史,而惟宜治史以畜德矣。

人类之道德,禀于天赋之灵明,所谓天生烝民、有物有则、民之秉彝、好是懿德也。而其灵明所由启发而养成,则基于积世之经验。必经历若干之得失利害,又推阐其因果之关系,灼然有以见其自植于群有必然之定则,决不可背。爰以前事为后事之师,始可免于尝试之劳,及蹈覆辙而犹不悟之苦。故《易》曰:君子以多识前言往行,以畜其德,非甘为前人之奴也。积前人之经验,为吾所未经验之经验,其用始捷而宏也。《书》曰:惟学孙志务时敏,厥修乃来。孙志者,先虚其心,不逞己见,而敏锐以求前人之经验,畜之于心。而后所谓道德者,乃若自外来入吾之身心。虽其心性所固有之良,有以吸受,而非以前言往行证之且坚识之,不能真知而力行也。故以前人之经验,启发后人之秉彝,惟史之功用最大。吾国古代教育,首以《诗》、《书》、《礼》、《乐》为植德之具。《诗》、《书》、《礼》、《乐》,皆史也,皆载前人之经验而表示其得失以为未经验者之先导也。《虞书》之言教胄子,不惟授以《诗》、《乐》之技能也,于其性情矫其偏而济其美,曰:直而温,宽而栗,刚而无虐,简而无傲。此即章氏所谓有君子之心而所养必底于粹也。(直、宽、刚、简,皆君子之美,而必矫其失始粹。)至春秋时申叔时论教太子之法,言之尤详。所谓耸善抑恶、昭明废幽、广德明志、疏秽镇浮、戒惧休劝者,皆以史为工具而求成其德也。

《楚语》:庄王使士亹傅太子箴……问于申叔时。叔时曰:教之《春秋》,而为之耸善而抑恶焉,以戒劝其心。教之《世》,而为之昭明德而废幽昏焉,以休惧其动。教之《诗》,而为之导广显德,以耀明其志。教之《礼》,使知上下之则。教之《乐》,以疏其秽而镇其浮。教之令,使访物官。教之语,使明其德,而知先王之务用明德于民也。教之故志,使知废兴者而戒惧焉。教之训典,使知族类,行比义焉。

古史孔多,孔门归之六艺。《戴记·经解》所言某书之教有其特长,亦有其流失。得其长而祛其失,则治史而能明德。故古人之治史,非以为著作也,以益其身之德也。

《经解》孔子曰:入其国,其教可知也。其为人也,温柔敦厚,《诗》教也;疏通知远,《书》教也;广博易良,《乐》教也;絜静精微,《易》教也;恭俭庄敬,《礼》教也;属辞比事,《春秋》教也。故《诗》之失愚,《书》之失诬,《乐》之失奢,《易》之失贼,《礼》之失烦,《春秋》之失乱。其为人也,温柔敦厚而不愚,则深于《诗》者也;疏通知远而不诬,则深于《书》者也;广博易良而不奢,则深于《乐》者也;絜静精微而不贼,则深于《易》者也;恭俭庄敬而不烦,则深于《礼》者也;属辞比事而不乱,则深于《春秋》者也。

近人讲史学者,恒称举疏通知远、属辞比事二语,而不注意其为人也二语。孔子明明言其为人,所以明史之有益于人。使其为人能如此,则其为史自然有德。今不先从治史畜德立说,猥曰吾欲为史学家,不得不有敬恕之德,使不欲为史学家,即可不敬且恕乎?是则读书而昧于本原之故也。古人之论心术,多包括两端,不畸于一偏。《曲礼》第二节曰:爱而知其恶,憎而知其善。《大学》修身节曰:人之其所亲爱而辟焉,之其所贱恶而辟焉,之其所畏敬而辟焉,之其所哀矜而辟焉,之其所敖惰而辟焉。故好而知其恶,恶而知其美者,天下鲜矣。鉴空衡平,孰大于是。即以《经解》观之,曰诬曰贼。治史之弊,久为圣哲所戒。第古人言约,后人必剖析而觏缕尔。由是言之,吾国圣哲深于史学,故以立德为一切基本。必明于此,然后知吾国历代史家所以重视心术端正之故。若社会上下道德荡然,且无先哲垂训,诏之以特立独行,决不能产生心术端正之史家,盖环境与个人互相影响。今之论史者必求史事之背景,论史学而不知史学之背景,亦已自违史律矣。

孔子论史所以教人为人。后世之教,杂以利禄之诱,遂不古若,然犹本于六艺,故咸知重为人。颜之推当萧梁、高齐之世,去古远矣,而其言学在观古人之若何而行之效之。

《颜氏家训·勉学篇》:夫所以读书学问,本欲开心明目,利于行耳。未知养亲者,欲其观古人之先意承颜,怡声下气,不惮劬劳,以致甘腴,惕然恐惧,起而行之也。未知事君者,欲其观古人之守职无侵,见危授命,不忘箴谏,以利社稷,恻然自念,思欲效之也。素骄奢者,欲其观古人之恭俭节用,卑以自牧,礼为教本,敬者身基,瞿然自失,敛容抑志也。素鄙吝者,欲其观古人之贵义轻财,少私寡欲,忌盈恶满,赒穷恤匮,赧然悔耻,积而能散也。素暴悍者,欲其观古人之小心黜己,齿弊舌存,含垢藏疾,尊贤容众,茶然沮丧,若不胜衣也。素怯懦者,欲其观古人之达生委命,强毅正直,立言必信,求福不回,勃然奋励,不可惧慑也。历兹以往,百行皆然。

学者必知此义,然后知程明道斥谢上蔡玩物丧志,而其读史又不蹉一字之故。不喻此而强持敬恕从事研究,终不免于玩物丧志也。

《近思录》卷二:明道先生以记诵博识为玩物丧志。本注:胡安国云:谢上蔡先生初以记问为学,自负该博,对明道举史书成篇,不遗一字。明道曰:贤却记得许多,可谓玩物丧志。谢闻此语,汗流浃背,面发赤。及看明道读史,又却逐行看过,不蹉一字。谢甚不服,后来省悟,却将此事做话头接引博学之士。朱子曰:明道以上蔡记诵为玩物丧志,盖谓其意不是理会道理,只是夸多斗靡为能。若明道看史不蹉一字,则意思自别,此正为己为人之分。又曰:玩物丧志之戒,乃为求多闻而不切己者发。

言德不专为治史,而治史之必本于德,则自古已然。伯夷者,古史官也。舜诏之曰:夙夜惟寅,直哉惟清。史迁译之曰:夙夜维敬,直哉维静絜。敬之为德,自伯夷始;而直清之德,亦缘敬而固定。不敬则直与清皆浮慕之客气,非德操也。周之兴也,师尚父传武王以丹书,其要义曰:敬胜怠者吉,怠胜敬者灭。

史德第五

《大戴记》：武王践阼三日，召士大夫而问焉，曰：恶有藏之约，行之行，万世可以为子孙常者乎？诸大夫对曰：未得闻也。然后召师尚父而问焉，曰：昔者黄帝、颛顼之道存乎？意亦忽不可得见与？师尚父曰：在丹书。……师尚父西面道书之言曰：敬胜怠者吉，怠胜敬者灭；义胜欲者从，欲胜义者凶。凡事不强则枉，弗敬则不正。枉者灭废，敬者万世。藏之约，行之行，可以为子孙常者，此言之谓也。

然则敬者，黄帝、颛顼至尧、舜、伯夷以至周武、吕尚相承治国莅官之根本大法，非惟操以治史。而史文之可约守而常行者，无逾于此。史佚由是决之曰：动莫若敬。何以莫之若？由史事证而知之也。

《国语》：史佚有言曰：动莫若敬，居莫若俭，德莫若让，事莫若咨。

世但以居敬穷理为宋儒之学，推而上之亦只知出于孔孟。抑知孔孟以前以敬立德之远源，实在古史及史官之学，岂理学家私创之说哉！《尚书》多言钦言敬言寅，此由圣哲本史家之经验，知诈欺苟偷之必不能成事，而以敬为一切根本。而吾国族之能萃大群而成统一之国家，端由于此。）

至于史尚忠实，尤必推原古史。饰伪萌生，伊古已然。积其经验，则政教必重信，信者忠实之征也。《曲礼》曰：幼子常视毋诳。《周官》有造言之刑。又伪饰之禁，在民者十有二，在商者十有二，在贾者十有二，在工者十有二。（《周官·大司徒》乡八刑及司市职文。)此普遍之禁约也。而所以正官民之诈伪者,尤重在史。故太史之职曰:凡辨法者考焉,不信者刑之。凡邦国都鄙及万民之有约剂者藏焉,以贰六官之所登,若约剂乱则辟法,不信者刑之。又曰:辨事者考焉,不信者刑之。《秋官·司约》曰:凡大约剂,书于宗彝;小约剂,书于丹图。若有讼者,则珥而辟藏。其不信者,服墨刑。若大乱,则六官辟藏,其不信者杀。司约与太史联事,而约剂之藏,则在太史。史之有图法不始于周,自夏商已为专职。故官府民众有不可信,则考之史官,证其诈伪,施以刑辟,盖相沿之成法。夫史既以典法约剂判决官民之信与伪,则其为史也,自必不能作伪造言,以欺当世,以惑后世。史而不信,早已自丽于所典之刑章,尚能审断官民之欺伪乎?《韩诗外传》曰:据法守职而不敢为非者,太史令也。故治吾国史书,必先知吾自古史官之重信而不敢为非,而后世史家之重视心术,实其源远流长之验也。

史职重信,而史事不能无疑。故《春秋》之义曰:信以传信,疑以传疑。

《穀梁传》桓公五年:春正月甲戌己丑,陈侯鲍卒。鲍卒,何为以二日卒之?《春秋》之义,信以传信,疑以传疑。陈侯以甲戌之日出,己丑之日得,不知死之日,故举二日以包也。范宁曰:明实录也。杨士勋曰:既云信以传信,疑以传疑,则是告以虚事,而注云实录者。告以实则以一日卒之,告以虚则以二日卒之。二者皆是据告,而即是实录之事。

《春秋》之为实录,刘知幾尝以汲冢出记证之矣,第又疑孔子无所笔削,不知梁亡、郑弃其师,故无加损,而天王狩于河阳、卫侯出奔齐之类，则非旧文。此所谓知其一而不知其二也。

《史通·惑经篇》：古者国有史官，具列时事。观汲冢出记，皆与鲁史符同。至如周之东迁，其说稍备，隐、桓已上，难得而详，此之烦省，皆与《春秋》不别。又获君曰止，诛臣曰刺，杀其大夫曰杀，执我行人，郑弃其师，陨石于宋五（原注：其事并出《竹书纪年》，惟郑弃其师出《琐语》、《晋春秋》也），诸如此句，多是古史全文。则知夫子之所修者，但因其成事，就加雕饰，仍旧而已，有何力哉！加以史策有阙文，时月有失次，皆存而不正，无所用心，斯又不可殚说矣。而太史公云：夫子为《春秋》，笔则笔，削则削，游、夏之徒不能赞一辞。其虚美一也。

《穀梁传》僖公十九年：梁亡，自亡也。湎于酒，淫于色，心昏，耳目塞，上无正长之治，大臣皆叛，民为寇盗。梁亡，自亡也。如加力役焉，湎不足道也。梁亡，郑弃其师，我无加损焉，正名而已矣。

后世史官，虽与古之史职不同，而自史迁以降，史家所重，尤在实录。

《汉书·司马迁传赞》：自刘向、扬雄，博极群书，皆称迁有良史之材，服其善序事理，辨而不华，质而不俚，其文直，其事核，不虚美，不隐恶，故谓之实录。

传疑传信，不乏其例。如《宋史》载太祖之崩，《长编》引《野录》及《纪闻》之语。

《世史正纲》:传曰:信以传信,疑以传疑。因其信而信之,因其疑而疑之,可也。《宋史·太祖纪》云:开宝九年冬十月癸丑夕,帝崩于万岁殿,殡于殿西阶。《太宗纪》云:开宝九年冬十月癸丑,太祖崩,帝遂即皇帝位。《王继恩传》云:继恩事太祖,特承恩顾;及太祖崩,太宗在南府,继恩中夜驰诣府邸,请太宗入。《程德玄传》云:太祖大渐之夕,德玄闻夜有扣关疾呼赴官邸者,德玄遽起赴府;久之,见王继恩驰至,称遗诏引太宗即位。此《宋史》所载可信者也。陈柽《通鉴续编》云:冬十月,宋主有疾。壬子,召其弟晋王光义入侍。是夕,宋主殂。甲寅,光义立。注载壬子夜召晋王入寝殿,属以后事,宦官宫婢皆不得近,但遥见烛影下晋王离席若有逊避之状。既而宋主引柱斧戳地,大声曰:好为之!俄而宋主殂。宋后见晋王,遽呼曰:吾母子之命,皆托于王!王曰:共保富贵,无忧也。此书所载可疑者也。原其所以为此说者,盖出于李焘之《长编》,《长编》引僧莹《湘山野录》语云:上夜召晋王,属以后事,左右皆不得闻,但遥见烛影下晋王时或离席,若有逊避之状;既而上引柱斧戳地,大声谓晋王曰:好为之! 又录《涑水纪闻》语云:癸丑,上崩于万岁殿。时夜已四鼓,宋后使王继恩出召德芳,继恩以太祖传国晋王之意素定,不诣德芳,径趋开封府召晋王,与王俱进至寝殿。后闻继恩至,问曰:德芳来耶?继恩曰:晋王至矣!后见王愕然,遽呼官家曰:吾母子之命,皆托于官家!王曰:共保富贵,无忧矣。温公平生无妄语,其笔之于书,亦以为太祖既崩,而后太宗入,则《野录》之语,了无此事也明矣。史于《太祖纪》书癸丑夕帝崩，加以夕之一言于癸丑之下，则凡所疑壬子夜之事，皆不待辨矣。秉笔者似亦知世俗有此传疑，故于诸帝之崩，皆未有书夕者，而此独书，其微意亦可见矣。

《明纪》称建文不知所终，而《胡濙传》载其访求之事。其传疑也，即其所以传信也。

《明史·惠帝纪》：宫中火起，帝不知所终。

又《胡濙传》：惠帝崩于火，或言遁去。诸旧臣多从者，帝疑之。五年，遣濙颁御制诸书，并访求仙人张邋遢，遍行天下州郡乡邑，隐察建文帝安在。濙以故在外最久，至十四年乃还。……十七年复出巡江浙、湖湘诸府，二十一年还朝。……先濙未至，传言建文帝蹈海去。帝分遣内臣郑和数辈浮海下西洋，至是疑始释。

史之信也，基于群德，百为之征，匪第关于君主之记注。故吾先民之为史，必大集全体之所为书。三皇五帝之书，与四方之志并重。人民财用九谷六畜数要利害，地域广轮之数，山林川泽之阻，咸有专官，详为记录。土训诵训所道，司勋行人所书，生死登下，乡党贤能（氍括《周官》各官之文），史所取资，不容伪造也。后世因之，汉之天下计书先上太史公（史公所据各书及当时记载，详旧述正史之史料篇）；唐宋修史，所采各方记录，咸可溯其来源。

《春明梦馀录·唐修史例》：后唐同光二年四月，敕史馆：

本朝旧例,中书并起居院诸司及诸道州府合录事件报馆如左:时政记,中书门下录送。起居注,左右起居郎录送。两省转对入阁待制刑曹法官文武两班上封章,各录一本送馆。天文祥变,占候征验,司天台逐月录报,并每月供历一本。瑞祥礼节,逐季录报,并诸道合画图申送。蕃客朝贡使至,鸿胪寺勘风俗衣服、贡献物色、道里远近,并具本国王名录报。四夷入寇来降表状,中书录报。露布,兵部录报。军还日,并主将姓名具攻陷虏杀级数,并所因繇录报。变改音律及新造调曲,太帝寺具录所因并乐词牒报。法令变革、断狱新议、敕书德音,刑部具有无牒报。详断刑狱,昭雪冤滥,大理寺逐季牒报。州县废置,及孝子顺孙、义夫节妇有旌表门闾者,户部录报。有水旱虫蝗,雷风霜雹,户部录报。封建天下,祠庙叙封追封邑号,祠封司录报。京师百司长官、刺史以上除授文官,吏部录报。公主百官定谥号,考功录行状并谥议,逐月具有无牒报。宗室任官,并公主出降仪制,宗正司录报。刺史县令有灼然政绩者,本州官录申奏,仍具牒报。武官,兵部录报。诸色宣敕,门下中书两省逐月录报。应硕德殊能高人逸士久在山野著述文章者,本州县各以官秩勘问的实申奏,仍具录报。应中外官薨已请谥许,本家各录行状一本申送。

《文献通考·职官考》:淳化五年,命梁周翰、李宗谔掌起居郎舍人事,通撰注记。凡宣徽客省四方馆阁门御前忠佐引见司制置进贡辞谢游幸宴会赐赉恩泽之事,五日一报。翰林麻制德音诏书敕榜该沿革制置者,门下中书省封册告命进奏院四方官吏风俗美恶之奏,礼宾院诸蕃职贡宴劳赐赉之事,并十日一报。吏部文官除拜选调沿革,兵部武官除授,司封封建,考功谥议行状,户部土贡旌表、州县废置,刑部法令沿革,礼部奏贺祥瑞贡举品式,祠部祭祀昼日道释条制,太常雅乐沿革,礼院礼仪制撰,司天风云气候、祥异证验,宗正皇属封建出降、宗庙祭享制度,并月终而报。盐铁金谷增耗,度支经费出纳,户部版图升降,咸岁终而报。每季撰集以送史馆。是岁令审刑院奏覆有所谕旨可垂戒者,并录送院。

明徐一夔论宋之日历,谓修会要、修实录及百年之后纪志列传,咸取于此。此宋氏之史所以为精确。尤可见历代之重信史,乃萃群策群力而成。

  徐一夔《论日历书》:近世论史者,谓莫切于日历。日历者,史之根柢也。自唐长寿中,史官姚璹奏请撰《时政记》;元和中,韦执谊又奏史官撰《日历》。《日历》之设,其法以事系日,以日系月,以月系时,以时系年,犹有《春秋》遗法。而《起居注》亦专以甲子起例。盖记事之法,无逾此也。往宋极重史事,《日历》之修,必诸司关白,如诏诰政令,则三省必录。兵机边事,枢庭必报。百官之拜罢,刑赏之与夺,台谏之论列,给舍之缴驳,经筵之论答,臣僚之转对,侍从之直前故事,中外之囊封匦奏,下至钱谷甲兵,狱讼造作,凡有关政体者,必随日以录。又虑其出于吏牍,未免讹谬,或一日之差,则后难考定,一事之失,则后难增补,此欧阳子所以虑《日历》之或至遗失,奏请岁终监修宰相点检修撰官日所录事,有赚官失职者罚之。其于《日历》慎重如此。《日历》不至遗失,则后日《会要》之修取于此,他年《实录》之修取于此,百年之后纪志列传取于此。

此宋氏之史所以为精确也。元朝制度文为，务从简便，不置《日历》，不置《起居注》，独中书置时政科，一文学掾掌之，以事付史馆。及一帝崩，则国史院据所付修《实录》而已。尚幸天历间诏修《经世大典》，虞公集依《六典》为之，一代之典章文物稍备。其书止于天历，而其事则可备十三朝之未备。前局之史，既有《实录》可据，又有《经世大典》可以参稽，一时纂修之士，其成此十三朝史不难矣。（见《曝书亭集》及《明史》）

　　欧阳修《论史馆日历状》（嘉祐四年任史馆修撰时上）：史者国家之典法也。自君臣善恶功过，与其百事之废置，可以垂劝戒示后世者，皆得直书而不隐。故自前世有国者，莫不以史职为重。伏见国朝之史，以宰相监修，学士修撰，又以两府之臣撰《时政记》，选三馆之士当升擢者，乃命修《起居注》。如此不为不重矣。然近年以来，员具而职废，其所撰述，简略遗漏，百不存一，至于事关大体者，皆没而不书。此实史官之罪，而臣之责也。然其弊在于修撰之官，惟据诸司供报，而不敢书所见闻故也。今《时政记》虽是两府臣寮修纂，然圣君言动有所宣谕，臣下奏议事关得失者，皆不记录，惟书除目辞见之类。至于《起居注》亦然，与诸司供报公文无异。修撰官只据此铨次，系以日月，谓之《日历》而已。是以朝廷之事，史官虽欲书而不得书也。自古人君皆不阅史，今撰述既成，必录本进呈，则事有讳避，史官虽欲书而又不可得也。加以《日历》、《时政记》、《起居注》，例皆承前，积滞相因。故纂录者常务追修累年前事，而岁月既远，遗失莫存。至于事在目今，可以详于见闻者，又以追修积滞，不暇及之。若不革其弊，则前后相因，史官永无举职之时。使圣朝典法，遂成废坠矣。臣窃闻赵元昊自

史德第五

初僭叛至复称臣始终一宗事节,皆不曾书;亦即修撰官甚欲纪述,以修纂后时,追求莫得故也。其于他事,又可知焉。臣今欲乞特诏修《时政记》、《起居注》之臣,并得以德音宣谕臣下奏对之语书之。其修撰官不得依前只据诸司供报编次除目辞见,并须考验事实。其除某官者以其功,如狄青等破侬智高,文彦博等破王则之类;其贬某职者坐其罪,如昨来麟州守将及并州庞籍缘白草平事,近日孙沔所坐之类,事有文据及迹状明白者,皆备书之。所以使圣朝赏罚之典,可以劝善惩恶,昭示后世。若大臣用情,朝廷赏罚不当者,亦得以书为警戒。此国家置史之本意也。至于其他大事,并许史院据所闻见书之,如闻见未详者,直牒诸处会问。及臣寮公议异同,朝廷裁置处分,并书之。以上事节,并令修撰官逐时旋据所得,录为草卷,标题月分,于史院躬亲入柜封锁,俟诸司供报齐足,修为《日历》。仍乞每至岁终,命监修宰相亲至史院点检修撰官纪录事迹。内有不勤其事,旷官失职者,奏行责罚。其《时政记》、《起居注》、《日历》等,除今日以前积滞者不住追修外,截自今后,并令次月供报。如稍迟滞,许修撰官自至中书枢密院催请;其诸司供报拖延,及史院有所会问,诸处不画时报应,致妨修纂者,其当行处分,并许史院牒开封府勾追严断。其《日历》、《时政记》、《起居注》,并乞更不进奉,所贵少修史职,上存圣朝典法。此乃臣之职事,不敢不言。(据此知欧公以前,宋之史职及诸司供报,多不严切。徐氏所举,则自欧公以后《日历》之完备者也。)

而史家秉笔,又必慎重考订,存信阙疑,乃得勒成一代之史。

固不敢苟且从事也。

《后汉书·安帝纪》注引范氏《序例》：凡瑞应，自和帝以上，政事多美，近于有实，故书见于某处。自安帝以下，王道衰缺，或虚饰，故书某处上言。

《吴志·陆凯传》：予连从荆扬来者，得凯所陈二十事，博问吴人，多云不闻凯有此表。又按其文殊甚切直，恐非皓之所能容忍也。或以为凯藏之篋笥，未敢宣行。病困，皓遣董朝省问欲言，因以付之。虚实难明，故不著于篇。然爱其指擿皓事，足为后戒，故钞列于凯传左云。

《旧唐书·武士彟传赞》：载窥他传，过为褒词，虑当武后之朝，佞出敬宗之笔，凡涉虚美，削而不书。

《新唐书·李泌传赞》：繁（泌子）为家传，言泌本居鬼谷，而史臣谬言好鬼道。繁言多不可信，掇其近实者，著于传。至劝帝先事范阳，明太子无罪，亦不可诬也。

《五代史记·一行传序》：能以孝弟自修于乡，而风行于天下者，犹或有之。然其事迹不著，而无可纪次，独其名氏或因见于书者，吾亦不敢没。

方苞《万季野墓表》载斯同之言曰：史之难为久矣。非事信而言文，其传不显。李翱、曾巩所讥，魏、晋以后，贤奸事迹，并暗昧而不明，由无迁、固之文是也。而在今则事之信尤难。盖俗之偷久矣，好恶因心，而毁誉随之。一室之事，言者三人，而其传各异矣。况数百年之久乎！故言语可曲附而成，事迹可凿空而构。其传而播之者，未必皆直道之行也；其闻而书之者，未必有裁别之识也。非论其世，知其人，而具见其表里，则

史德第五

吾以为信,而人受其枉者多矣。吾少馆于某氏,其家有列朝《实录》,吾默识暗诵,未敢有一言一事之遗也。长游四方,就故家长老求遗书,考问往事;旁及郡邑志乘杂家志传之文,靡不网罗参伍。而要以《实录》为指归。盖《实录》者,直载其事与言,而无可增饰者也。因其世以考共事核其言,而平心以察之,则其人之本末,可八九得矣。然言之发或有所由,事之端或有所起,而其流或有所激,则非他书不能具也。凡《实录》之难详者,吾以他书证之;他书之诬且滥者,吾以所得于《实录》者裁之。虽不敢具谓可信,而是非之枉于人者鲜矣。昔人于《宋史》已病其繁芜,而吾所述将倍焉。非不知简之为贵也,吾恐后之人务博而不知所裁。故先为之极,使知吾所取者有可损;而所不取者,必非其事与言之真而不可益也。

司马光之为《通鉴》也,先为草卷,再为长编,再为《考异》,而后删述而为《通鉴》正文。其为此书之程序,具详其致范祖禹书。

司马光《与范内翰祖禹论修书帖》:梦得(祖禹字)今来所作丛目,方是将《实录》事目标出。其《实录》中事应移在前后者,必已注于逐事下讫。(假如贞观二年李靖薨,其下始有靖传。中有自锁告变事,须注在隋义宁元年唐公起兵时。破萧铣事,须注在武德四年灭萧铣时。斩辅公祏,须注在七年平江东时。擒颉利,须注在贞观四年破突厥时。他仿此。)自《旧唐书》以下,未曾附注,如何遽可作《长编》也?请且将新、旧《唐书》纪志传及统纪补录并诸家传记小说,以至诸人文集,稍干时事者,皆须依年月日添附。无日者附于其月之下,称是月。

无月者附于其年之下,称是岁。无年者,附于其事之首尾。(如《左传》称初郑武公娶于申之类,及为某事张本起本者,皆关事首尾者也。如卫文公复国之初,言季年乃三百乘;因陈完奔齐而言完始生,并知八世后成子得政;因晋悼公即位而言其命官得人不失霸业;因卫北宫文子聘于郑而言裨谌草子产润色;因吴乱而言吴夫概王为棠溪氏之类,注云传终言之,皆附事尾者也。)有无事可附者,则约其时之早晚,附于一年之下。(如《左传》子罕辞玉之类,必无的实年月也。假使宰相有忠直奸回之事,无处可附者,则附于拜相时。他官则附于到官时,或免卒时。其有处可附者,不用此法。)但稍与其事相涉者,即注之过多不害。(假如唐公起兵诸列传中,有一两句涉当时者,但与注其姓名于事目之下。至时虽别无事迹可取,亦可以证异同,考日月也。)尝见道原云:只此已是千余卷书,日看一两卷,亦须二三年功夫也。俟如此附注俱毕,然后请从高祖初起兵修长编,至哀帝禅位而止。其起兵以前禅位以后事,于今来所看书中见者,亦请令书吏别用草纸录出。每一事中间空一行许素纸,以备剪开粘缀故也。隋以前者与贡父,以后者与道原,令各修入长编中。盖缘二君更不看此书,若足下止修武德以后天祐以前,则此等事尽成遗弃也。二君所看书中有唐事,亦当纳足下处修入长编耳。其修长编时,请据事目下所记,新、旧纪志传及杂史小说文集,尽检出一阅,其中事同文异者,则请择一明白详备者录之。彼此互有详略,则请左右采获、错综铨次,自用文辞修正之,一如《左传》叙事之体也。此并作大字写出。若彼此年月事迹有相违戾不同者,则请选择一证据,分明情理,近于得实者,修入正文。余者注于其下,仍

史德第五

为叙述所以取此舍彼之意。(先注所据者,云某书云云,今按某书证验云云。或无证验,则以事理推之云云,今从某书为定。若无以考其虚实是非者,则云今两存之。其《实录》正史未必皆可据,杂史小说未必皆无凭,在高鉴择之。)凡年号皆以后来者为定。假如武德元年,则从正月便为唐高祖武德元年,更不称隋义宁三年。玄宗先天元年正月,便不称景云三年。梁开平元年正月,便不称唐天祐四年也。诗赋等如止为文章,诏诰等若止为除官,及妖异止于怪诞,谈谐止于取笑之类,便请直删不妨。或诗赋有所讥讽(如中宗时《回波词》喧哗窃恐非宜,肃宗时李泌诵《黄台瓜词》之类),诏诰有所戒谕(如德宗《奉天罪己诏》,李德裕《讨泽潞谕河北三镇诏》之类,及大政事号令四方,或因功迁官,以罪黜官。其诏文虽非事实,要知当时托以何功,诬以何罪,并须存之。或文繁多,节取要切者可也),妖异有所儆戒(凡国家灾异,本纪所书者并存之。其本志强附时事者,不须也。谶记如李淳风言武氏之类,及因而致杀戮叛乱者,并存之。其妄有牵合,如木入斗为朱之类,不须也。相貌符瑞,或因此为人所忌,或为人所附,或入主好之而论者伪造,或实有而可信者,并存之。其余不须也。妖怪或有所儆戒,如鬼书武三思门;或因而生事,如杨慎矜墓流血之类,并存之。其余不须也),该谐有所补益(如黄幡绰谓自己儿最可怜,石野猪谓相非相之类,存之。其余不须也),并告存之。大抵长编宁失于繁,毋失于略。千万切祷切祷!今寄道原所修广本两卷去,恐要见式样故也。

自汉以来之为史者,虽未尝胪举著书程序,若温公之法之详,要亦可以推知其次第。如司马迁䌷史记石室金匮之书,网罗天下放失旧闻,于是论次其文,即相当于温公之为草卷也。厥协六经异传,整齐百家杂语,并时异世,年差不明,原始察终,拾遗补艺,即相当于温公之为长编及《考异》也。卒述陶唐以来,至于麟止,成一家言,则其勒成定本也。沈约撰《宋书·州郡志》,自谓晋宋《起居》,凡诸记注,并加推讨,随条辨析;《百官志》则备有前说,寻源讨流,于事为易。其证引该博者,即而因之;其有阙漏,及何氏(何承天)后事,备加搜采,随就补缀。李延寿撰《南、北史》,于魏、齐、周、隋、宋、齐、梁、陈正史,依司马迁体,以次连缀;又从此八代正史外,更勘杂史一千余卷,皆以编入,其烦冗者,即削去之;始末修撰,凡十六载,又属令狐德棻改正乖失。盖皆由草卷、长编、考异进至成书之程序也。温公《考异》,滥觞于裴松之《三国志注》。特温公及范、刘诸氏,先考同异,而后为书。裴氏则就陈氏之书,为之考订。人己先后,适相反耳。是故吾国史籍,自古相承,昭信核实,以示群德。降及清代,阮元为《儒林传》,仿集句体,逐节注明所据,要以明其不敢臆造私撰。实则历代之史,特不自注,使如阮氏所为,殆无一字一句不本于公私撰著也。至于刊落不尽,或有抵牾,则缘其事体大,独撰众修,皆不易于毫发无憾。后之读者,补苴罅漏,未可轻议古人。又或事属当时,多非实录,立传之方,取合乖衷,进由时旨,退傍世情(《宋书》自序语)。以至《南书》谓北为索虏,《北书》指南为岛夷。又各以其本国,周悉书之,别国并不能备,亦往往失实(《北史》自序语)。则易代之后,史家多为改正。读《宋史·周三臣传序》,则知吾国史德,正由后先补益,而益进于忠实。治史者正不可以偏概全也。

《宋史·周三臣传序》:《五代史记》有《唐六臣传》,示讥也。《宋史》传周三臣,其名似之,其义异焉。求所以同,则归于正名义、扶纲常而已。韩通与宋太祖比肩事周,而死于宋未受禅之顷,然不传于宋,则忠义之志,何所托而存乎?李筠、李重进旧史书叛,叛与否未易言也。洛邑所谓顽民,非殷之忠臣乎?孔子定书,不改其旧称焉。或曰:三人者,尝臣唐晋汉矣。曰:智氏之豫让非欤?作《周三臣传》。

韩非之论史也,曰:孔子、墨子俱道尧舜,而取合不同,皆自谓真尧、舜;尧、舜不复生,将谁使定儒、墨之诚乎?此言最为今之治史者所盛称。是亦视治史者之德若何。司马迁非不知韩非之书也,而其言曰:载籍极博,犹考信于六艺。以孔子之书可考信,而墨氏不能传其书之全文。墨之不若孔,无待辨也。迁又曰:非好学深思心知其意,固难为浅见寡闻道也。好学而深思,然后知孔氏所传之书之可信。曾巩之论史,谓唐虞之时,岂特任政者皆天下之士,盖执简操笔者亦皆圣人之徒。南丰生宋时,何以能知唐虞时执简操笔者之过?人盖由于好学而且深思,能从历代史事及史籍之高下得失,比勘推究,而有以见前哲之精神,非好为崇拜古人也。曾氏所谓古史非独记其事迹,并其深微之意而传之。其义甚丰,略举一二。如曰明四目达四聪,其言至约而奇,必就历代居高位拥重权者之耳目易为左右宵小之所蒙,因以不能周知国家天下利弊得失之真相,而举措赏罚皆失其当,因此知古史能以此二语摹写圣哲之公听并观为不可及。又如在知人、在安民二语,亦似老生常谈。然必综合历代政治之兴衰,究其主因,乃知此为为政最要之义,而古史乃能就当时君臣论治之若干言论中,标举选择而垂之简册。虽至晚近,一切物质,远迈古初,政体亦已不同,而欲求建国于大地,仍不能背越此定则。此古史之所以可贵,而南丰所以为知言也。

　　曾巩《南齐书序》:将以是非得失兴坏理乱之故而为法戒,则必得其所托而后能传于久。此史之所以作也。然而所托不得其人,则或失其意,或乱其实,或析理之不通,或设辞之不善。故虽有殊功伟德非常之迹,将暗而不章,郁而不发,而椒机、鬼琐、奸回、凶愚之形可幸而掩也。尝试论之,古之所谓良史者,其明必足以周万事之理,其道必足以适天下之用,其智必足以通难知之意,其文必足以发难显之情,然后其任可得而称也。何以知其然耶?昔者唐虞有神明之性,有微妙之德,使由之者不能知,知之者不能名,以为治天下之本。号令之所布,法度之所设,其言至约,其体至备,以为治天下之具。而为二典者推而明之,所记者岂独其迹耶?并与其深微之意而传之,小大精粗无不尽也,本末先后无不白也。使诵其说者如出乎其时,求其指者如即乎其人。使于向之四者有一不具而能之乎?(此语从章实斋删改本)则方是之时,岂特任政者皆天下之士哉!盖执简操笔而随者,亦皆圣人之徒也。(明足以周万事之理四语,戴名世《史论》举之,章实斋《史识篇》曰:典谟训诰,曾氏以为唐虞三代之盛,载笔而记者,亦皆圣人之徒。其见可谓卓矣。又有删订之本,谓古人序论史事,无若曾氏此篇之得要领者。盖其窥于本原者深,故所发明直见古人之大体。先儒谓其可括十七史之统序,不止为《南齐》一书而作。其说洵然。是章氏之推重此文至矣。)

　　章氏之论史德曰:通六义比兴之旨,而后可以讲春王正月之

史德第五

书。其语深微,学者不易领悟。《左氏》之言曰:《春秋》之称,微而显,志而晦,婉而成章,尽而不污,惩恶而劝善(《左传》成公十五年)。微显志晦,则用意深厚,非专为司空城旦书。而劝惩之旨,在读者深思而自得之。观恽子居之读《汉书·古今人表》,可以悟《春秋》,亦可以悟实斋之说。

恽敬《古今人表书后》:《汉书·古今人表》始太昊伏羲氏,终于董翳、司马欣,而汉之君臣不与焉。颜师古曰:但次古人不表今人者,其书未毕也。恽子居曰:颜氏此言非也。孟坚为汉人,于汉之君臣,将如何而差等之?是故次古人,即以表今人也。哀、平之间,盖多故矣。孟坚于身无事功而为弑与被弑者,列之第九等之愚人,而有事功者,列之第八等,所以著哀、平、王莽之罪也。身为弑而列第七等者,惟崔杼、庆封、陈恒。盖庄公下淫,景公废嫡,乱不自下始也。是故覆汉祚者,平帝可原,哀帝不可原;推而上之,成帝亦不可原。齐桓公列第五等,秦始皇列第六等,而汉高、武帝可推而知。老子列第四等,而文帝可推而知。盖古人多以绝人之才识,百虑千计,而笔之于书。读之者委曲推明,尚不能得其十五。太史公曰:非好学深思心知其意,未易为浅见寡闻者道也。敬以此读三代、秦、汉之书,自魏、晋以下,则知者鲜矣。(按《古今人表》盖即《世本·王侯大夫谱》,其品第出于前史,班氏因而录之,未必专为影射汉代君臣而作,然亦未必无陈古刺今之意。恽氏以之推比,极有思致,故吾引之以证章氏通六义比兴之旨而后可以读春王正月之书之意。又按恽氏之言,殆亦未必专指汉史,其谓高祖、文帝、武帝可推而知者,焉知其非谓清之圣祖、世宗、高宗可推而知乎？讲《春秋》者谓定、哀之间多微辞。观清人书者，亦当知其微辞。）

又如恽氏论史公评贯高之语，亦以《春秋》通《史记》。而曰古之作史者，辨于物，析于事，慎于文。辨于物，故名正；析于事，故理顺；慎于文，故劝惩明。是亦由深思而后知其意。吾因之悟《穀梁》论鲁隐公可谓轻千乘之国蹈道则未也之义，所谓爱而知其恶，憎而知其善，乃真史德也。司马光《上通鉴表》，自谓抉擿幽隐，校计毫厘。不洞贯经史之精微，恶可轻于置议哉！

《穀梁传·隐公元年》：《春秋》贵义而不贵惠，信道而不信邪。孝子扬父之美，不扬父之恶。先君之欲与桓，非正也，邪也。虽然，既胜其邪心以与隐矣，已探先君之邪志，而遂以与桓，则是成父之恶也。兄弟天伦也，为子受之父，为诸侯受之君，已废天伦而忘君父以行小惠，曰小道也。若隐者，可谓轻千乘之国，蹈道则未也。

恽敬《读张耳陈馀列传》：穀梁子曰：君子之于物，无所苟而已。石鹢犹且尽其辞，而况于人乎？故五石六鹢之辞不设，则王道不亢矣。古之作史者，辨于物，析于事，慎于文。辨于物故名正，析于事故理顺，慎于文故劝惩明。《史记·张耳陈馀列传》廷尉以贯高事辞闻，上曰：壮士，谁知之者？以私问之。壮士意其可以私问也？中大夫泄公曰：臣之邑子，素知之。此固赵国立名义不侵为然诺者也。上使泄公持节问之。立名义不侵为然诺，不可以私问也。使泄公具告之曰：张王已出。因赦贯高。贯高喜曰：吾王审出乎？贯高之心，惟知有王,故问出王,不闻赦高也。泄公曰:然。泄公曰:上多足下,故赦足下。泄公之心,惟知有高,故复言赦高,不言出王也。至贯高绝吭死,太史公断之曰:当此之时,名闻天下。如是而已,何也?家臣知有家而不知有国,诸侯之臣知有国而不知有天下,皆大乱之道。如贯高者,足以耸动激昂,入人肝膈,然而君子不以仁义褒焉。孟子曰:孔子成《春秋》而乱臣贼子惧。于此可以观矣。(按史法多端,不限一格。有微而显者,亦有直而尽者。史公于《秦始皇本纪》引贾生《过秦论》,正言其失;而于《六国表》,则曰:秦取天下多暴,然世异变,成功大。传曰法后王,何也?以其近己而俗变相类,议卑而易行也。学者牵于所闻,见秦在帝位日浅,不察其终始,因举而笑之不敢道,此与以耳食无异。则又斥其多暴,而重其成功。而必察其终始者,又用心之恕,即其直言而可见者矣。)

孟子之论学曰:一乡之善士,斯友一乡之善士;一国之善士,斯友一国之善士;天下之善士,斯友天下之善士。以友天下之善士为未足,又尚论古之人。颂其诗,读其书,不知其人可乎?是以论其世也,是尚友也。知人论世,在求古人之善者而友之,非求古人之恶而暴之,或抑古人之善而诬之也。然由其言,亦可以知后之论史者,须视其人之身世何若。秉心厚者,则能尚友而畜德;赋质刻者,则喜翻案而攻人。如孟子取《武成》二三策之言,以其推论至仁之用师,故疑漂杵之过当。后人不师其发言之本旨,惟截取尽信《书》不如无《书》之一语,则专以索瘢吹垢为事矣。例如六代史家,固多曲笔,然若孙盛、王邵,亦为刘知幾所崇信,不得以史有讳饰,遂谓古无良史也。班固受金,陈寿求米,大抵莫须有之辞。即所谓秦人不死验苻生之厚诬,蜀老犹存知葛亮之多枉者,亦徒纵其词锋,未足以概全史。《洛阳伽蓝记》前载赵逸之言,后举徐纥之说,赵则为苻生平反,徐亦为班固征信。要皆属于小说,未可举一例馀。

《洛阳伽蓝记》:时有隐士赵逸,云是晋武时人,晋朝旧事,多所记录。正光初,来至京师(按自晋武泰始初至正光,约二百五十年)。云自永嘉以来,二百余年,建国称王者十有六君,皆游其都邑,目见其事。国灭之后,观其史书,皆非实录,莫不推过于人,引善自向。苻生虽好勇嗜酒,亦仁而不杀,观其治典,未必凶暴,及详其史,天下之恶皆归焉。苻坚自是贤主,贼君取位,妄书生恶,皆是类也。

又,慕义里菩堤寺沙门达多,发冢取砖,得一人以进。太后与明帝在华林都堂,以为妖异,谓黄门侍郎徐纥曰:上古以来,颇有此事否?纥曰:昔魏时发冢,得霍光女婿范明友家奴,说汉朝废立,与史书相符。此不足为异也。

至《魏书·毛修之传》所云蜀中长老言陈寿为诸葛亮门下书佐,被挞百下,故其论武侯云应变将略非其所长,亦为未知陈寿者之謷言。纵不问《蜀志》全书纯以武侯为中心,即就本传评语而观,其倾倒武侯至矣。应变二语,盖作疑辞,非为枉屈。刘氏以此论史,宜章氏议其心术之养未底于粹也。

《蜀志·诸葛传》评曰:诸葛亮之为相国也,抚百姓,示仪轨,约官职,从权制,开诚心,布公道。尽忠益时者,虽雠必赏;犯法怠慢者,虽亲必罚;服罪输情者,虽重必释;游辞巧饰者,虽轻必戮。善无微而不赏，恶无纤而不贬。庶事精练，物理其本，循名责实，虚伪不齿。终于邦域之内，咸畏而爱之。刑政虽峻，而无怨者，以其用心平而劝戒明也。（据此诸文，岂是被挞而怀恨者之语。）可谓识治之良才，管、萧之亚匹矣。然连年动众，未能成功，盖应变将略，非其所长欤？

然而以知幾之时事，产生疑古之言论，亦自有其可原。浦起龙氏所谓读书尚论其意，有可推者。知幾眼见近古自新莽始祸，以及当涂典午，南则刘、萧、陈氏，北则齐、周、杨坚，累朝践代，类以攘窃之诈，诡为推挹之文。虽逮李唐，奋戈除暴，犹必虚拥代邸，粉饰禅书。于是假号汲坟之荒简，反兵孔壁之遗编耳。盖人于环境所遘，辄意往事亦然。世治则恒见钜人长德，乃知圣哲之匪属虚称；世乱则所知皆奸诈苟偷，遂觉前人亦大抵如是。虽悲悯与歆羡不同，而刻核之论，骎成风气，必至害人心术。此非盛德而有远识者，未易超环境而不为所摇也。当清中叶，考据之风甚盛，若庄存与，若龚自珍，皆深于汉学，且专治今文家之言者也。而庄氏于已成定谳之《伪古文尚书》，犹保持使勿废，龚氏且盛称之，谓其自韬污受不学之名，为有所权缓急轻重，以求其实之阴济于天下。是岂宅心不厚而标榜今文、矜夸考证者所能喻乎？

  龚自珍《武进庄公神道碑铭》：学足以开天下，自韬污受不学之名，为有所权缓急轻重，以求其实之阴济于天下，其泽将不惟十世。……大儒庄公讳存与，江南武进人也。幼诵六经，尤长于《书》。奉封公教，传山右阎氏之绪学。……盖公自少入塾，而昭昭善别择矣。既壮成进士。阎氏所廓清已信于海内,江左束发子弟,皆知助阎氏,言官学臣则议上言于朝,重写二十八篇于学官,颁赐天下,考官命题,学僮讽书,伪书毋得与。将上矣,公以翰林学士直上书房为师傅,闻之,忽然起,迪然思,郁然叹,自语曰:辨古籍真伪,为术浅且近者也。且天下学僮尽明之矣,魁硕当弗复言。古籍坠湮什之八,颇藉伪书存者什之二。……《大禹谟》废,人心道心之旨、杀不辜宁失不经之诫亡矣。《太甲》废,俭德永图之训坠矣。《仲虺之诰》废,谓人莫己若之诫亡矣。《说命》废,股肱良臣启沃之谊丧矣。《旅獒》废,不宝异物贱用物之诫亡矣。《冏命》废,左右前后皆正人之美失矣。今数言幸而存,皆圣人之真言,言尤疴养关后世,宜贬须臾之道以授肄业者。公乃计其委曲,思自晦其学,欲以借援古今之事势。退直上书房日,著书曰:《尚书》既见如干卷,数数偶禹谟、虺诰、伊训,而晋代剜拾百一之罪,功罪且互见。公是书颇为承学者诟病,而古文竟获伪学官不废。

由上诸义言之,道德观念,由史而来。而人之尚德,不当专为治史。使其积于德也不素,则其临文也无本。而挟考据怀疑之术以治史,将史实因之而愈淆,而其为害于国族也亟矣。故治章氏之学,宜知其为箴贬刘氏深戒后学而言。第犹未能阐明古代政教与史官之关联,徒就后世政教已漓之时,责望治史者养其心术,仅属救弊补偏之说。然章氏之时,论史者犹未太违乎古义,而俗尚亦不外历史之所遗传。故所谓心术不粹者,其范围犹有所限。至梁氏之论史德,虽若引申章氏之说,实本刘氏之学,而益以他族近代治史者之方术,谓当大进于前。故篇目虽同,而根本实相左也。

人类之尚德也同,其由史而知德也亦同。故吾人由本国历史

史德第五

数千年之经验而得道德之正鹄者,益以世界史之经验,宜若植德益隆矣。然如梁氏所举史家夸大之失,在吾国唐宋诸贤早悬为戒者(如岛夷、索虏之互诋之类)。在晳人则至近代始悟其非,观斯宾塞尔《群学肄言》所陈,其为国拘情瞀,实远轶于吾史。

严译《群学肄言·国拘篇》:国中徒党,各有主张,己之所附者为豪杰圣贤,而彼党之魁,则盗贼无赖也。方宗教之致争。问于修教,则公教所为,无所往而非暴虐;问诸公教,则修教之所改革,无一事而非背天。若夫二国之史,相为敌雠,则甲之美政,必不可得于乙书;乙之无道,若不胜书于甲史。古之诺曼,贪残之种也,而言撒逊,转谓其修怨之刻深。以法史写西班牙之伏莽,则淫掠穷凶;以俄人言克噶希亚之兴戎,则虔刘无艺。龙蛇起陆之日,战血玄黄之秋,使吾英为局外,则了了能言其曲直。不幸吾国利害与于其间,则通国报章,黑白皆易位矣。当法人之戡定亚尔芝也,大食之民,屈强不附,逃山谷中,法人聚火焚之,英人大呼,谓绝人理。时无几何,而印度之民叛我,亦既族而歼之矣,尚惧其未尽死也,则加火于山积之群尸。又雅墨加之役,焚其邑居矣,又屠其人民。二者所为,吾英于人理,亦如线耳,于法人何讥焉!……夫身毒之民,亦天所生之一种也,夫岂不宜以自君;何于群起而求脱吾英之衔辔,乃罪大恶极,而无一善之可言。爱尔兰之不乐为属,而欲自为政,亦其所也;何其争即为不道,而一无可恕。

又:法人之自大久矣,天下之所共闻也。底亚斯之著书也,扬扢敷闳,宣国威而广民志,其中无几微之疑辞,而法之人亦从而信之。……武迓士著《化学录》,其发端曰:化学者,法国之学也。阴格理画鄂谟加冕图，推鄂谟为诗中王者，而以后代以诗鸣者，为其徒从。尽法之诗家，皆居前列；而吾英之狭斯丕尔，乃在隅奥，著其形于若存若亡之间。又立艺官，凡古今作者之圣，述者之明，但有制作，无不毕列。法之艺人，虽无所知名而亦厕，至英之奈端，则摈不得与。

又：德之公党，于一席之谈，听其言之所及者，德之国俗，德之维新，德之合邦，德之一统，德之陆旅，德之海军，德人之宗教与德人之艺学已耳。徒取法人而讪笑讥议之，而不知己之所为，正法人之痼疾，而译之以德语者也。（梁氏引韦尔思云：有谓距今二百年前，世界未有一著述足称为史者，亦此病也。）

斯宾塞尔著书力箴其病，在一千八百七十年间。（其书出版在一八七三年，当清同治十二年。）谓治群学必先治其心习（见《缮性篇》），其识盖迥超诸国史家。推其意固亦未尝不知缮性之功，为学者御一切事物所必具，非仅为治群学。然衡之《曲礼》、《大学》所论爱恶好憎之偏之当矫，其时间相悬奚若？盖晳人多务其偏至，吾族久尚夫执中。由民德之全，衡史德之失，固有间矣。而吾族徒震于晚近之强弱，遂拾其新说，病吾往史，则论世之未得其平也。

至于附会之病，尤有可为隐痛者。国不自振，夸大之习已微。以他族古初之蒙昧，遂不信吾国圣哲之文明，举凡步天治地、经国临民、宏纲巨领、良法美意，历代相承之信史，皆属可疑。其疑之者，以他族彼时不过图腾部落，吾族似不能早在东亚建此大邦。复以晚近之诈欺，推想前人之假托。不但不信为事实，即所目为乌托邦之书，亦不敢推论其时何以有此理想。只能从枯骨断简，别加推定。必至春秋战国之纷裂,始能为秦汉之统一,而春秋战国秦汉制度思想之所由来,亦不能深惟其故。至其卑蔑已甚,遂若吾族无一而可,凡史迹之殊尤卓绝者,匪藉外力或其人之出于异族,必无若斯成绩。此等风气,虽为梁氏所未料,未始非梁氏有以开之。故论学立言,不可不慎。不附会而夸大,则卑蔑而自诬。程子所谓与学者言如扶醉汉、扶得东来西又倒者也。斯宾塞尔既深讥爱国之偏,又历陈贬国之失,学者倘研阅其说,或亦可补刘、章、梁氏诸说所未备欤!

《群学肄言·国拘篇》:挽近学士搢绅,闻见日多,智能愈富,贬国之见,常与俱深。一时相阿,遂成风尚。而语或违中,多不根之论。不知国之政教,成立綦难。使议者弗察,动言纷更,乍埋乍掘,民莫适主。此其害群,以较爱国之偏,特一间耳。贬国而过,各有由然,贤愚不齐,略区三等。恶闻夸者之言,诡然自满,抑人扬己,多失其平,于是本其诚心,思所救正,矫枉过直,容不自知,此其一也。亦有养智惊愚,自矜博学,轻蔑旧制,远行异邦,持论非平,苟窃声誉,又其一也。最下国之掌故,毫未有知,轻易猖狂,逞其好骂,又其一也。

史 识 第 六

刘知幾倡史有三长之说,而尤重在识。章实斋申之而论史德,梁启超、刘咸炘又申论之。皆各述所见,与刘氏原旨不符。刘氏所谓史识,在好是正直善恶必书,使骄君贼臣知惧。章氏引之,误谓有学无识如愚估操金,不能贸化,似于《唐书》原文初未细绎,而以有学无才之弊,属之有学无识。学者苟就《唐书》原文与章书《史德篇》一较,自见其大相径庭矣。

《新唐书·刘子玄传》:礼部尚书郑惟忠尝问曰:古文士多,史才少,何耶?对曰:史有三长,才、学、识。世罕兼之,故史才少。夫有学无才,犹愚贾操金,不能殖货。有才无学,犹巧匠无楩楠斧斤,弗能成室。(《旧唐书》此下有"犹须好是正直"六字。)善恶必书,使骄君贼臣知惧,此为无可加者。时以为笃论。

《文史通义·史德篇》:刘氏以谓有学无识,如愚估操金,不能贸化。推此说以证刘氏之指,不过欲于记诵之间,知所抉择,以成文理耳。此犹文士之识,非史识也。

梁氏意主革新,谓史识是观察力。观察要敏锐,即所谓读书得间。又标四义,曰由全部至局部,曰由局部至全部,曰勿为传统思想所蔽,曰勿为成见所蔽(见《史学研究法续编》)。盖示人读旧史而创新史,非知幾所论修史之宗旨也。刘咸炘氏则以观史迹之风势为史识,又曰:作者有识,乃成其法,读者因法而生其识,虽二而实一。又曰:读史本为求识,所以必读纪传书。又曰:吾辈非有作史之责,而必斤斤讲史法者,正以史法明,史识乃生也。是其所谓观史迹者,虽与梁氏所谓观察力者同,而斤斤讲旧史之法,兼读史与作史而言,又非如梁氏之斥传统思想也。

> 刘咸炘《治史绪论》:史学可分为四端:一曰考证事实,是为史考;二曰论断是非,是为史论;三曰明史书之义例,是为史法;四曰观史迹之风势,是为史识。前二者为他学者亦从事焉,后二者则所谓史学专门之长也。考证固在成书之先,然不能成书,则止是零碎事迹,不得为史。论断固为读史之的,然无识,则止是任意爱憎,不得为学。史识著于马、班,史法至唐始晦,宋人犹存史识,而偏于论。近世惩论之弊,乃偏于考,于是熟于事实者,乃冒史学之称,而史学芜矣。

> 又:史学有二,一曰作史之法,二曰读史之识。作者有识,乃成其法;读者因法,而生其识,虽二而实一也。法者,撰述之义例,章先生所谓圆而神者也。识者,知政事风俗人才变迁升降之故,孟子所谓论其世者也。

> 又曰:吾辈非有作史之责,而必斤斤讲史法者,正以史法明,史识乃生也。……读史本为求识,所以必读纪传书。作史者不知此,则纪传书只是一碑传集,非史矣。读史者不知此,则史论只是一月旦评,非史论矣。……浅陋之学究,专心论人为史学,徒骋己见,固不足贵;而博杂之考据家,专以考事为史

学,亦只为拾骨之学。

实斋虽误解刘氏之语,而谓能具史识者必具史德,所以补充刘氏之说者,要自有见,第未推原道德观念实出于史耳。刘咸炘谓读史本为求识,义亦犹是。吾人何缘而有识力?亦曰赋于天者本明,稽之史而后悟。学者识力,大都出于读史。苟屏前史,一切不信,妄谓吾之识力能破传统观念之藩,则事实所不可能也。或袭近人之言,或采异域之说,亦即秉遐迩之史,以为创新之识,隐有其传,非能舍史而得识也。语曰:温故而知新。苟非以故谷为种,何能产新禾之苗乎?

刘知幾所谓史识,在《书事篇》中言之最详。《书事篇》专论史法,即刘咸炘所谓作者有识乃成其法,亦即梁氏所谓传统思想。学者宜熟复之,乃知吾史书之别于史料。近人恒谓吾国诸史仅属史料而非史书者,坐不知吾史相传之义法也。孔子告子夏读书之法曰:通七观,举大义。

《尚书大传》:子夏读《书》毕,见夫子。夫子问焉,曰:子何为于《书》?子夏对曰:《书》之论事也,昭昭如日月之代明,离离若星辰之错行。上有尧舜之道,下有三王之义。商所受于夫子,弗敢忘也。子曰:《尧典》可以观美,《禹贡》可以观事,《咎繇》可以观治,《鸿范》可以观度,《六誓》可以观义,《五诰》可以观仁,《甫刑》可以观戒。通斯七观,《书》之大义举矣。(近人不信《禹贡》,谓禹治水,不过略治山西、河南小部分。此即不知事理之言。下流海口不治,山西、河南之水,以何地为壑?吾因其言,益知古书之言简而理精。即决九川距四海六字,可以尽治水之事理。)

顾栋高论《春秋》曰:未有无故而书。又曰:凡褒贬无关于天下之大故不书。

顾栋高《春秋大事表·读春秋偶笔》:《春秋》凡书城书筑皆讥,无论时不时也。城郛、城中丘,则以怯敌书;城向、城诸及郓,则以启衅书;城费、城成郭,则以三家营私邑书;城漆、城启阳、城邾、城瑕,则以恃强凌弱小书;城杞,则以受役于强大书。其非时与帅师者,则罪又甚焉。盖《春秋》一书,圣人特书以垂戒,为百王法,未有无故而书者也。鲁方百里五,所统凡数十百城,二百四十二年之中,城坏而修,亦极常事,何足烦圣人之笔乎?……外此如城邢、城楚丘、城缘陵,为圣人许之乎?曰:此《春秋》以纪世变也。天王失政,外裔交侵,小国不能自立,赖桓公修方伯之职,帅诸侯起而城之。圣人所以不得已而思伯,予之亦伤之也。降此而城成周,抑又甚焉。王室内乱,流离颠越,十年之后,又乞城于诸侯。书此而天王之孱弱,晋伯之怠缓,俱可概见。此皆有关于天下之大者,凡褒贬无关于天下之大故不书。

方苞、恽敬持此义以读《史记》,咸举《留侯世家》非天下所以存亡故不著,为纪事文之义法。故《尚书》、《春秋》与后世之纪传史体裁虽不同,而抉择之法固一贯也。

方苞《史记评·留侯世家》:留侯所与上从容言天下事甚

众,非天下所以存亡,故不著。此三语著为留侯立传之大指。记事之文,义法尽于此矣。

恽敬《读货殖列传》:作史之法有二,太史公皆自发之。其一《留侯世家》曰:所与上从容言天下事甚众,非天下所以存亡,故不著。此作本纪、世家、列传法也,而表、书亦用之。其一《报任少卿书》曰:究天人之际,通古今之变。此作表、书法也,而本纪、世家、列传亦用之。

吾国古无所谓历史研究法,然"三传"之于《春秋》,各有师说,以解析《春秋》之义法。则世之有史学研究法者,莫先于吾国矣。左氏亲见鲁史,博采晋《乘》、楚《梼杌》诸书,而为《春秋传》。其所载史事,多出于《春秋》之外。然左氏不以其所见史料之富,而斥《春秋》之简略,且推究《春秋》所以不书之故,而归于礼经之凡例。

《左传》隐公十一年:凡诸侯有命告则书,不然则否。师出臧否亦如之。虽及灭国,灭不告败,胜不告克,不书于策。

又,庄公二十九年:凡物不为灾不书。

又,僖公二十三年:凡诸侯同盟,死,则赴以名,礼也。赴以名则亦书之,不然则否,避不敏也。

又,文公七年:凡会诸侯,不书所会,后也。后至不书其国,辟不敏也。

又,十四年:凡崩薨不赴,则不书。祸福不告,亦不书。惩不敬也。

又,十五年:凡诸侯会,公不与,不书。讳君恶也。与而不书,后也。

用此可知史策所书,咸本赴告及周家通礼。衡物异之重轻,视人事之敬惰,已可启发史识矣。而凡例所不赅者,传文又加以宣究。

　　《左传》隐公元年:春王周正月,不书即位,摄也。

　　又:三月,公及邾仪父盟于蔑,邾子克也,未王命,故不书爵。

　　又:夏四月,费伯帅师城郎,不书,非公命也。杜注:传曰:君举必书。然则史之策书,皆君命也。今不书于经,亦因史之旧法,故传释之。诸鲁事传释不书,他皆放此。

　　又:十月庚申,改葬惠公,公弗临,故不书。卫侯来会葬,不见公,亦不书。杜注:诸侯会葬,非礼也,不得接公成礼,故不书于策。他皆放此。

　　又,十一年:羽父使贼弑公于寪氏。……不书葬,不成丧也。

　　又,桓公十七年:冬十月朔日有食之,不书日,官失之也。

　　又,僖公元年:春,不称即位,公出故也。公出复入不书,讳之也。

　　又,九年:齐侯以诸侯之师伐晋。……令不及鲁,故不书。

　　又,十四年:春,诸侯城缘陵而迁杞焉。不书其人,有阙也。

　　又,十九年:梁亡不书,其主自取之也。

　　又,二十九年:夏,公会王子虎、晋狐偃、宋公孙固、齐国归父、陈辕涛涂、秦小子慭盟于翟泉,寻践土之盟,且谋伐郑也。卿不书,罪之也。在礼,卿不会公侯,会伯、子、男可也。

又,文公二年:晋先且居、宋公子成、陈辕选、郑公子归生伐秦,取汪及彭衙而还,以报彭衙之役。卿不书,为穆公故,尊秦也。

又,九年:公子遂会晋赵盾、宋华耦、卫孔达、许大夫救郑,不及楚师。卿不书,缓也,以惩不恪。

又,十七年:春,晋荀林父、卫孔达、陈公孙宁、郑石楚伐宋,讨曰:何故弑君?犹立文公而还。卿不书,失其所也。

又,宣公十二年:晋原縠、宋华椒、卫孔达、曹人同盟于清丘。曰:恤病讨贰。于是卿不书,不实其言也。

又,成公二年:公及楚公子婴齐、蔡侯、许男、秦右大夫说、宋华元、陈公孙宁、卫孙良夫、郑公子去疾及齐国之大夫盟于蜀。卿不书,匮盟也。于是乎畏晋,而窃与楚盟,故曰匮盟。蔡侯许男不书,乘楚车也,谓之失位。君子曰:位其不可不慎也乎!蔡、许之君,一失其位,不得列于诸侯,况其下乎?

又,襄公十四年:于是齐崔杼、宋华阅仲江会伐秦。不书,惰也。向之会,亦如之。卫北宫括不书于向(亦惰),书于伐秦,摄也。

又,二十六年:六月,公会晋赵武、宋向戌、郑良霄、曹人于澶渊以讨卫。赵武不书,尊公也。向戌不书,后也。

又,三十年:冬十月,叔孙豹会晋赵武、齐公孙虿、宋向戌、卫北宫佗、郑罕虎及小邾之大夫会于澶渊,既而无归于宋,故不书其人。君子曰:信其不可不慎乎!澶渊之会,卿不书,不信也。……书曰某人某人会于澶渊,宋灾故,尤之也。不书鲁

史识第六

大夫,讳之也。

同一会盟,而卿之名有书有不书;同一人,而有书有不书;同一不书,而各有其故。其剖析之细密也若是。慎位重信,大义凛然。所谓读书得间者,即从此等无文字处得之也。杜预曰:诸称书、不书、先书、故书、不言、不称、书曰之类,皆所以起新旧,发大义,谓之变例。然亦有史所不书,即以为义者。此盖《春秋》新意,故传不言凡,曲而畅之也(《春秋左氏传序》)。不知此说,无以知《春秋》二百四十二年之事何以止以万八千字尽之也。

《公》、《穀》两家,专究经文,不复博考史事。而持属辞比事之法,亦有以得《春秋》所以书之故。《公羊》大例,于外大恶书小恶不书,于内大恶讳小恶书(《隐公十年》);而于某事之所以书,又必先揭不书之例;而问其何以书,乃见其讥贬之义。

《公羊传》:隐公二年九月,纪履緰来逆女。 外逆女不书,此何以书?讥。何讥尔?讥始不亲迎也。……襄公十五年:刘夏逆王后于齐。 外逆女不书,此何以书?过我也。

又,隐公四年:莒人伐杞,取牟娄。 外取邑不书,此何以书?疾始取邑也。……六年:宋人取长葛。 外取邑不书,此何以书?久也。……庄公元年:齐师迁纪郱鄑郚。 外取邑不书,此何以书?大之也。……三十年:齐人降鄣。 外取邑不书,此何以书?尽也。……宣公元年:齐人取济西田。 外取邑不书,此何以书?所以赂齐也。……昭公二十五年:齐侯取运。 外取邑不书,此何以书?为公取之也。……哀公八年:齐人取讙及阐。外取邑不书,此何以书?所以赂齐也。

又，桓公四年：公狩于郎。 常事不书，此何以书？讥。何讥尔？远也。……八年春正月己卯烝。 常事不书，此何以书？讥。何讥尔？讥亟也。……十四年：秋八月壬申，御廪灾。乙亥，尝。 常事不书，此何以书？讥。何讥尔？讥尝也。

又，桓公五年：夏，齐侯郑伯如纪。 外相如不书，此何以书？离不言会也。……冬，州公如曹。 外相如不书，此何以书？过我也。……襄公五年：夏，叔孙豹、鄫世子巫如晋。 外相如不书，此何以书？为叔孙豹率而与之俱也。

又，庄公四年：齐侯葬纪伯姬。 外夫人不书葬，此何以书？隐之也。……三十年：葬纪叔姬。 外夫人不书葬，此何以书？隐之也。……襄公三十年：葬宋共姬。 外夫人不书葬，此何以书？隐之也。何隐尔？宋灾，伯姬卒焉。其称谥何？贤也。

又，庄公七年：秋，大水，无麦苗。 一灾不书，待无麦，然后书无苗，何以书？纪灾也。……宣公十五年：冬，蝝生。蝝生不书，此何以书？幸之也。

又，庄公十一年：秋，宋大水。 外灾不书，此何以书？及我也。……二十年：夏，齐大灾。 外灾不书，此何以书？及我也。……宣公十六年：夏，成周宣谢灾。 外灾不书，此何以书？新周也。……襄公九年春，宋火。 外灾不书，此何以书？为王者之后记灾也。

又，庄公二十二年：公如齐纳币。 纳币不书，此何以书？讥。何讥尔？亲纳币非礼也。……文公二年：公子遂如齐纳币。纳币不书，此何以书？讥。何讥尔？讥丧娶也。……成公八年：

史识第六

宋公使公孙寿来纳币。 纳币不书,此何以书?录伯姬也。

又,庄公二十九年:新延厩。 修旧不书,此何以书?讥。何讥尔?凶年不修。定公二年,新作雉门及两观。 修旧不书,此何以书?讥。何讥尔?不务乎公室也。

又,僖公十四年:沙鹿崩。 外异不书,此何以书?为天下记异也。……十六年,六鹢退飞过宋都。 外异不书,此何以书?为王者之后记异也。……文公三年,雨螽于宋。 外异不书,此何以书?为王者之后记异也。……成公五年,梁山崩。 外异不书,此何以书?为天下记异也。……昭公十八年,宋、卫、陈、郑灾。 外异不书,此何以书?为天下记异也。

又,文公十五年:齐侯侵我西鄙,遂伐曹入其郛。 入郛书乎?曰不书。 入郛不书,此何以书?动我也。

又,宣公十五年:宋人及楚人平。 外平不书,此何以书?大其平乎己也。

又,成公八年:卫人来媵。 媵不书,此何以书?录伯姬也。……九年,晋人来媵。……十年,齐人来媵。 均云媵不书,此何以书?录伯姬也。

又,哀公五年闰月,葬齐景公。 闰不书,此何以书?丧以闰数也。

吾人读书,能用其法,一一问其何以如是云云;而同一问题,又细析其关于天下及我国或某国某人之故,则读书如桶底脱矣。(《史通·模拟篇》讥吴均《齐春秋》,每书灾变,亦曰:何以书?记异也。自问自答,岂叙事之理。若识《公羊》之语为研究史法,自无此惑。)

《穀梁》亦尝发何以书之问及不书之例。

　　《穀梁传》：隐公九年：秋七月。　无事焉何以书？不遗时也。……桓公元年：冬十月。　无事焉何以书？不遗时也。《春秋》编年，四时具而后为年。

　　又，桓公五年：州公如曹。　外相如不书，此其书何也？过我也。……庄公十一年：秋，宋大水。　外灾不书，此何以书？王者之后也。高下有水灾曰大水。

而恒称志不志。

　　《穀梁传》：隐公六年：宋人取长葛。　外取邑不志，此其志，何也？久之也。

　　又，桓公十四年：秋八月壬申御廪灾，乙亥尝。　御廪之灾不志，此其志何也？以为唯未易灾之余，而尝可也，志不敬也。

　　又，庄公十七年：齐人执郑詹。　郑詹，郑之卑者也。卑者不志，此其志何也？以其逃来，志之也。逃来则何志焉？将有其末，不得不录其本也。郑詹，郑之佞人也。

　　又，十九年：秋，公子结媵陈人之妇于鄄，遂及齐侯、宋公盟。　媵，浅事也，不志。此其志何也？辟要盟也。……成公八年：卫人来媵。　媵，浅事也，不志。此其志何也？以伯姬之不得其所，故尽其事也。……九年：晋人来媵。　同。……十年：齐人来媵。　无传。注：媵，同姓也，异姓来媵，非礼。

　　又，庄公二十四年：公如齐逆女。　亲迎，恒事也，不志。此其志何也？不正其亲迎于齐也。

又，文公三年：雨螽于宋。　外灾不志，此何以志也？曰灾甚也。其甚奈何？茅茨尽矣。……襄公九年：春，宋灾。　外灾不志，此其志何也？故宋也。

又，宣公十五年：王札子杀召伯、毛伯。　王札子者，当上之辞也。杀召伯、毛伯，不言其，何也？两下相杀也。两下相杀不志乎《春秋》，此其志何也？矫王命以杀之，非忿怒相杀也。故曰以王命杀也。以王命杀则何志焉？为天下主者，天也。继天者，君也。君之所存者，命也。为人臣而侵其君之命而用之，是不臣也。为人君而失其命，是不君也。君不君，臣不臣，此天下所以倾也。……昭公八年：陈侯之弟招杀陈世子偃师。　乡曰陈公子招，今曰陈侯之弟招，何也？曰尽其亲所以恶招也。两下相杀不志于《春秋》，此其志何也？世子云者，唯君之贰也。云可以重之存焉志之也。诸侯之尊兄弟不得以属通，其弟云者，亲也；亲而杀之，恶也。

又，成公十八年：筑鹿囿。　筑不志，此其志，何也？山林薮泽之利，所以与民共也，虞之非正也。

又，昭公九年：陈火。　国曰灾，邑曰火。火不志，此何以志？闵陈而存之也。

又，二十三年：冬，公如晋至河，公有疾乃复。　疾不志，此其志，何也？释不得入乎晋也。

或曰不道。

《穀梁传》：桓公六年：蔡人杀陈佗。　陈佗者，陈君也。其曰陈佗，何也？匹夫行，故匹夫称之也。其匹夫行奈何？陈侯恧猎,淫猎于蔡,与蔡人争禽,蔡人不知其是陈君也而杀之。何以知其是陈君也?两下相杀,不道。……宣公十五年,宋人及楚人平。 外平不道,以吾人之存焉道之也。

其曰浅事不志、恒事不志,与《公羊》之常事不书、修旧不书,一也。而论陈佗、王札子、陈招诸事,由两下相杀不书于《春秋》推论其义,明其所以书者,在正君臣父子兄弟之伦,非区区志人之相杀。此皆经师之说,为读史者所宜持以断后世之史事者也。

《书》之教曰疏通知远,《春秋》之教曰属辞比事。疏通则上下千载,惟观其大端;属比则一日一言,必求其用意。故通史与断代史各有所取,可并行而不悖。而读史之法,且正可以相通。如恽敬论《顾命》于逆子钊称子,于王麻冕黼裳称王,则以《春秋》之书法读《尚书》也。

  恽敬《顾命辨》:顾氏宁人曰:《顾命》盖有阙文焉。狄设黼扆缀衣,其前皆成王崩之事也,其后皆康王逾年即位之事也。(全文见《日知录》)敬按:《公羊传》始终之义,一年不二君,故未葬称子;臣民之心,不可旷年无君,故逾年称公;孝子之心,则三年不忍当,故诸侯于封内三年称子,天子亦然。虽然,《顾命》者,布之天下,传之后世者也。即位之首,称予以临,可乎?文元年春王正月公即位,定元年夏六月公之丧至自乾侯,戊辰公即位,是逾年未葬称公也。昭二十二年夏四月乙丑天王崩,六月葬景王,刘子单子以王猛居于皇,是已葬未逾年称王也,是故即位不书子,则《顾命》不得不称王。逆子钊称子,王麻冕黼裳称王,皆礼也。(《日知录》注引凤氏之说,亦辨顾氏之误。)

顾栋高谓看《春秋》眼光须极远,近者十年数十年,远者通二百四十二年。是又以《尚书》之知远读《春秋》也。

> 顾栋高《读〈春秋〉偶笔》:看《春秋》眼光须极远,近者十年数十年,远者通二百四十二年。自桓二年蔡侯、郑伯会于邓始惧楚,此发端也。至定四年蔡侯以吴子及楚人战于柏举,楚师败绩,庚辰吴入郢,是结案。志蔡之积怨而能报楚,而褒即寓其中矣。自僖十九年陈人、蔡人、楚人、郑人盟于齐,此发端也。至昭八年楚师灭陈,是结案。志陈之招楚,适自贻患,而贬即寓其中矣。

刘咸炘谓:疏通知远,《书》教也。疏通知远即察势观风也。孟子之论世,太史公之通古今之变,即此道也。又曰:读史有出入二法:观事实之始末,入也;察风气之变迁,出也。赵瓯北《廿二史札记》将散见纪传者分条类列,寻出一代特具之事象风气,既非如考据家之僻搜,又非如学究家之不考而击断,最为可法(均见《治史绪论》)。然赵书于条列历代事象风气外,亦兼述各史之义例,实兼《尚书》、《春秋》两家之长。梁启超讲史迹之论次曰:吾今标一史题于此,曰刘项之争与中亚细亚及印度诸国之兴亡有关系,而影响及于希腊人之东陆领土。闻者必疑其风马牛不相及,然吾征诸史迹而有以明其然也。又曰:吾又标一史题于此,曰汉攘匈奴与西罗马之灭亡及欧洲现代诸国家之建设有关。闻者将益以为诞,然吾比观中西诸史,而知其因缘甚密切也(梁著《中国历史研究法》)。

其说虽若甚新，要亦不外《书》教之疏通知远，及顾氏《读〈春秋〉偶笔》所谓看《春秋》眼光须极远也。

凡为良史，经纬万端，闳识眇旨，非仅举一二语所能罄也。马迁为史，考信择言，非天下所以存亡不著，如前所述，亦已赅括全书。而其随文标举者，综而观之，均可见其要删之意。

《史记·十二诸侯年表序》：儒者断其义，驰说者骋其辞，不务综其终始；历人取其年月，数家隆于神运，谱谍独记世谥，其辞略，欲一观诸要难。（此言为史务综其终始而观其要。）于是谱十二诸侯，自共和讫孔子，表见《春秋》、《国语》学者所讥盛衰大指，著于篇，为成学治古文者要删焉。（要删者，摘要删繁，专取盛衰大指也。）

又《汉兴以来诸侯年表序》：臣迁谨记高祖以来至太初诸侯，谱其下益损之时，令后世得览形势虽强，要之以仁义为本。（诸为表谱，要以推见立国之本，非专重强弱盛衰也。）

又《高祖功臣侯年表序》：居今之世，志古之道，所以自镜也（此又是读史通义），未必尽同。帝王者各殊礼而异务，要以成功为统纪，岂可绲乎？观所以得尊宠及所以废辱，亦当世得失之林也，何必旧闻？于是谨其终始，表见其文，颇有所不尽本末；著其明，疑者阙之。

又《天官书》：为天数者，必通三五终始古今，深观时变，察其精粗，则天官备矣。

又《封禅书》：于是退为论次自古以来用事于鬼神者，具见其表里，后有君子，得以览焉。若至俎豆珪币之详，献酬之礼，则有司存。

又《管晏列传》：其书世多有之，是以不论，论其轶事。

又《司马穰苴列传》：世既多司马兵法，以故不论，著穰苴之列传焉。

又《孙子吴起列传》：世俗所称师旅，皆道《孙子》十三篇，吴起《兵法》，世多有，故弗论，论其行事所施设者。

又《仲尼弟子列传》：学者多称七十子之徒，誉者或过其实，毁者或损其真，钧之未睹厥容貌。则论言弟子籍，出孔氏古文，近是。余以弟子名姓文字，悉取《论语》弟子问，并次为篇，疑者阙焉。

又《苏秦列传》：世言苏秦多异，异时事有类之者，皆附之苏秦。……吾故列其行事，次其时序，毋令独蒙恶声焉。

又《孟子荀卿列传》：自如孟子至于吁子，世多有其书，故不论其传云。

又《司马相如传》：相如他所著，若《遗平陵侯书》与《五公子相难》、《草木书》篇不采，采其尤著公卿者云。

即详略不同，有弃有取，亦宜就其去取，推寻其识，不可认为矛盾，如刘知幾之所讥也。

《史通·杂说上》：太史公撰《孔子世家》，多采《论语》旧说，至《管晏列传》，则不取其本书，为时俗所有，故不复更载也。案《论语》行于讲肆，列于学官，重加编勒，只觉繁费。如管晏者，诸子杂家，经史外事，弃而不录，实杜异同。夫以可除而不除，宜取而不取，以斯著述，未睹厥义。（按刘氏之言，似若有识，其实刘氏误以史书宜取诸子杂家转载异同，不知史公之命意。史公最尊孔子，故考信六艺，而言六艺则折中于夫子，论事多本《论语》，如《孝文本纪》言必世后仁，《礼书》引褅自既灌诸语。本纪、世家载孔子事甚多，不于其中书老子卒或墨子卒也。仲尼弟子有列传，而传六艺者又有《儒林传》，初不为墨子弟子或墨者传也。由此以思，则刘氏所驳为无当。然自班氏讥史公先黄老而后六经，已不免误会谈、迁《论六家要旨》之意；而刘氏所讥，又正与班意相反。要之反正两方，均可以示学者宜细心寻绎全书，而不可孟浪议论前人长短也。刘《略》班《志》，六艺在十家九流之前，而儒又先于九家，《史》、《汉》意仍一贯。近人扬墨抑儒，至谓史公不为墨子特立一传，盖由史料未备。不知今人所见墨家学说及其钜子事迹，采自庄、荀、韩、吕诸子者，史公岂未之见耶？）

班、范诸史，叙事载文，亦有自标旨趣者。

　　《汉书·贾谊传赞》：凡所著述，五十八篇。掇其切于世事者，著于传云。

　　又《董仲舒传》：仲舒所著，皆明经术之意，及上疏条教，凡百二十三篇。而说《春秋》事得失，《闻举》、《玉杯》、《蕃露》、《清明》、《竹林》之属，复数十篇十余万言，皆传于后世。掇其切当世施朝廷者，著于篇。

　　又《扬雄传》：《畔牢愁》、《广骚》，文多不载，独载《反离骚》。……《法言》文多不载，独著其目。

　　又《西域传》：自且末以往，皆种五谷，土地、草木、畜产、作兵，略与汉同，有异乃记云。

史识第六

《后汉书·王符传》：隐居著书三十余篇，以讥当时失得，不欲章显其名，故号曰《潜夫论》云。其指讦时短，讨谪物情，足以观见当时风数，著其五篇云尔。

又《仲长统传》：每论说古今，及时俗行事，恒发愤叹息，因著论，名曰《昌言》，凡三十四篇，十余万言。今简撮其书有益政者，略载之云。

唐宋史家，要删史实，并师马、班矩矱。

《隋书·音乐志》：舜咏南风而虞帝昌，纣歌北鄙而殷王灭。大乐不紊则王政在焉。故录其不相因袭，以备于志。

又《经籍志》：其旧录所取，文义浅俗，无益教理者，并删去之。其旧录所遗，辞义可采，有所弘益者，咸附入之。远览马《史》班《书》，近观王、阮《志》、《录》，挹其风流体制，削其浮杂鄙俚，离其疏远，合其近密，约文绪义，凡五十五篇。

《新唐书·礼乐志》：其坛堂之上下，墙门之内外，次位之尊卑，与其向立之方，出入降登之节，大抵可推而见其盛且备者如此；则其小且略者，又可推而知也。……其近于礼者，后世当求诸礼（此礼字指《开元礼》等书）。其不合于礼而出于其私意者，盖其制作与其论议，皆不足取，故不著也。……天下用兵不息，而离宫苑囿遂以荒墟，独其余声遗曲传人间，闻者为之悲凉感动。盖其事适足为戒，而不足考法，故不复著其详。

又《选举志》：武举盖起于武后之时。长安二年，始置武举，中第亦以乡饮酒礼送兵部。其选用之法不足道，故不复书。

又《百官志》：采其纲目条理，可为后法；及事虽非正，后世遵用，因仍而不能改者，著于篇。……宰相事无不统，故不以一职名官。自开元以后，常以领它职。……其名颇多，皆不足取法，故不著其详。

又《兵志》：若乃将率营阵，车旗器械，征防守卫，凡兵之事，不可以悉记。记其处置得失始终治乱之迹，以为后世戒云。

又《食货志》：凡漕运于京师而足国用者，大略如此。其他州县方镇，漕以自资，或兵所征行，转运以给一时之用者，皆不足纪。

又《刑法志》：此其当世所施行而著见者（指律疏及历代诸格），其余有其书而不常行者，不足纪也。……自肃宗以来，所可书者几希矣。懿宗以后，无所称焉。

又《宰相世系表注》：（侯）希逸亡其世系，（李）辅国中官也，（仆固）怀恩叛臣也，朱泚、王建、韩建、朱全忠，唐之盗也，皆削而不书。

欧公于《五代史记》自言其法曰：大事则书，变古则书，非常则书，意有所示则书，后有所因则书，非此五者则否（《梁本纪》开平元年注）。即韩琦、石介等记述宋事，亦多有此识。《三传》、《史通》所言，绳绳不绝。

《宋名臣言行录》载《韩魏公遗事》：石守道编《三朝圣政录》，将上，一日，求质于公。公指数事为非：其一太祖惑一官鬟，视朝晏，群臣有言，太祖悟，伺其酣寝，刺杀之。公曰：此岂可为万世法？已溺之，乃恶其溺而杀之，彼何罪？使其复有嬖，将不胜其杀矣！遂去此等数事。守道服其清识。

史识第六

是故史公非不知《禹本纪》、《山海经》。

《史记·大宛列传》：至《禹本纪》、《山海经》所有怪物，余不敢言也。

班固非不知《东方朔别传》及俗用五行时日之书。

《汉书·东方朔传》：朔之文辞，此二篇最善，其余有《封泰山》、《责和氏璧》及《皇太子生禖》、《屏风》、《殿上柏柱》、《平乐观赋猎》、八言、七言上下、《从公孙弘借车》，凡刘向所录朔书，具是矣。世所传他事，皆非也。（师古曰：谓如《东方朔别传》及俗用五行时日之书，皆非实事也。）赞曰：朔之诙谐，逢占射覆，其事浮浅，行于众庶，童儿牧竖，莫不眩耀。而后世好事者，因取奇言怪语，附著之朔，故详录焉。（师古曰：言此传所以详录朔之辞语者，为俗人多以奇异妄附于朔故耳，欲明传所不记，皆非其实也。而今之为《汉书》学者，犹更取他书杂说假合东方朔之事，以博异闻，良可叹矣。他皆类此。）

陈寿非不知汉魏禅代之文，魏吴封禅之策。

钱大昕《跋三国志》：陈承祚，蜀人也，其书虽帝魏，而未尝不尊蜀。于蜀二君，曰先主、后主而不名；于吴诸君，则曰权、曰亮、曰休、曰皓，皆直斥其名。蜀之甘皇后、穆皇后、敬哀皇后、张皇后皆称后，而吴之后妃但称夫人。其书法区别如此。李令伯陈情之表，称蜀为伪朝，承祚不惟不伪之，又以蜀两朝不立史官,故于蜀事特详。如群臣称述谶纬及登坛告天之文,魏、吴皆不书,而特书于蜀。立后、立太子诸王之策,魏、吴皆不书,而特书于蜀。太傅靖、丞相亮、车骑将军飞、骠骑将军超之策文,皆一一书于本传,隐然寓帝蜀之旨焉。

宋祁非不知王播、杜牧诸人之轶事。要皆辞尚体要,故义必谨严。

《陔馀丛考》:吴缜《纠缪》谓《新唐书》多采唐人小说,但期博取,故所载或全篇乖牾。然李泌子繁尝为泌家传十篇,《新书·泌传》虽采用之,而传赞云:繁言多不可信,按其实者著于录。是《新书》未尝不严于别择。今按唐人小说,所记轶事甚多,而《新书》初不滥收者,如《王播传》不载其阇黎饭后钟之事;《杜牧传》不载其扬州狎游、牛奇章遣人潜护及湖州水嬉绿树成阴之事;《温庭筠传》不载其令狐绹问故事,答以出在《南华》,遂遭摈弃之事;《李商隐传》不载其见摈于绹因作诗谓郎君官贵东阁难窥之事。此皆载于诗话及《北梦琐言》等书,脍炙人口,而《新书》一概不及,则其谨严可知。

读史不窥此秘,惟务辑逸钩沉,则正刘氏所谓苟出异端,虚益新事,及吐果弃核,捃拾登荐之类耳。

《史通·采撰》:其失之者,则有苟出异端,虚益新事。夫以甘(宝)邓(粲)之所粪除,王(隐)虞(预)之所糠秕,持为逸史,用补前传,此何异魏朝之撰《皇览》,梁氏之修《遍略》。务

史识第六

多为美,聚博为功,唯取悦于小人,终见嗤于君子矣。

又《补注》:范晔之删《后汉书》也,简而且周,疏而不漏,盖云备矣。而刘昭采其所捐,以为补注,言尽非要,事皆不急。譬夫人有吐果之核,弃药之滓,而愚者乃重加捃拾,洁以登荐。持此为功,多见其无识也。

史事之去取有识,史事之位置亦有识。盖去取者为史之初步,而位置者为史之精心。必就全书而统筹,非执一篇以示法。前言史联及引戴名世《史论》,即发此义。故语有宜著于本纪,或宜见于表志及传者。非识其体,不知所裁。

王鸿绪《史例议》:一,攻战所克郡邑,非两国相争要地,不书;非敌都,不书。如《汉高纪》云引兵西无不下者,又云邯自杀雍州定八十余县,又云信等卤豹,传诣荥汤定魏地,皆不详载其郡邑也。如《唐高纪》载林士弘等窃据僭号者数十余人,后止书某降某降而已,其间用兵胜败,人士众寡,悉略而不录,何等简严。或曰:沛公之攻丰、攻砀、攻外黄,唐高祖之下临汾、克绛郡,又何以备书之耶?曰:此著其王业之始也,不可不书。余则止书其纲,前史类如此。(诒按:欧公《五代史·梁本纪》注:即位以前,其事详,原本其所自来,故曲而备之,见其起之有渐有暴也。即位以后,其事略,居尊位重,所责者大,故所书者简,惟简乃可以立法。此可以推广王氏之说,故位置与详略,皆史识也。)……一,自将所克敌及所下城邑,其攻战之法,纪不备书。如垓下之战,详于《羽纪》而略于《高纪》。刘黑闼、刘武周、王世充、窦建德之战,详于黑闼等传,而《高纪》止书秦王世民败某人于某地。惟昆阳之战,《光武纪》书之颇详,此固其中兴之本;且不归之纪,亦无从附见也。……一,纪、志总载一代之大政大法,非纪重而志轻也。试以《唐书》诸志证之,尊崇圣教,盛典也。高祖初下令置生员,既即位,又诏秘书省立小学,其后又命州县乡皆置学。太宗即位,置弘文馆,增筑学舍至千二百区,虽七营飞骑,亦置生徒,遣博士为授经。四夷若高丽、百济、新罗、高昌、吐蕃,相继遣子弟入学,遂至八千人。咸亨元年,诏州县皆营孔子庙。神龙元年,以邹鲁百户为隆道公采邑,以奉岁祀,子孙世袭褒圣侯。而纪不书。享天配祖,大孝也。贞观初,圜丘明堂北郊以高祖配,感帝以元帝配。乾封元年,诏祈谷复祀感帝。二年,诏明堂兼祀昊天上帝及五帝。开元十年,诏宣皇帝复祔于正室,中宗还祔太庙。而纪皆不书。武德中冬至及孟夏,雩祭皇地祇于方丘、神州地祇于北郊,以景帝配,而上辛祈谷,祀感帝于南郊;季秋,祀五方帝于明堂,以元年配。高宗永徽二年,以高祖配于圜丘,太宗配于明堂。纪止书有事于南郊而已。乾封元年,封泰山,祀昊天上帝于山下,封祀坛,以高祖、太宗配,如圜丘礼。又明日,祀皇地祇于社首山之降禅坛,如方丘礼,以太穆皇后文德皇后配。而纪止书封于泰山,庚午,禅于社首而已。至若高祖初诏议戊寅元历,高宗时诏定《贞观礼》,开元时撰《唐礼》,改治新历,又诏次历议历术,纪皆不书。夫欧公岂谓此数大事可略哉!志职其详,纪职其要。见于志者,不必其复见于纪也。

即一人事迹,或载本传,或见他传,亦各有体制,必合各篇方见其意。此吾国良史之组织体系,即所谓体大而思精。修《宋史》者不解此法,故其芜冗为学者所深讥也。

　　方苞《书萧相国世家后》:《萧相国世家》所叙实绩,仅四事,其定汉家律令,及受遗命辅惠帝,皆略焉。盖收秦律令图书,举韩信,镇抚关中,三者乃鄂君所谓万世之功也。其终也,举曹参以自代,而无少芥蒂,则至忠体国可见矣。至其所以自免,皆自他人发之,非智不足也,使何自觉之,则于至忠体国之道有伤矣。故终载请上林空地,械系廷尉,明何用诸客之谋,非得已耳。若定律令,则别见曹参、张苍传。何之终,惠帝临问,而举参,则受遗命不待言矣。盖是二者,于何为顺且易,非万世之功之比也。柳子厚谓《太史公书》曰洁,非谓辞无芜累也,盖明于体要,而所载之事不杂,其气体为最洁耳。

章氏谓文士之识非史识,然文士之识出于经史者,正足以明史识。以吾国经史与文艺本一贯也。方苞之读《霍光传》,测其用意,即本《春秋》常事不书一语,而通之于史也。

　　方苞《书〈汉书·霍光传〉后》:《春秋》之义,常事不书,而后之良史取法焉。昌黎韩氏目《春秋》为谨严,故撰《顺宗实录》,削去常事,独著其有关于治乱者。班史义法,视子长少贬矣,然尚能识其体要。其传霍光也,事武帝二十余年,蔽以出入禁闼,小心谨慎,相昭帝十三年,蔽以百姓充实,四夷宾服,而其事无传焉。盖不可胜书,故一裁以常事不书之义,而非略也。其详焉者,则光之本末,霍氏祸败之所由也。古之良史,于千百事不书,而所书一二事,则必具其首尾,并所为旁见侧出者而悉著之,故千百世后,其事之表里可按而如见其人。后人反是,是以蒙杂暗昧,使治乱贤奸之迹,并昏微而不著也。

世之撰碑传、修方志、纪兵事者,大抵用此法,而后可以见其人其事其地之特色。故论学而通伦类,则识之著于甲者,即乙亦可见焉。泥于一家之言,未可以云通也。

欧阳修《范文正公神道碑》:其行己临事,自山林处士里闾田野之人,外至夷狄,莫不知其名字,而乐道其事者甚众。及其世次官爵,志于墓,谱于家,藏于有司者,皆不论著。著其系天下国家之大者。

韩邦靖《朝邑志·物产》:邑无他奇产。产独服食,他处俱有者不载,载其美者多者。王元启注云:风俗则取其异者书之,物产则载其美且多者。取舍有方,不愧操笔削之任。后之修志者皆当据以为法。古云常事不书,作文之道尽之矣。

康海《朝邑志序》:夫志者记也。记其风土文献之事与官夫是郡邑者,可以备极其改革,省见其疾苦,景行其已行,察识其政治。使天下为士大夫者读之足以兴,为郡邑者读之足以劝而已。非以夸灵胜之迹,崇奖饰之端也。

阎若璩《潜邱札记》:纂郡县志者,全凭有识。如河南八府,惟怀庆粮最重,民受困三百年,近来纂志,当以粮所由重之说痛加发挥,方与有世道之责者恻念请于朝,比诸别府,减而轻之。

王闿运《湘军志·曾军篇》:罗泽南奔命往来,复弋阳、克

史识第六

广信、收景德、攻义宁,虽战胜攻取,非东南所以安危之大,故不具载。

章炳麟《陆军上将李云杰碑》:积十年,大战四,小战四。咸宁汀泗桥之役、浏阳之役、衡阳萱洲河之役、汨罗之役、汉川化桃之役、澧津市之役、光化之役、太康曹庄之役,都杀敌数万人,以功累迁至第二十三师师长。其事非人民所缘以休戚者,今可得而略也。

综右所述,识生于心,而史为之钥。积若干年祀之记述,与若干方面之事迹,乃有圣哲启示观察研究及撰著之津涂。后贤承之,益穷其变,综合推求,而饷遗吾人以此知识之宝库。故在初学,不第不可遽谓前人不逮吾侪,且不得谓吾人于前人所撰著悉已了解。深造自得,正不易言。姑先储积前哲研究撰著之识,得其通途,再求创辟异境。此虽不敢以律上智,然世之中材最多,循此或可无弊耳。

复次,治史之识,非第欲明撰著之义法,尤须积之以求人群之原则。由历史而求人群之原理,近人谓之历史哲学。吾国古亦无此名,而其推求原理,固已具于经子。近人治史,多本进化论,盖缘西哲就生物之演变测人群之进步,而得此基本观念。治吾史者,准此以求,亦可以益人神智。然梁启超论研究文化史之问题,对历史现象是否进化,即生疑问(《饮冰室文集》四十)。刘咸炘论美人彻尼所举史律,谓道德常进亦常退,若以大概言之,宁谓智进而德退(《治史绪论·史旨》)。章炳麟著《俱分进化论》,谓善恶相缘并进,其说尤懿。故吾人治中国史,仍宜就中国圣哲推求人群之原理,以求史事之公律。

事物万殊，初无统纪，积久观之，则见其消息。古哲殆亦从生物及人事之种种对待变化，寻求统纪，得消息之原则，而以《易》之《否》、《泰》、《剥》、《复》卦爻示之。就人而言，则曰君子道长小人道消，小人道长君子道消。就一切事物而言，则曰无平不陂，无往不复。老子之学从此出，故曰：万物并作，吾以观其复。孟子之学亦从此出，故曰：天下之生久矣，一治一乱。否泰治乱，消长往复，其迹象有纵横，其范围有大小，而赅括史事，驯至近今，此义尚未能破。盖人类心灵，同此消长，不能有消而无长，亦不能有长而无消。论进化者，但就长之一面言之耳。（一治一乱，并非循环，惟适应消息之公律耳。）

　　王船山之论史，归于一治一乱（见前《史统篇》）。顾景星之论史，亦归于一治一乱，而曰：自古治乱，气运为之。气运者即人心之习气为之也。章学诚《湖北通志稿》、《复社名人传》引其言以为论，是章氏亦以顾氏之言，如其意所欲言也。

　　　　《湖北通志稿》志曰：信乎顾景星之誉张公亮书也，其言曰：自古治乱，气运为之。气运者，即人心之习气为之也。如江河之波，瀰漫推移，而势不自已。如寒暑之变，出蛰荣谢而物不知。人心不厌不止，气运不极不返。列国之并吞，不至秦始不止。然而六国之后，犹起而攻秦；郦食其犹劝汉祖封六国后，何者？习气未忘，人心未厌也。迨夫韩、彭继灭，然后天下厌之，而郡国之势成。郡国势成，郡国之习气又作。逮夫袁绍、袁术、刘表、公孙瓒辈相继灭，而郡国之习气乃止。其他外戚、宦寺、权臣、宫妾之祸代作。方其作也，泯泯棼棼，袁绍不至杀二千人，汉宦寺习气不止。朱全忠、崔胤不至杀七百人，

史识第六

唐宦寺之习气不止。汉不至单越,则窦梁之习气不止。唐不至安禄山余祸展转数十年,则武韦之习气不止。至于士大夫服先王之服,诵圣人之书,宜无祸于国家,然其褊急迂愚,往往不召变则养乱。灵帝党锢之祸,文宗甘露之祸,昭帝清流之祸,呜呼!岂尽天耶?亦其召变养乱,积成气运,不厌不止。然后知士大夫习气之祸,有不在宦官、权戚、官妾之下者矣。必待习气尽而人心厌而气运转,而天下事已不可为矣,岂不痛哉!

刘咸炘论读史察变观风,比于以索贯钱。历举文质、刚柔、缓急诸种演变,推其原亦不外心习之消长而已。

《治史绪论》:读史察变观风,综求其事之关系,比予以索贯钱。先具归纳所得之索,以备学者之演绎,固捷径也。惟端绪繁多,非一人所能尽知,一书所能备举,但能略具重大者为纲领而已。……《表记》言夏道尊命,《祭义》言商人尚富,经家文质三教之说(《表记》、《白虎通义》),传记齐尊之鲁亲之之言,《商君书·开塞篇》贵亲贤三变之论,皆可裁用。……春秋之势,又须横别而论之。如鲁卫贵亲,齐晋尚功,楚用有功之亲,秦用异国之材。或为承前,或为开后。及至战国,则官学变为私学,不出乡之四民变为游说逊侠,重农之风变为重商。至秦改郡县,陈、项起匹夫,汉高徙豪杰,而三代之风乃全亡。此为一大变迁。太史迁所谓古今之变,即指此也。……治术分柔缓与刚急。其著者,如汉文缓而景、武急,宣急而元、成缓,哀急而光武缓,明急而章缓,曹操急而晋武缓,唐宣宗急而宋祖缓,元世祖缓而明太祖急。士风分刚动与柔静。郭筠仙所谓西汉人好利,东汉人好名,唐人好利,宋人好名,元人好利,明人好名。今人好利,甚确而得要。好名刚,好利柔,柔缓者黄老,刚急者刑名,好名者近墨,好利者近杨。治缓养成柔风,亦能容之使刚;治急激起刚风,亦能迫之使柔。缓急中自有高下,夸毗亦养奸;柔刚中自有是非,躁动亦致乱也。

观风之变,于其已成,则知将来之厌恶;于其方始,则知异时之滋长,是曰知几。故治史所得,在能知几,非惟就已往之事,陈述其变已也。此法自子夏之治《春秋》开之。

《韩非子·外储说右上》:子夏曰:《春秋》之记,臣杀君,子杀父者,非一日之积也,有渐而以至矣。凡奸者行久而成积,积成而力多,力多而能杀。故明主蚤绝之。今田常之为乱,有渐久矣,而君不诛。晏子不使其君禁侵陵之臣,而使其主行惠,故简公受其祸。故子夏曰:善持势者,蚤绝奸之萌。

《说苑·复恩篇》:楚人献鼋于灵公。公子家见,公子宋之食指动,谓子家曰:我如是,必尝异味。及食大夫鼋,召公子宋而不与,公子宋怒,染指于鼎,尝之而出。公怒,欲杀之。公子宋与公子家谋先,遂弑灵公。子夏曰:《春秋》者,记君不君臣不臣父不父子不子者也,此非一日之事也,有渐以至焉。

其原则自《易·坤卦》初六以履霜坚冰括一切事变之由渐而积。

《易·坤卦·文言》:积善之家,必有馀庆。积不善之家,必有馀殃。臣弑其君,子弑其父,非一朝一夕之故,其所由来者渐矣。由辩之不早辩也。《易》曰:履霜,坚冰至。盖言顺也。

故《易》与《春秋》通,而《春秋》最重慎始。刘氏所谓好是正直善恶必书使骄君贼臣知惧者,据其已成言之,进之以慎始,则尤贵识微矣。

史 义 第 七

前六章所述,无虑皆史义也,然其本始犹未尽阐发,故宜专就史义论之。史之三要素,曰事、曰文、曰义。此自孔孟发之。孟子曰:其事则齐桓、晋文,其文则史。孔子曰:其义则丘窃取之矣。明史学所重者在义也。(近世有所谓考据、辞章、义理之学。考据者事也,辞章者文也。以孔孟论史之义绳之,考据、辞章,必归宿于义理,始得为学。且可悟是三者之学,皆出于史。)徒骛事迹,或精究文辞,皆未得治史之究竟。姑举清之史学家治史之法为证。如赵瓯北《廿二史劄记》,述晋八王之乱,综合史事,叙述简明,善矣。然不如钱竹汀之说之精。盖赵仅述事,而钱则断以义也。(赵书亦多究史义,此特就事、文、义三端分析言之。钱书亦多偏重考事订文,而时发史义。学者不可不知。)

《廿二史考异》:《晋书·汝南王亮传》,西晋之政乱朝危,虽由时主,然而煽其风速其祸者,咎在八王,故序而论之。案《晋史》以汝南王亮、楚王玮、赵王伦、齐王冏、长沙王乂、成都王颖、河间王颙、东海王越八人总为一传,不与宣文武诸子同篇。盖因晋时有《八王故事》一书(《隋志》不言撰人,刘孝标注《世说》屡引之),故取其名。然于劝善惩恶之旨,殊未当也。赵王伦,晋之乱贼,当与桓玄同科。齐王冏起义讨伦,虽以骄溢致败,较诸成都、河间、东海之大失臣节者,不可同年语矣。史乃以赵伦、齐冏同称,何其不分皂白乎?汝南王亮为贾后所害,本无大过,亦不当以煽风速祸责之。

世多以孔子仅言仁,至孟子始盛言义,此非知孔孟者也。《论语》曰:君子之于天下也,无适也,无莫也,义之与比。此非孔子之言义乎?他如君子喻于义、小人喻于利,见利思义诸语,更孟学所自出。不得以《吕氏春秋》谓孔子贵仁一语(《吕氏春秋·不二篇》),区孔孟之学也。《易·系》曰:立人之道,曰仁与义。又曰:精义入神,以致用也。人道以仁义而立,故君子精于此,以判断天下事,即以此判断史事,其说固一贯者。人道何由立?则可以《家人》象辞证之。《家人·象》曰:家人,女正位乎内,男正位乎外。男女正,天地之大义也。家人有严君焉,父母之谓也。父父、子子、兄兄、弟弟、夫夫、妇妇,而家道正。正家而天下定矣。世或以此只言家族伦理,若于社会国家无涉。不知自春秋以迄后世史事,孰非以正而治以不正而乱?即逮晚近斯义犹未变也。说《家人》卦,故不及君臣,然其义正与《论语》孔子对齐景公曰君君臣臣父父子子之义相通。孔子之重正名,《春秋》之道名分,皆此义也。齐景公虽非令主,然闻孔子之言,亦知君不君臣不臣父不父子不子,虽有粟吾得而食诸?其言之痛切,可发人深长思矣。

虽然,孔子治史,重在义理,亦非孔子所独创也。春秋贤者之治史,皆注重史义。观《春秋》内外传赵衰称郤縠之言,可以知其故矣。

《左传·僖公二十七年》:晋侯搜于被庐,作三军,谋元帅。

赵衰曰：郤縠可。臣亟闻其言矣，说礼乐而敦《诗》、《书》。《诗》、《书》，义之府也；礼乐，德之则也。德义，利之本也。（当时谋元帅，乃以说礼乐，敦《诗》、《书》，明德义为重。此是何等见解。）

《晋语》：文公问元帅于赵衰，对曰：郤縠可。行年五十矣，守学弥惇。夫先王之法志，德义之府也；夫德义，生民之本也。能惇笃者，不忘百姓也。

《诗》《书》礼乐先王法志皆历史也。当时之讲历史，重在能知德义之府，生民之本，不徒以诵述其事、研阅其文为尚也。故孔子治《春秋》，窃取其义，亦以示生民之本，使人不忘百姓耳。不知生民之本，德义之府，治史果何为乎？

准此以读《春秋》内外传，及先秦诸子，观其称引《诗》、《书》皆以明义，非矜博闻强识也。祭公谋父在穆王时，述《周颂》，即以明义。

《周语》：穆王将征犬戎，祭公谋父谏曰：不可。先王耀德不观兵。夫兵戢而时动，动则威，观则玩，玩则无震。是故周文公之颂曰：载戢干戈，载櫜弓矢，我求懿德，肆于时夏，允王保之。先王之于民也，懋正其德而厚其性（韦注：懋，勉也。性，情性也。案此语与《召诰》节性惟日其迈，及《卷阿》俾尔弥尔性，皆西周人讲性学之语。世谓孟子始盛言性者，亦未知其朔也），阜其财求而利其器用，明利害之乡以文修之。使务利而避害，怀德而畏威。故能保世以滋大。

楚庄王在春秋时，举《周颂》而阐其义，尤详。由此类推，始知赵衰所谓义府及为大将必守学弥惇者之故。

《左传》宣公十二年：楚重至于邲，遂次于衡雍。潘党曰："君盍筑武军而收晋尸，以为京观。臣闻克敌必示子孙，以无忘武功。"楚子曰："非尔所知也。夫文止戈为武。（今人考甲骨文，谓古武字盖言人之步武，从两止，不作止戈。然由两止之武，演变而为止戈之武，不得谓此语为非。）武王克商，作颂曰：载戢干戈，载櫜弓矢，我求懿德，肆于时夏，允王保之。又作《武》，其卒章曰：耆定尔功。其三曰：铺时绎思，我徂惟求定。其六曰：绥万邦，屡丰年。夫武，禁暴、戢兵、保大、定功、安民、和众、丰财者也，故使子孙无忘其章。今我使二国暴骨，暴矣。观兵以威诸侯，兵不戢矣。暴而不戢，安能保大？犹有晋在，焉得定功？所违民欲犹多，民何安焉？无德而强争诸侯，何以和众？利人之几而安人之乱以为己荣，何以丰财？武有七德，我无一焉。何以示子孙？其为先君宫，告成事而已，武非吾功也。古者明王伐不敬，取其鲸鲵而封之，以为大戮，于是乎有京观，以惩淫慝。今罪无所，而民皆尽忠以死君命，又何以为京观乎？"祀于河，作先君宫，告成事而还。

至孔门论学，博引《诗》、《书》，推阐义理者尤多。《大学》之教，皆《诗》、《书》之义。其言明德新民止善者，皆自《诗》、《书》得之也。

《大学》：《诗》云：瞻彼淇澳，绿竹猗猗，有斐君子，如切如磋，如琢如磨，瑟兮僴兮，赫兮喧兮，有斐君子，终不可喧兮。

如切如磋者,道学也。(者下诸语,皆《诗》之讲义。其体例如《周语》叔向声《昊天有成命》,《鲁语》叔孙穆子释《皇皇者华》,皆逐字逐句说明其义。)如琢如磨者,自修也。瑟兮僴兮者,恂栗也。赫兮喧兮者,威仪也。有斐君子终不可喧兮者,道盛德至善民之不能忘也。《诗》云:於戏,前王不忘。君子贤其贤而亲其亲,小人乐其乐而利其利,此以没世不忘也。……《康诰》曰:克明德。《太甲》曰:顾諟天之明命。《帝典》曰:克明峻德。皆自明也。(由卫武公之诗,讲为学自修之义,上溯之《康诰》,上溯之《太甲》,再上溯之至《尧典》。所以言明德新民,为自尧以来相传之心法,舍此无所谓学也。故古本《大学》之次序,自有意义。以下又由汤《盘》、《康诰》而及周《诗》,盖其由后溯前,及由前至后二法。)汤之《盘铭》曰:苟日新,日日新,又日新。《康诰》曰:作新民。《诗》曰:周虽旧邦,其命惟新。是故君子无所不用其极。……《诗》云:缗蛮黄鸟,止于丘隅。子曰:于止知其所止,可以人而不如鸟乎。《诗》云:穆穆文王,於缉熙敬止。为人君止于仁,为人臣止于敬,为人子止于孝,为人父止于慈,与国人交止于信。(此可见新民止善皆从《诗》义得来。)

至如引《康诰》、《楚书》、《秦誓》,或申述其语,或第述其辞,不必引申而义自见。古之大学,春秋教以礼乐,冬夏教以《诗》、《书》者,惟此义也。

《大学》:《康诰》曰:惟命不于常。道善则得之,不善则失之矣。(此即五德代兴,不私一姓之说所由来,其言最深切沈挚。下引《楚书》舅犯之言及《秦誓》,不加引申,而总结以唯仁人能爱人能恶人,又曰:好人之所恶,恶人之所好,是谓拂人之性,菑必逮夫身。又曰:必忠信以得之,骄泰以失之。得失鉴戒,使人懔然。)

司马迁于六艺,屡言不一言,而所举有别义,有通义。《自序》称《易》著天地阴阳四时五行,故长于变;《礼经》纪人伦,故长于行;《书》记先王之事,故长于政;《诗》记山川溪谷、禽兽草木、牝牡雌雄,故长于风;《乐》乐所以立,故长于和;《春秋》辨是非,故长于治人。是故《礼》以节人,《乐》以发和,《书》以道事,《诗》以达意,《易》以道化,《春秋》以道义。拨乱世反之正,莫近于《春秋》。历举六艺,分两层说明,而归重于《春秋》,此别义也。《滑稽列传序》:孔子曰:六艺于治,一也。《礼》以节人,《乐》以发和,《书》以道事,《诗》以达意,《易》以神化,《春秋》以道义。太史公曰:天道恢恢,岂不大哉!谈言微中,亦可以解纷。其文若与《自序》重复,实则举孔子之言,以明其通义也。六艺之形式不同,然其义理之关于政治则一。故曰六艺于治一也。不知此义,不能知中国史学之根本,亦即不知中国一切学术之根本。故史公一再言之,而其通义不发于他传,独于《滑稽列传》发之,最为可以注意。滑稽者最无关于政治者矣,史公以为世变迁流,有国者已不知正义,故不可以庄语,而仅可以谈笑讽之,其于政化何如哉。既为此传,恐学者不喻其义,特举孔子之言,庄严郑重而出之,所以示学者治史宜观其通也。然犹不独此也。《司马相如传赞》曰:《春秋》推见至隐,《易》本隐以之显,《大雅》言王公大人,而德逮黎庶,《小雅》讥小己之得失,其流及上。所以言虽外殊,其合德一也。则更明白表示《诗》、

《易》与《春秋》之义相通,不可拘泥于形式。观王公大人之言可以推之黎庶,观小己之得失可以知政教之迁流。其言何等显豁呈露!使治史者明于此义,自不至病吾国史籍只述朝政不及民众社会,目为帝王家谱;更不至以帝王制度已更,谓《资治通鉴》为帝王教科书,而今之学者不必研究矣。司马相如一文人耳,然《子虚》、《上林》诸赋,可与《大、小雅》比较其时代之变迁,读史者即可推见汉武之至隐。故就相如一文人说明《易》、《诗》、《春秋》相通之大义。不举《书》、《礼》者,《书》、《礼》之形式,世人多知为史,不必赘述也。合《司马相如传赞》与《滑稽列传序》观之,始可以悟史公郑重说明六艺通义,在即小以见大,举此以例彼。治经史者由此悟入,则知类通达,不为形式所囿矣。班书无滑稽传而《相如传》犹钞史公之语,至与《诗》之风谏何异,而续以扬雄之言。则专就相如论相如,非史公即相如推阐六艺相通之义。夫就相如论相如,专以《大、小雅》引起可矣,何必及《易》、《春秋》乎?又班书删去言虽外殊之外字,作所言虽殊,是固明了,而外字实极可注意。外者今之所谓表面也,表面虽殊,内容相通,故曰言虽外殊,其合德一也。范书以降,恒有《文苑传》,而如班、张、崔、蔡、韩、柳、欧、苏之类,皆为特传,不列于文苑,固亦可观社会之风尚。然本马、班之体而扩充之,实未喻马之用意也。

　　《易》之为书,一卦一爻一言一象,皆本隐以之显也。姑举《乾》、《坤》两爻以示例。如《乾》上九亢龙有悔,此义隐约,未易明也。《文言》释之曰:亢之为言也,知进而不知退,知存而不知亡,知得而不知丧,其唯圣人乎!知进退存亡而不失其正者,其唯圣人乎!以观史事所赅多矣。自嬴政、项羽、王莽、董卓、苻坚、萧衍、杨广、完颜亮以迄近世袁世凯、曹锟之失败,推之亚历山大、该撒、拿

史义第七

破仑、威廉第二,及近之德、义、日诸侵略者,孰非坐此病乎?又如商鞅、白起、王安石、张居正诸人,其进退得失之迹不同,而其未得其正一也。由此观之显矣。又如《坤》初六履霜坚冰至,亦寻常之现象耳。《文言》释之曰:积善之家,必有馀庆;积不善之家,必有馀殃。臣弑其君,子弑其父,非一朝一夕之故,其所由来者渐矣,由辨之不早辨也。遍衡史事,不可胜举。其发之于《坤》之初爻者,戒女祸也。观《史》、《汉》外戚传序,及恽敬论《唐书》之言,何其显也。

《史记·外戚世家序》:自古受命帝王及继体守文之君,非独内德茂也,盖亦有外戚之助焉。夏之兴也以涂山,而桀之放也以末喜;殷之兴也以有娀,纣之杀也嬖妲己;周之兴也以姜原及太任,而幽王之禽也淫于褒姒。故《易》基《乾》、《坤》,《诗》始《关雎》,《书》美厘降,《春秋》讥不亲迎。夫妇之际,人道之大伦也。礼之用,唯婚姻为兢兢。夫乐调而四时和,阴阳之变,万物之统也,可不慎欤!人能弘道,无如命何。甚哉妃匹之爱,君不能得之于臣,父不能得之于子,况卑下乎?既欢合矣,或不能成子姓;能成子姓矣,或不能要其终,岂非命也哉!孔子罕言命,盖难言之,非通幽明之变,恶能识乎性命?(《汉书》直录其文,盖深取之也。史公自谓究天人之际,此论即其究天人之际之言。如纪孝惠后曰:吕太后以重亲故,欲其生子万方,终无子。又纪陈皇后曰:陈皇后求子,与医钱凡九千万,然竟无子。故有欢合而不能成子姓,成子姓或不能要其终之语,以戒世之妄意人力一切可为者。)

恽敬《驳朱锡鬯书杨太真传后》:《唐书·玄宗纪》开元二

十五年四月乙丑，废太子瑛及鄂王瑶、光王琚为庶人，皆杀之。十二月丙午，惠妃武氏薨。二十八年十月甲子，以寿王妃杨氏为道士，号太真。天宝四载八月壬寅，立太真为贵妃。数事皆大恶，皆日之，此史家之慎也。（《春秋》日不日皆有义，后史不甚注意，故读史者亦多忽之。恽氏于此，以《春秋》之法推史义，亦示履霜之义。）

《春秋》推见至隐，盖史公承董仲舒之学。董氏《贤良策》曰：案《春秋》之文，求王道之端，得之于正。正次王，王次春。春者，天之所为也。正者，王之所为也。其意曰：上承天之所为而下以正其所，为正王道之端云尔。又曰：谓一为元者，视大始而欲正本也。《春秋》深探其本而反自贵者始，故为人君者，正心以正朝廷，正朝廷以正百官，正百官以正万民，正万民以正四方；四方正远近莫敢不壹于正，而亡有邪气奸其内者。又曰：孔子作《春秋》，上揆之天道，下质诸人情，参之于古，考之于今。故《春秋》之所讥，灾害之所加也；《春秋》之所恶，怪异之所施也。书邦家之过兼灾异之变，以此见人之所为，其美恶之极，乃与天地流通而往来相应，此亦言天之一端也。读《司马相如传赞》，必以《董仲舒传》参之，然后知史公所指。《史记·儒林传·仲舒传》不载此文，然《自序》载其《春秋》之学闻之董生。故知推见至隐之义，即仲舒《贤良策》之意也。

近人讲史学，不知推本《春秋》，漫曰《春秋》是经非史。而中国史学之根本不明，惟就史以求史，故其于《史》、《汉》亦不解所谓。不但于《史》、《汉》不知所谓也，即众所似甚崇拜之史学家，若章氏之《文史通义》，主要之语，亦不能解矣。章氏《史德篇》有一最精

史义第七

之语曰：史之义出于天。讲章氏史学者不闻标举此义也。惟章氏解此，故于《文史通义》为《原道》三篇，究其说之由来，亦即从董氏《贤良策》道之大原出于天一语而来。故董子、史公之讲《春秋》，直至清代章实斋之讲史学，一脉相承，无二义也。夫谓道之大原出于天，闻者既若廓落而无当；谓史之义出于天，读者亦且茫昧而不解。是又可以董子之言解之。《春秋繁露·玉杯篇》曰："人受命于天，有善善恶恶之性，可养而不可改，可豫而不可去，若形体之可肥臞而不可得革也。"是故史之为书，所以善善恶恶也。善善恶恶者，人之性而受命于天者也。吾国之为史者，其浅深高下固亦不齐，而由经典相传，以善善恶恶之性从事于史则一。实斋有见于此，故为史家说明第一义曰：史之义出于天。即刘知幾之论史，其斤斤于史法史笔者，何一不本善善恶恶？故曰：向使世无竹帛，时阙史官，虽尧、舜之与桀、纣，伊、周之与莽、卓，夷、惠之与跖、蹻，商、冒之与曾、闵，但一从物化，坟土未干，则善恶不分，妍媸永灭者矣。苟史官不绝，竹帛长存，则其人已亡，杳成空寂，而其事如在，皎同星汉。用使后之学者，坐披囊箧，而神交万古，不出户庭，而穷览千载，见贤而思齐，见不贤而内自省。若乃《春秋》成而逆子惧，南史至而贼臣书。其纪事载言也则如此，其劝善惩恶也又如彼。由斯而言，则史之为用，其利甚溥，乃生人之急务，国家之要道，有国有家者，其可缺之哉！（《史通·史官建置篇》）是则人性必变而恶善善恶，吾国史义，乃可摧毁不谈；否则无从变更此定义也。

《易》义有恒有变，史义亦有正有变。知其变方能识其正。《穀梁传》最重正变之义，有明正，有复正，有变之正。

《穀梁传》：僖公四年春王正月，公会齐侯、宋公、陈侯、卫侯、郑伯、许男、曹伯侵蔡,蔡溃。 侵,浅事也。侵蔡而蔡溃,以桓公为知所侵也。不土其地,不分其民,明正也。

又,昭公五年,舍中军。 贵复正也。……定公八年,从祀先公。 贵复正也。……十四年,天王使石尚来归脤。 石尚欲书《春秋》,谏曰:久矣周之不行礼于鲁也,请行脤。贵复正也。

又,僖公五年秋八月,诸侯盟于首戴。 桓,诸侯也,不能朝天子,是不臣也。王世子,子也,块然受诸侯之尊已而立乎其位,是不子也。桓不臣,王世子不子,则其所善焉何也?是则变之正也。天子微,诸侯不享觐。桓控大国,挟小国,统诸侯,不能以朝天子,亦不敢致天王。(此即以晋文公召王相比,而见其正。亦可以证《论语》所谓晋文公谲而不正,齐桓公正而不谲之义。)尊王世子于首戴,乃所以尊天王之命也。世子含王命,会齐桓,亦所以尊天王之命也。世子受之可乎?是亦变之正也。……襄公二十九年,仲孙羯会晋荀盈、齐高止、宋华定、卫世叔仪、郑公孙段、曹人、莒人、邾人、滕人、薛人、小邾人城杞。 古者天子封诸侯,其地足以容其民,其民足以满城以自守也。杞危而不能自守,故诸侯之大夫相帅以城之,此变之正也。……昭公三十二年冬,仲孙何忌会晋韩不信、齐高张、宋仲几、卫太叔申、郑国参、曹人、莒人、邾人、薛人、杞人、小邾人城成周。天子微,诸侯不享觐。天子之在者,惟祭与号。故诸侯之大夫相帅以城之,此变之正也。

盖自开篇正隐治桓,明《春秋》之贵义不贵惠,信道不信邪以下,凡种种不正之事,均以其文之变者示其正义。此所谓《春秋》以道义也。

　　《穀梁传》：隐公元年春王正月。　虽无事，必举正月，谨始也。公何以不言即位？（史家正格，公即位必书即位。《春秋》开卷不书公即位，即以示变义。）成公志也。焉成之，言君之不取为公也。君之不取为公，何也？将以让桓也。让桓正乎？曰不正。（此全书皆论正不正之发端。）《春秋》成人之美，不成人之恶，隐不正而成之，何也？将以恶桓也。其恶桓何也？隐将让而桓弑之，则桓恶矣；桓弑而隐让，则隐善矣。（此普通人所能解之善恶，而君子于善恶必推见至隐，故与常解异。）善则其不正焉何也？《春秋》贵义而不贵惠，信道而不信邪。

　　又，桓公元年春王。　桓无王。（二年传曰：桓无王。其曰王，何也？正与夷之卒也。十年传曰：桓无王。其曰王，何也？正终生之卒也。此外皆无王。至十八年始桓如齐遇弑始言王。）其曰王，何也？谨始也。其曰无王，何也？桓弟弑兄，臣弑君，天子不能定，诸侯不能救，百姓不能去，以为无王之道，遂可以至焉尔。（去王字，以见自天子至百姓，皆失其正。是为无王之道，然犹必以王道正之，故发此义。）元年有王，所以治桓也。正月，公即位。继故不言即位，正也。继故不言即位之为正，何也？曰：先君不以其道终，则子弟不忍即位也。继故而言即位，则是与闻乎弑也。（此所谓推见至隐。）继故而言即位是为与闻乎弑，何也？曰先君不以其道终，已正即位之道而即位，是无恩于先君也。

　　又，隐公四年，卫人立晋。　卫人者，众辞也。立者，不宜立者也。晋之名,恶也。其称人以立之,何也?得众也。得众则是贤也。贤则其曰不宜立何也?《春秋》之义,诸侯与正而不与贤也。(晋既得众,即常人所共称之贤。《春秋》以为其立不正,故恶之,其义之严如此。)……十年六月辛未,取郜。辛巳,取防。 取邑不日,此其日,何也?不正其乘败人而深为利,取二邑,故谨而日之也。……宋人、蔡人、卫人伐戴,郑伯伐取之。不正其因人之力而易取之,故主其事也。(因人之力而易取之,是《春秋》所谓不正。)……桓公五年,天王使任叔之子来聘。任叔之子者,录父以使子也。故微其君臣,而著其父子,不正父在子代仕之辞也。……八年祭公来,遂逆王后于纪。 其不言使,何也?不正其以宗庙之大事,即谋于我,故弗与使也。……庄公二十三年,祭叔来聘。其不言使,何也?天子之内臣也,不正其外交故不与使也。……僖公四年,齐人执陈辕涛涂。 齐人者,齐侯也。其人之何也?于是哆然外齐侯也,不正其逾国而执也。……二十三年春,齐侯伐宋围闵。伐国不言围邑,此其言围,何也?不正其以恶报恶也。(以恶报恶,亦常人所谓正,而在《春秋》则不正。)……二十五年卫侯毁灭邢。毁之名,何也?不正其伐本,而灭同姓也。……二十七年冬,楚人、陈侯、蔡侯、郑伯、许男围宋。楚人者,楚子也。其曰人,何也?人楚子所以人诸侯也。其人诸侯,何也?不正其信夷狄而伐中国也。……昭公十二年晋伐鲜虞。 其曰晋,狄之也。其狄之,何也?不正其与夷狄交伐中国,故狄称之也。……定公四年十一月庚辰,吴入楚。 何以谓之吴也?狄之也。何谓狄之也?君居其君之寝,而妻其君之妻;大夫居其大夫之寝,而妻其大夫之妻。盖有欲妻楚王之母者,不正其乘败人之绩，而深为利，居人之国，故狄之也。

《左氏传》两举《春秋》之称，亦以言其变义。

《左传》成公十四年：君子曰：《春秋》之称，微而显，志而晦，婉而成章，尽而不污，惩恶而劝善，非圣人谁能修之。

又，昭公三十一年：君子曰：名之不可不慎也如是夫，有所有名而不如其已。以地叛，虽贱，必书地，以名其人，终为不义，弗可灭已。是故君子动则思礼，行则思义，不为利回，不为义疚。或求名而不得，或欲盖而名章，惩不义也。齐豹为卫司寇，守嗣大夫，作而不义，其书为盗。（昭公二十年《经》：秋盗杀卫侯之兄絷。杜注：齐豹作而不义，故书曰盗。所谓求名而不得。）邾庶其（襄公二十一年《经》：邾庶其以漆闾丘来奔）、莒牟夷（昭公五年《经》：夏，莒牟夷以牟娄及防兹来奔）、邾黑肱（是年《经》：冬，黑肱以滥来奔），以土地出，求食而已，不求其名，贱而必书。此二物者，所以惩肆而去贪也。若艰难其身，以险危大人，而有名章彻，攻难之士，将奔走之。（此似预戒桓温以遗臭万年为大丈夫之意。）若窃邑叛君，以徼大利而无名，贪冒之民，将寘力焉。是以《春秋》书齐豹曰盗，三叛人名，以惩不义，数恶无礼，其善志也。故曰：《春秋》之称，微而显，婉而辨。上之人能使昭明，善人劝焉，淫人惧焉，是以君子贵之。

杜预《春秋左氏传序》：故发传之体有三，而为例之情有五。一曰微而显，文见于此而起义在彼。称族尊君命、舍族尊夫人、梁亡城缘陵之类，是也。二曰，志而晦，约言示制，推以知例。参会不地、与谋曰及之类是也。三曰婉而成章,曲从义训,以示大顺。诸所讳辞、璧假许田之类是也。四曰尽而不污,直书其事,具文见意。丹楹刻桷、天王求车、齐侯献捷之类是也。(观杜此说,可见凡谓《春秋》直书其事、万恶自见者,乃五种之一,不足以尽《春秋》全书之义也。)五曰惩恶而劝善,求名而亡,欲盖而章。书齐豹盗、三叛人名之类是也。推此五体,以寻经传触类而长之,附于二百四十二年行事,王道之正,人伦之纪备矣。

《公羊传》言:异辞同辞,尤以见其变义。

《公羊传》:隐公元年:公子益师卒。 何以不日,远也。所见异辞,所闻异辞,所传闻异辞。……桓公二年三月,公会齐侯、陈侯、郑伯于稷,以成宋乱。 内大恶讳,此其目言之何,远也。所见异辞,所闻异辞,所传闻异辞。

又,隐公七年春王三月,滕侯卒。 何以不名?微国也。微国则其称侯何?不嫌也。《春秋》贵贱不嫌同号,美恶不嫌同辞。

何休《公羊解诂》:所见者,谓昭、定、哀,己与父时事也。所闻者,谓文、宣、成、襄,王父时事也。所传闻者,谓隐、桓、庄、闵、僖,高祖、曾祖时事也。异辞者,见恩有厚薄,义有深浅。时恩衰义缺,将以理人伦序人类,因制治乱之法。故于所见之世,恩己与父之臣尤深。大夫卒,有罪无罪皆日录之,丙申季孙隐如卒是也。于所闻之世,王父之臣,恩少杀。大夫卒,无罪者日录,有罪者不日,略之,叔孙得臣卒是也。于所传闻之世,高祖、曾祖之臣,恩浅。大夫卒,有罪无罪,皆不日,略之也,公子益师无骇卒是也。于所传闻之世,见治起于衰乱之中,用心尚粗觕,故内其国而外诸夏。先详内而后治外,录大略小,内小恶书,外小恶不书,大国有大夫,小国略称人,内离会书,外离会不书是也。于所闻之世,见治升平,内诸夏而外夷狄,书外离会,小国有大夫,宣十一年秋晋侯会狄于攒函,襄二十三年邾娄鼻我来奔是也。至所见之世,著治太平,夷狄进至于爵,天下远近大小若一,用心尤深而详,故崇仁义,讥二名,晋魏曼多仲孙何忌是也。

又,贵贱不嫌者,通同号称也。若齐亦称侯,滕亦称侯,微者亦称人,贬亦称人,皆有起文,贵贱不嫌同号是也。(杨疏:滕侯卒不名,下恒称子,起其微也。齐侯恒在宋公之上,起其大也。宋人盟于宿不书日,亦起微也。郑人来输平称人者其国辞起其贬之,故曰皆有起文也。)若继体君亦称即位,继弑君亦称即位,皆有起文,美恶不嫌同辞是也。滕微国,所传闻之世,未可卒。所以称侯而卒者,《春秋》王鲁,托隐公以为始受命王。滕子先朝隐公,《春秋》褒之以礼,嗣子得以其礼祭,故称侯见其义。

《春秋繁露》尤专言变义,诸所论难,不可胜举,约录二则,以示经权。孔子称舜择两端而用中,又自称叩两端而竭焉。义有相反而相成者,非合两端而言,不能知因时制宜之义也。

《春秋繁露·竹林》:难者曰:《春秋》之书战伐也,有恶有善也。恶诈击而善偏战,耻伐丧而荣复仇。奈何以春秋为无义战,而尽恶之也?曰:凡《春秋》之记灾异也,虽亩有数茎,犹谓之无麦苗也。今天下之大,三百年之久战攻侵伐,不可胜数,而复仇者有二焉。(庄公四年纪侯大去其国,传曰:曷为不言齐灭之?为襄公讳也,复仇也。又九年,及齐师战于乾时,我师败绩。传曰:内不言败,此其言败何?复仇也。何氏云:复仇以死败为荣,故录之。)是何以异于无麦苗之有数茎哉!不足以难之,故谓之无义战也。以无义战为不可,则无麦苗亦不可也。以无麦苗为可,则无义战亦可矣。若《春秋》之于偏战也,善其偏不善其战,有以效其然也。《春秋》爱人,而战者杀人,君子奚说善杀其所爱哉!故《春秋》之于偏战也,犹其于诸夏也。引之鲁则谓之外,引之夷狄则谓之内。(成十五年《传》曰:《春秋》内其国而外诸夏,内诸夏而外夷狄。)比之诈战,则谓之义;比之不战,则谓之不义。故盟不如不盟,然而有所谓善盟;战不如不战,然而有所谓善战。不义之中有义,义之中有不义。辞不能及,皆在于指。非精心达思者,其孰能知之。

又,《精华》:难者曰:《春秋》之法,大夫无遂事。(见僖三十年《传》,事见下。)又曰:出境有可以安社稷利国家者,则专之可也。(见庄十九年《传》。)又曰:大夫以君命出,进退在大夫也。(襄十九年,晋士匄侵齐至谷,闻齐侯卒乃迁传。)又曰:闻丧徐行而不反也。(宣八年,公子遂如齐,至黄乃复传。)夫既曰无遂事矣,又曰专之可也;既曰进退在大夫矣,又曰徐行而不反也,若相悖然,是何谓也?曰:四者各有所处,得其处则皆是也,失其处则皆非也。《春秋》固有常义,又有应变。无遂事者,谓平生安宁也;专之可也者,谓救危除患也;进退在大夫者,谓将率用兵也;徐行不反者,谓不以亲害尊,不以私妨公也。此之谓将,得其私,知其指。故公子结受命,往媵陈人之妇于鄄,道生事,从齐桓盟。《春秋》弗非,以为救庄公之危。(庄十九年)公子遂受命使京师,道生事,之晋。《春秋》非之,以为是时僖公安宁无危。(僖卅年)故有危而不专救,谓之不忠;无危而擅生事,是卑君也。故此二臣俱生事,《春秋》有是有非,其义然也。

择两端之中,明相反之义,而后可以治经,可以治史,而后可以无适无莫,而立人之义于天下。如孔子称微子、箕子、比干为三仁,而又曰桓公九合诸侯,不以兵车,管仲之力也,如其仁,如其仁。则管仲之不死子纠,不似匹夫匹妇之谅,不得以殷之三仁病之。此所谓夫言岂一端而已,夫各有所当也。(尊王是一义,讥贬天王又是一义;为尊者讳为亲者讳是一义,正隐治桓又是一义;卫诸夏攘夷狄是一义,诸侯用夷礼则夷之、戎狄进于中国则中国之又是一义。此所谓无适无莫也。后史不知此义,故南、北各史及宋、金之史,多事讳饰。赵瓯北尝历举之。今人言史,亦多适莫。震于富强,则咸称吾国之能辟地而尚武功;病于侵略,则偏重吾族尚和平而泯种异。皆适莫之见。)《春秋》之义,《三传》各以师说阐发几罄,虽有龃龉,要当观其会通。第尚有一义,自来经师,犹未尽了,而在今日不得不辨者。如《左氏传·文公十七年》曰:宋人弑其君杵臼,君无道也。宣公四年曰:郑公子归生弑其君夷,权不足也。君子曰:仁而不武,无能达也。凡弑君称君,君无道也;称臣,臣之罪也。盖言为君为臣,皆须各尽其道,臣不可以犯义而弑君,君亦不可无道以致弑。二义不相反而相成。杜氏《释例》言之甚当。

《春秋释例》卷三:书弑例第十五。天生民而树之君,使司牧之,群物所以系命也。故戴之如天地,亲之如父母,仰之如日月,事之如神明。其或受雪霜之严,雷申之威,则奉身归命,有死无贰。故传曰:君,天也。天可逃乎?此人臣所执之常也。然本无父子自然之恩,未有家人习玩之爱,高下之隔悬殊,壅塞之否万端,是以居上者降心以察下,表诚以威之,然后能相亲也。若亢高自肆,群下绝望,情义圮隔,是谓路人,非君臣也。人心苟离,则位号虽存,无以自固。故传例曰:凡弑君:称君,君无道;称臣,臣之罪。称君者,惟书君名,而称国称人以弑,言众之所共绝也。称臣者,谓书弑者主名,以垂来世。终为不义,而不可赦也。然君虽不君,臣不可以不臣。故宋昭之恶,罪及国人。晋荀林父讨宋曰:何故弑君?犹立文公还。深见贬削,诸怀贼乱以为心者,固不容于诛也。

清儒焦循、陈澧、皮锡瑞,皆集矢杜氏,以杜仕司马氏,故以经义为魏、晋事解。(见焦循《左传补疏》、陈澧《东塾读书记》、皮锡瑞《春秋通论》。)不知杜氏仕晋是一事,《左氏》凡例是一事。此例之义以《鲁语》证之,即可知其为周、鲁相承史法。

《国语·鲁语》:晋人杀厉公,边人以告,成公在朝,公曰:臣杀其君,谁之过也?大夫莫对。里革曰:君之过也。夫君人者,其威大矣。失威而至于杀,其过多矣。且夫君也者,将牧民而正其邪者也。若君纵私回而弃民事,民旁有慝,无由省之,益邪多矣。若以邪临民,陷而不振,用善不肯专,则不能使,至于殄灭,而莫之恤也,将安用之?桀奔南巢,纣踣于京,厉流于彘,幽灭于戏,皆是术也。夫君也者,民之川泽也。行而从之,美恶皆君之由,民何能为焉?(里革是鲁史官,其言如此。知《左传》之凡例,是鲁史之旧。且必有所受,不始于里革也。然此是专责人君之义。《晋语》:宋人弑昭公,赵宣子请师于灵公以伐宋,公曰:非晋国之急也。对曰:大者天地,其次君臣,所以为明训也。今宋人弑其君,是反天地而逆民则也,天必诛焉。晋为盟主而不修天罚,将惧及焉?公许之。若与里革之言相勘,则二义并行而不悖。)

合之师旷谓卫君实甚(《左传》襄公十四年:晋侯曰:卫人出其君,不亦甚乎?对曰:或者其君实甚。已见《史权篇》),**晏婴谓君民者岂以陵民**,《春秋》**贤者论为君之义,若是之严**。

《左传》襄公二十五年:崔氏弑君,晏子立于崔氏之门外,其人曰:死乎?曰:独吾君也乎哉,吾死也。曰:行乎?曰:吾罪也乎哉,吾亡也。曰:归乎?曰:君死安归?君民者岂以陵民,社稷是主;臣君者岂为其口实,社稷是养。故君为社稷死则死之,为社稷亡则亡之。若为己死而为己亡,非其私暱,谁敢任之?

即《公》、《穀》二传,于称国以弑,亦归罪于其君。

《公羊传》文公十八年:莒弑其君庶其,称国以弑何?称国以弑者,众弑君之辞。

《穀梁传》成公十八年:晋弑其君州蒲,称国以弑其君,君恶甚矣。

后儒误泥孟子乱臣贼子惧一语,遂若归恶于君,乃助乱贼张目。不知圣哲之意,儆戒君臣,各使有所警惕,初无所畸轻畸重。故孟子曰:闻诛一夫纣矣,未闻弑君也。又曰:君之视臣如犬马,则臣视君如寇仇。经子大义,何尝专重尊君抑臣。后世君权日尊,儒生囿于所习,乃举古义而忘之。昧者不察,乃以尊君抑臣,诟病儒家。而人伦大义,愈以不明。视吾国所谓君者,皆若路易十四所谓朕即国家一切惟其暴戾残虐者然,而岂知吾国圣哲典训,裁制君权,实不亚于他国之宪法。且非独经传为然也,史公《自序》有曰:故有国者不可以不知《春秋》。前有谗而弗见,后有贼而不知。又曰:为人君父而不通于《春秋》之义者,必蒙首恶之名,何尝专戒臣子哉!(史公之言,本《春秋繁露》引子夏之言。)

学者读中国史籍,必先明吾国古代君臣之义,而后于秦汉以降君主制度演变之得失,始有一正确之权衡。其主要之语曰:天生民而立之君,使司牧之。(师旷语,见前。)故曰:民为贵。得乎丘民而为天子。其他以民为主之精言,不可缕举。《吕氏春秋》虽有长出于争之语,

《吕氏春秋·荡兵篇》:未有蚩尤之时,民固剥林木以战矣,胜者为长。长则犹不足以治之,故立君。君又不足以治之,故立天子。天子之立也出于君,君之立也出于长,长之立也出于争。

而《恃君览》又曰：君道立则利出于群。且盛言无君之害，及德衰世乱，递兴递废之故。

《吕氏春秋·恃君览》：凡人之性，爪牙不足以自守卫，肌肤不足以扞寒暑，筋骨不足以从利辟害，勇敢不足以却猛禁悍。然且犹裁万物、制禽兽、服狡虫，寒暑燥湿弗能害，不惟先有其备而以群聚邪？群之可聚也，相与利之也。利之出于群也，君道立也。故君道立则利出于群，而人备可完矣。昔太古尝无君矣。其民聚生群处，知母不知父，无亲戚、兄弟、夫妻、男女之别，无上下长幼之道，无进退揖让之礼，无衣服履带宫室畜积之便，无器械舟车城郭险阻之备，此无君之患。故君臣之义不可不明也。自上世以来天下亡国多矣，而君道不废者，天下之利也。(《太平御览》六百二十作天下利之也。)故废其非君，而立其行君道者。君道何如？利而勿利章。(俞樾曰：君道以利而勿利为贵。)……四方之无君者，其民麋鹿禽兽，少者使长，长者畏壮，有力者贤，暴傲者尊，日夜相残，无时休息，以尽其类。圣人深见此患也，故为天下长虑莫如置天子也，为一国长虑莫如置君也。置君非以阿君也，置天子非以阿天子也，置官长非以阿官长也。德衰世乱，然后天子利天下，国君利国，官长利官。此国所以递兴递废也，乱难之所以时作也。故忠臣廉士，内之则谏其君之过也，外之则死人臣之义也。

《执一篇》又曰：一则治，两则乱。

《吕氏春秋·执一》：军必有将，所以一之也。国必有君，所以一之也。天下必有天子,所以一之也。天子必执一,所以抟之也。一则治,两则乱。今御骊马者,使四人操一策,则不可以出于门闾者,不一也。

盖人群之组织,必有一最高之机构,统摄一切,始可以谋大群之福利,一切礼法,皆从此出。而所谓君者,不过在此最高机构执行礼法,使之抟一不乱之人。而其臣民非以阿私独俾此权于一人,此一人者亦非以居此最高之机构为其私人之利。故孔孟皆曰:舜禹有天下而不与。苟言民主之真精神,殆莫此言若矣。顾亭林论周室班爵禄,最得古者立君之义。

《日知录》卷七"周室班爵禄":为民而立君,故班爵之意,天子与公侯伯子男一也,而非绝世之贵。代耕而赋之禄,故班禄之意,君卿大夫士与庶人在官一也,而非无事之食。是故知天子一位之义,则不敢肆于民上以自尊;知禄以代耕之义,则不敢厚取于民以自奉。不明乎此,而侮夺人之君,常多于三代之下矣。

黄梨洲《原君》、《原臣》、《原法》诸篇言之尤痛切。故读儒书者真知古义,洵有考诸三王而不谬百世,以俟圣人而不惑之境。然亦未易为执一者道。欲知斯义之两端,必合温公《通鉴》论与梨洲之言观之,乃知君位之不可私,与礼法之不可黩。而杜专制,绝乱萌,义各有当矣。

《通鉴》卷一论周命魏斯、赵籍、韩虔为诸侯曰:天子之职,

史义第七

莫大于礼,礼莫大于分,分莫大于名。何谓礼?纪纲是也。何谓分?君臣是也。何谓名?公侯卿大夫是也。夫以四海之广,兆民之众,受制于一人,虽有绝伦之力,高世之智,莫不奔走而服役者,岂非以礼为之纪纲哉!是故天子统三公,三公率诸侯,诸侯制卿大夫,卿大夫治士庶人,贵以临贱,贱以承贵。上之使下,犹心腹之运手足,根本之制支叶;下之事上,犹手足之卫心腹,支叶之庇本根。然后能上下相保,而国家相安。故曰:天子之职莫大于礼也。文王序《易》,以《乾》、《坤》为首。孔子系之曰:天尊地卑,乾、坤定矣,卑高以陈,贵贱位矣。言君臣之位,犹天地之不可易也。《春秋》抑诸侯,尊王室,王人虽微,序于诸侯之上,以是见圣人于君臣之际,未尝不惓惓也。非有桀纣之暴,汤武之仁,人归之,天命之,君臣之分,当守节伏死而已矣。是故以微子而代纣,则成汤配天矣;以季札而君吴,则太伯血食矣。然二子宁亡国而不为者,诚以礼之大节不可乱也。(吾国之礼,相当于外国之法。礼法既定,人所必遵,不可以人而变。如合众国选举之际,党魁可以依法竞选,及选举既定,竞选者恪谨服从。虽膺选之正任,卒然病故,惟可依法以其副继之,其先之竞选者,不得谓选举不过数月间事,吾仍可以号召众人重选也。)夫礼辨贵贱,序亲疏,裁群物,制庶事;非名不著,非器不形,名以命之,器以别之,然后上下粲然有伦,此礼之大经也。名器既亡,则礼安得独在哉!昔仲叔于奚有功于卫,辞邑而请繁缨,孔子以为不如多与之邑。惟名与器,不可以假人,君之所司也,政亡则国家从之。卫君待孔子而为政,孔子欲先正名,以为名不正则民无所措手足。夫繁缨,小物也,而孔子惜之;正名,细务也,而孔子先之:诚以名器既乱,则上下无以相保故也。夫事未有不生于微而成于著,圣人之虑远,故能谨其微而治之(此史学家所以贵识微);众人之识近,故必待其著而后救之。治其微则用力寡而功多,救其著则竭力而不能及也。《易》曰履霜坚冰至,《书》曰一日二日万几,谓此类也。故曰:分莫大于名也。(《通鉴》首揭此论,历代君王贤否不一,为其所恃以持其国者,舍此未由也。)呜呼!幽、厉失德,周道日衰,纲纪散坏,下陵上替,诸侯专征,大夫擅政,礼之大体什丧七八矣。然文武之祀,犹绵绵相属者,盖以周之子孙尚能守其名分故也。何以言之?昔晋文公有大功于王室,请隧于襄王,襄王不许,曰:王章也,未有代德而有二王,亦叔父之所恶也。不然,叔父有地而隧,又何请焉?文公于是惧而不敢违。是故以周之地,则不大于曹、滕;以周之民,则不众于邾、莒,然历数百年宗主天下。虽以晋、楚、齐、秦之强,不敢加者何哉?徒以名分尚存故也。至于季氏之于鲁,田常之于齐,白公之于楚,智伯之于晋,其势皆足以逐君而自为,然而卒不敢者,岂其力不足而心不忍哉?乃畏奸名犯分而天下共诛之也。今晋大夫暴蔑其君,剖分晋国,天子既不能讨,又宠秩之,使列于诸侯,是区区名分复不能守而并弃之也。先王之礼,于斯尽矣!或者以为当是之时,周室微弱,三晋强盛,虽欲勿许,其可得乎?是大不然。夫三晋虽强,苟不顾天下之诛,而犯义侵礼,则不请于天子而自立矣。不请于天子而自立,则为悖逆之臣,天下苟有桓文之君,必奉礼义而征之。今请于天子而天子许之,是受天子之命而为诸侯也,谁得而讨之?故三晋之列于诸侯,非三晋之坏礼,乃天子自坏之也。乌乎!君臣之礼既坏矣,则天下以智力相雄长,遂使圣贤之后为诸侯者,

《中华现代学术名著丛书》

【第一辑 四十种】

书名	作者
马氏文通	马建忠
国故论衡	章太炎
王国维文学论著三种	王国维
吴梅词曲论著四种	吴梅
中国中古文学史 汉魏六朝专家文研究	刘师培
中国文学批评史（上、下）	郭绍虞
甲骨文字释林	于省吾
中国俗文学史	郑振铎
汉语语音史	王力
红楼梦辨	俞平伯
中国韵文史	龙榆生
汉魏六朝诗论丛	余冠英
台湾通史（上、下）	连横
秦汉史	吕思勉
中国史学史	金毓黻
史学要论	李守常
中国通史简编（上、下）	范文澜
国史大纲（上、下）	钱穆
中国史纲（一、二卷）	翦伯赞
春秋史	童书业
魏晋南北朝史论丛	唐长孺
明清社会经济史论文集	傅衣凌
西夏史稿	吴天墀
中国伦理学史（外一种）	蔡元培
新唯识论	熊十力
东西文化及其哲学	梁漱溟
科学与玄学	罗志希
中国艺术精神	徐复观
论逻辑经验主义	洪谦
九朝律考	程树德
比较宪法	王世杰 钱端升
中国法律与中国社会	瞿同祖
中国民治论	鲍明钤
中国官僚政治研究	王亚南
通货新论	马寅初
中国经济思想史	唐庆增
中国厘金史	罗玉东
北平生活费之分析	陶孟和
论社会学中国化	吴文藻
第四种国家的出路	吴景超

【第二辑 三十种】

书名	作者
目录学发微 古书通例	余嘉锡
积微居小学金石论丛	杨树达
现代中国文学史（外一种:明代文学）	钱基博
等韵源流	赵荫棠
诗言志辨 经典常谈	朱自清
话本小说概论（上、下）	胡士莹

书名	作者
司马迁之人格与风格 道教徒的诗人李白及其痛苦	李长之
明清史讲义（上、下）	孟森
国史要义	柳诒徵
中国南洋交通史	冯承钧
通史新义	何炳松
魏晋清谈思想初论	贺昌群
中国救荒史	邓云特
认识论	张东荪
科学方法论 科学概论	王星拱
中国哲学史大纲	胡适
知识论（上、下）	金岳霖
法相唯识学	太虚
陈康：论希腊哲学	陈康
康德的知识学	齐良骥
中国文化的展望	殷海光
中国道教史	傅勤家
监狱学	孙雄
中国法制史概要	陈顾远
新政治学大纲	邓初民
财政学	何廉 李锐
中国之棉纺织业	方显廷
中国田制史	万国鼎
南洋华侨与闽粤社会	陈达
文化人类学	林惠祥

【第三辑 三十五种】

书名	作者
中国小说史略（外一种：汉文学史纲要）	鲁迅
现代吴语的研究	赵元任
古典新义	闻一多
谈艺录	钱锺书
唐诗综论	林庚
中古文学史论	王瑶
中国近三百年学术史（新校本）	梁启超
通鉴胡注表微	陈垣
隋唐制度渊源略论稿 唐代政治史述论稿	陈寅恪
中国古代社会研究	郭沫若
古史辨自序（上、下）	顾颉刚
安阳	李济
绿营兵志	罗尔纲
东汉的豪族	杨联陞
佛道散论	蒙文通
中国哲学史（上、下）	冯友兰
艺境	宗白华
西方美学史（上、下）	朱光潜
近代唯心论简释	贺麟
康德学述	郑昕
历代刑法考（上、下）	沈家本
中国商事法	刘朗泉
中国近百年政治史	李剑农
中国政治思想史（上、下）	萧公权
中国国民所得（一九三三年）（外一种：国民所得概论）	巫宝三
中国棉纺织史稿	严中平
当代中国社会学	孙本文
乡土中国 生育制度 乡土重建	费孝通
滕固美术史论著三种	滕固
中国古代服饰研究	沈从文
A GRAMMAR OF SPOKEN CHINESE	Yuen Ren Chao
中国话的文法	赵元任

MODERN DEMOCRACY IN CHINA	Mingchien Joshua Bau
中国民治主义	鲍明钤
THE GOVERNMENT AND POLITICS OF CHINA	Ch'ien Tuan-sheng
中国的政府与政治	钱端升
THE POST-WAR INDUSTRIALIZATION OF CHINA, INDUSTRIAL CAPITAL IN CHINA	H. D. Fong
战后中国之工业化 中国之工业资本	方显廷
LAW AND SOCIETY IN TRADITIONAL CHINA	T'ung-Tsu Ch'ü
中国法律与中国社会	瞿同祖

【第四辑 三十种】

中国旧小说考证	胡 适
文心雕龙札记	黄 侃
卢前曲论著三种	卢 前
孟姜女故事研究及其他	顾颉刚
中国目录学史	姚名达
校雠学	向宗鲁
唐五代西北方音	罗常培
中国文法要略	吕叔湘
清史探微	郑天挺
中国文化史（上、下）	陈登原
中国文化与中国的兵	雷海宗
佛学研究十八篇（校点本）	梁启超
中国景教	朱谦之
德国古典美学	蒋孔阳
神学四讲	赵紫宸
法律哲学导论	居 正
民国司法志	汪楫宝
国际法大纲	周鲠生
罗马法原论（上、下）	周 枏
马克思的政治思想	吴恩裕
欧美各国现行宪法析要	龚 钺
经济史：历史观与方法论	吴承明
从古典经济学派到马克思	陈岱孙
中国历史上的基本经济区	冀朝鼎
中国教育改造	陶行知
平民教育与乡村建设运动	晏阳初
中国教育制度沿革史	郭秉文
COTTON INDUSTRY AND TRADE IN CHINA	H. D. Fong
中国之棉纺织业	方显廷
KEY ECONOMIC AREAS IN CHINESE HISTORY	Ch'ao-Ting Chi
中国历史上的基本经济区	冀朝鼎
THE CHINESE SYSTEM OF PUBLIC EDUCATION	Ping Wen Kuo
中国教育制度沿革史	郭秉文

【第五辑 三十种】

词史	刘毓盘
元白诗笺证稿	陈寅恪
上古音研究	李方桂
从诗到曲（上、下）	郑 骞
训诂学概论	齐佩瑢
唐代进士行卷与文学 古诗考索	程千帆
南朝文学与北朝文学研究	曹道衡
先秦政治思想史	梁启超
中国史学通论	朱希祖
隋唐史	岑仲勉
中国地理学史（先秦至明代）	王成组
中国妇女生活史	陈东原
基督教与中国文化	吴雷川
中国天主教传教史概论	徐宗泽
道教史	许地山
论道	金岳霖
文化与人生	贺 麟

寄簃文存	沈家本
中国婚姻史	陈顾远
中国法律在东亚诸国之影响	杨鸿烈
孔门理财学	陈焕章
上海工业化研究	刘大钧
乡村建设理论	梁漱溟
中国经济原论	王亚南
金翼	林耀华
幼稚园教材研究 幼稚教育新论	张雪门
近代中国留学史 近代中国教育思想史	舒新城
THE ECONOMIC PRINCIPLES OF CONFUCIUS AND HIS SCHOOL	Chen Huan-Chang
孔门理财学	陈焕章
THE GROWTH AND INDUSTRIALIZATION OF SHANGHAI	D. K. Lieu
上海工业化研究	刘大钧
THE FINANCING OF PUBLIC EDUCATION IN CHINA	Ronald Yu Soong Cheng
中国教育财政之改进	陈友松

【第六辑 四十种】

齐如山国剧论丛	齐如山
先秦文学 中国文学史讲义	游国恩
中国文学批评史（上、下）	罗根泽
中国文学发展史（上、下）	刘大杰
宋元明讲唱文学	叶德均
晚照楼论文集	马茂元
汉书窥管	杨树达
欧化东渐史	张星烺
西域史地考古论集	黄文弼
中国疆域沿革史	顾颉刚 史念海
先秦诸子系年	钱 穆
古器物中的古代文化制度	徐中舒
中国社会之史的分析（外一种：婚姻与家族）	陶希圣
唐代长安与西域文明	向 达
古代神话与民族	丁 山
小屯、龙山与仰韶	梁思永
中国史纲	张荫麟
岳飞传	邓广铭
胡惟庸党案考	吴 晗
等不等观杂录	杨文会
欧阳竟无内外学	欧阳竟无
中国佛教史	蒋维乔
中国宗教思想史大纲	王治心
理学纲要	吕思勉
汉魏两晋南北朝佛教史	汤用彤
两汉经学今古文平议	钱 穆
墨学源流	方授楚
中国哲学大纲	张岱年
中国伶人血缘之研究 明清两代嘉兴的望族	潘光旦
中国乡约制度	杨开道
藏族宗教史之实地研究	李安宅
中国封建社会	瞿同祖
法律教育	孙晓楼
财政学总论	陈启修
社会主义经济论稿	孙冶方
变态心理学派别	朱光潜
旧石器时代之艺术	裴文中
中国教育财政之改进	陈友松
THE SYSTEM OF TAXATION IN CHINA IN THE TSING DYNASTY, 1644-1911	SHAO-KWAN CHEN
清代中国的税收制度	陈兆鲲
VILLAGE AND TOWN LIFE IN CHINA	L.K.Tao Y.K.Leong
中国的乡村与城镇生活	陶孟和 梁宇皋

史义第七

社稷无不泯绝；生民之类，糜灭几尽。岂不哀哉！

又二百二十：至德二载，李怀玉杀平卢节度使王宣志之子，推侯希逸为平卢军使，朝廷因以希逸为节度副使。节度使由军士废立自此始。……夫民生有欲，无主则乱，是故圣人制礼以治之。自天子诸侯，至于卿大夫士庶人，尊卑有分，大小有伦，若纲条之相维，臂指之相使。是以民服事其上，而下无觊觎。其在《周易》，上天下泽《履》，《象》曰：君子以辨上下，定民志。此之谓也。（今日民主国家，总统虽由民选，及履行职务，则国中官吏民众，罔不遵守其命令。依然天泽之义，民志所由定也。）凡人君所以能有其臣民者，以八柄存乎己也。（胡注引《周礼》八柄全文。）苟或舍之，则彼此之势均，何以使其下哉？肃宗遭唐中衰，幸而复国，是宜正其上下之礼，以纲纪四方。而偷取一时之安，不思永久之患。彼命将帅，统藩维，国之大事也，乃委一介之使，徇行伍之情，无问贤不肖，惟其所欲与者则授之。自是之后，积习为常，君臣循守，以为得策，谓之姑息。乃至偏裨士卒，杀逐主帅，亦不治其罪，因以其位任授之。然则爵禄废置，杀生予夺，皆不出于上而出于下，乱之生也，庸有极乎？（《吕氏春秋》曰一则治两则乱，即此义也。）且夫有国家者，赏善而诛恶，故为善者劝而为恶者惩。彼为人下而杀逐其上，恶孰大焉？乃使之拥旄秉钺，师长一方，是赏之也。赏以劝恶，恶其何所不至乎？《书》云：远乃猷。（《康诰》）《诗》云：猷之末远，是用大谏。（《大雅·板》）孔子曰：人无远虑，必有近忧。为天下之政，而专事姑息，其忧患可胜校乎？由是为下者，常眈眈焉伺其上，苟得间则攻而族之；为上者常惴惴焉畏其下，苟得间则掩而屠之，争务先发，以逞其志。非有相保养,为俱利久存之计也。如是而求天下之安,其可得乎?迹其厉阶,肇于此矣。盖古者治军必本于礼,故晋文公城濮之战,见其师少长有礼,知其可用。今唐治军而不顾礼,使士卒得以陵偏裨,偏裨得以陵将帅,则将帅之陵天子,自然之势也。由是祸乱继起,兵革不息,民坠涂炭,无所控诉,凡二百余年。(至德二载至宋太祖开宝元年,凡经二百一十年。)然后大宋受命,太祖始制军法,使以阶级相承,小有违犯,咸伏斧质。是以上下有叙,令行禁止,四征不庭,无思不服。宇内又安,兆民允殖,以迄于今。皆由治军以礼故也,岂非讨谋之远哉!(郤縠说礼乐而惇《诗》、《书》,始可为元帅,此古义也。王闿运《湘军志》曰:曾国藩首建义旗,终成大功,未尝自以为知兵。其所自负,独在教练。至今湘军尊上而知礼,畏法而爱民,犹可用也。则温公之言,及清季犹验矣。人之才德相悬,名位遂隔,礼也。礼之用必有阶级,惟居上者不能凭权位以虐下,居下者不能逞野心以叛上,各尽其道,方得礼意。而一切民众,自不惑于阶级斗争之说矣。)

又二百九十一:显德元年夏四月庚申,太师中书令瀛文懿王冯道卒。(书日书官书谥,皆讥之也。)下录欧阳修《五代史记论》,温公又论之曰:天地设位,圣人则之,以制礼立法。内有夫妇,外有君臣,妇之从夫,终身不改(此因欧公引王凝妻事故相承而言);臣之事君,有死无贰。此人道之大伦也,苟或废之,乱莫大焉。范质称冯道厚德稽古,宏才伟量,虽朝代贸迁,人无间言,屹若巨山,不可转也。(胡注:范质之为人,盖学冯道者也。)臣愚以为正女不从二夫,忠臣不事二君。为女不正,虽复华色之美,织纴之巧,不足贤矣;为臣不忠,虽复材智之多,治行之优,不足贵矣。何则?大节已亏故也。道之为相,历五朝八姓,若逆旅之视过客,朝为仇敌,暮为君臣,易面变辞,曾无愧怍。大节如此,虽有小善,庸可称乎?或以为自唐室之亡,群雄力争,帝王兴废,远者十余年,近者四三年,虽有忠智,将若之何?当是之时,失臣节者,非道一人,岂得独罪道哉?臣愚以为忠臣忧公如家,见危致命,君有过则强谏力争,国败亡则竭节致死。智士邦有道则见,邦无道则隐,或灭迹山林,或优游下僚。今道尊宠则冠三师,权位则首诸相;国存则依违拱嘿,窃位素餐,国亡则图全苟免,迎谒劝进;君则兴亡接踵,道则富贵自如:兹乃奸臣之尤,安得与他人为比哉?或谓道能全身远害于乱世,斯亦贤已。臣谓君子有杀身成仁,无求生害仁,岂专以全身远害为贤哉!然则盗跖病终而子路醢,果谁贤乎?抑此非特道之愆也,时君亦有责焉。何则?不正之女,中士羞以为家;不忠之人,中君羞以为臣。彼相前朝,语其忠则反君事仇,语其智则社稷为墟,后来之君,不诛不弃,乃复用以为相,彼又安肯尽忠于我而能获其用乎?故曰:非特道之愆,亦时君之责也。(胡注:温公以此警后世之君臣深矣。)

《明夷待访录·原君》:有生之初,人各自私也,人各自利也。天下有公利而莫或兴之,有公害而莫或除之。有人者出,不以一己之利为利,而使天下受其利;不以一己之害为害,而使天下释其害。此其人之勤劳,必千万于天下之人。夫以千万倍之勤劳,而已又不享其利,必非天下之人情所欲居也。故古之人君,量而不欲入者,许由、务光是也(后世如郭子仪薄天子而不为,视许由等之传说尤可信);入而又去之者,尧、舜是也;初不欲入而不得去者,禹是也。岂古之人有所异哉?好逸恶劳,亦犹夫人之情也。后之为人君者不然,以为天下利害之权皆出于我,我以天下之利尽归于己,以天下之害尽归于人亦无不可;使天下之人不敢自私、不敢自利,以我之大私,为天下之公。始而惭焉,久而安焉,视天下为莫大之产业,传之子孙,受享无穷,汉高帝所谓某业所就孰与仲多者,其逐利之情,不觉溢于辞矣。此无他,古者以天下为主,君为客,凡君之所毕世而经营者,为天下也。今也以君为主,天下为客,凡天下之无地而得安宁者,为君也。是以其未得之也,屠毒天下之肝脑,离散天下之子女,以博我一人之产业,曾不惨然,曰:我固为子孙创业也。其既得之也,敲剥天下之骨髓,离散天下之子女,以奉我一人之淫乐,视为当然,曰:此我产业之花息也。然则为天下之大害者,君而已矣。向使无君,人各得自私也,人各得自利也。呜呼!岂设君之道固如是乎?古者天下之人,爱戴其君,比之如父,拟之如天,诚不为过也。今也天下之人,怨恶其君,视之如寇仇,名之为独夫,固其所也。而小儒规规焉以君臣之义无所逃于天地之间。(庄子之言,亦自颠扑不破。君臣犹主从也,一团体一组织必有主有从而后成。章实斋所谓三人居室而道形也。小儒特误解此语之义耳。)至桀、纣之暴,犹谓汤、武不当诛之,而妄传伯夷、叔齐无稽之事,乃兆人万姓崩溃之血肉,曾不异夫腐鼠。岂天地之大,于兆人万姓之中,独私其一人一姓乎?是故武王,圣人也;孟子之言,圣人之言也。后世之君,欲以如天如父之空名,禁人之窥伺者,皆不便于其言,至废孟子而不立,非导源于小儒乎?虽然,使后之为君者,果能保此产业,传之无穷,亦无怪乎其私之也。既以产业视之,人之欲得产业,谁不如我?摄缄滕固扃鐍,一人之智力，不能胜天下欲得之者之众，远者数世，近者及身，其血肉之崩溃在其子孙矣。昔人愿世世无生帝王家，而毅宗之语公主，亦曰：若何为生我家？痛哉斯言！回思创业时其欲得天下之心，有不废然摧沮者乎？是故明乎为君之职分，则唐虞之世，人人能让，许由、务光，非绝尘也。不明乎为君之职分，则市井之间，人人可欲，许由、务光所以旷后世而不闻也。然君之职分难明，以俄顷淫乐不易无穷之悲，虽愚者亦明之矣。

又《原臣》：有人焉，视于无形，听于无声，以事其君，可谓之臣乎？曰：否。杀其身以事其君，可谓之臣乎？曰：否。（此即以义断之也。合于义，亦即可也。）夫视于无形，听于无声，资于事父也；杀其身者，无私之极则也，而犹不足以当之，则臣道如何而后可？曰：缘夫天下之大，非一人之所能治，而分治之以群工。故我之出而仕也，为天下，非为君也；为万民，非为一姓也。吾以天下万民起见，非其道，即君以形声强我，未之敢从也，况于无形无声乎；非其道，即立身于其朝，未之敢许也，况于杀其身乎？不然，而以君之一身一姓起见，君有无形无声之嗜欲，吾从而视之听之，此宦官宫妾之心也。君为己死而为己亡，吾从而死之亡之，此其私暱者之事也。是乃臣不臣之辨也。世之为臣者，昧于此义，以谓臣为君而设者也，君分吾以天下而后治之，君授吾以人民而后牧之，视天下之人民，为人君囊中之私物。今以四方之劳扰，民生之憔悴，足以危吾君也，不得不讲治之牧之之术。苟无系于社稷之存亡，则四方之劳扰，民生之憔悴，虽有诚臣，亦以为纤芥之疾也。夫古之为臣者，于彼乎，于此乎？盖天下之治乱，不在一姓之兴亡，而在万民之忧乐。是故桀纣之亡，乃所以为治也；秦政、蒙古之兴，乃所以为乱也；晋、宋、齐、梁之兴亡，无与于治乱者也。为臣者轻视斯民之水火，即能辅君而兴从君而亡，其于臣道固未尝不背也。（言即如此尚不得为尽臣道，况如冯道者乎？读书不可误会此语，遂以冯道熟视八姓兴亡，不为不义也。）夫治天下，犹曳大木然，前者唱邪，后者唱许。君与臣共曳木之人也，若手不执绋，足不履地，曳木者惟娱笑于曳木者之前，从曳木者以为良，而曳木之职荒矣。嗟乎！后世骄君自恣，不以天下万民为事，其所求乎草野者，不过欲得奔走服役之人。乃使草野之应于上者，亦不出夫奔走服役，一时免于寒饿，遂感在上之知遇，不复计其礼之备不备，跻之仆妾之间，而以为当然。万历初年，神宗之待张居正，其礼稍优，比于古之师傅，未能百一。当时论者骇然，以居正之受无人臣礼。夫居正之罪，正坐不能以师傅自待，听指使于仆妾，而责之反是，何也？是则耳目浸淫于流俗之所谓臣者，以为鹄矣。又岂知臣之与君，名异而实同耶？（同者，对天下负责同也。非谓臣与君当得其权威，同其享乐也。）或曰：臣不与子并称乎？曰：非也。父子一气，子分父之身而为身，故孝子虽异身，而能日近其气，久之无不通矣。不孝之子，分身而后，日远日疏，久之而气不相似矣。君臣之名，从天下而有之者也。吾无天下之责，则吾在君为野人。出而仕于君也，不以天下为事，则君之仆妾也；以天下为事，则君之师友也。夫然谓之臣，其名累变，夫父子固不可变者也。

又《原法》：三代以上有法，三代以下无法。何以言之？二帝三王知天下之不可无养也，为之授田以耕之；知天下之不可无衣也，为之授地以桑麻之；知天下之不可无教也，为之学校以兴之，为之昏姻之礼以防其淫，为之卒乘之赋以防其乱，此三代以上之法也。固未尝为一己而立也。后之入主，既得天下，惟恐其祚命之不长也，子孙之不能保有也，思患于未然，以为之法。然则其所谓法者，一家之法，而非天下之法也。是故秦变封建而为郡县，以郡县得私于我也。汉建庶孽，以其可以藩屏于我也。宋解方镇之兵，以方镇之不利于我也。此其法何曾有一毫为天下之心哉！而亦可谓之法乎？三代之法，藏天下于天下者也。山泽之利，不必其尽取；刑赏之权，不疑其旁落。贵不在朝廷也，贱不在草莽也。在后世方议其法之疏。而天下之人不见上之可欲，不见下之可恶。法愈疏而乱愈不作。所谓无法之法也。后世之法，藏天下于筐箧者也。利不欲其遗于下，福必欲其敛于上。用一人焉，则疑其自私，而又用一人以制其私；行一事焉，则虑其可欺，而又设一事以防其欺。天下之人，共知其筐箧之所在，吾亦鳃鳃然日惟筐箧之是虞。故其法不得不密，法愈密而天下之乱即生于法之中。所谓非法之法也。论者谓一代有一代之法，子孙以法祖为孝。夫非法之法，前王不胜其利欲之私以创之，后王或不胜其利欲之私以坏之。坏之者固足以害天下，其创之者亦未始非害天下者也。乃必欲周旋于此胶漆之中，以博宪章之馀名，此俗儒之剿说也。即论者谓天下之治乱不系于法之存亡。夫古今之变，至秦而一尽，至元而又一尽。经此二尽之后，古圣王之所恻隐爱人而经营者，荡然无具。苟非为之远思深览，一一通变，以复井田学校封建卒乘之旧，虽小小更革，生民之戚戚终无已时也。即论者谓有治人无治法，吾以谓有治法而后有治人。（此二义相反而皆未备。孟子曰：徒善不足以为政，徒法不能以自行。始是盛水不漏之语。自清季以来,学者多奉梨洲有治法而后有治人之语以驳荀子,然徒法之效,亦未睹也。)自非法之法桎梏天下人之手足,即有能治之人,终不胜其牵挽嫌疑之顾盼,有所设施,亦就其分之所得,安于苟简,而不能有度外之功名。使先王之法而在,莫不有法外之意存乎其间。其人是也,则可以无不行之意;其人非也,亦不至深刻罗网以害天下。故曰:有治法而后有治人。

千古史迹之变迁,公私而已矣。公与私初非二物。只徇一身一家之计,不顾他人之私计,则为私;推其只徇一身一家之计之心,使任何人皆能便其一身一家之私计,则为公。故大公者,群私之总和。即《易·文言》所谓利者义之和也。由此推阐,公之中有私焉,私之中亦有公焉。相反相成,推迁无既。亦即董生所谓义之中有不义,不义之中有义。此学者所不可不知也。封建郡县,此历史形式之变也。《礼运》以天下为公、天下为家,判古史之升降。而柳宗元谓公天下之端自秦始,则由公为私,由私为公,未易画分矣。

柳宗元《封建论》:徇之以为安,仍之以为俗,汤武之所不得已也。夫不得已,非公之大者也,私其力于己也,私其卫于子孙也。秦之所以革之者,其为制,公之大者也,其情私也。私其一己之威也,私其尽臣畜于我也。然而公天下之端自秦始。

封建之世,列国并立,而天子总其大纲,举所统治为天下。故古所谓天下者,犹今之所谓世界。而秦汉以后之天下,则今之所谓国也。论封建之私，天子遂其大私，列国遂其小私耳。然以其推己及人，遂得一调整世界之道。《书》曰：协和万邦。《易》曰：先王以建万国亲诸侯。而《周官》以治典经邦国，教典安邦国，礼典和邦国，政典平邦国，刑典诘邦国，事典富邦国；《夏官》又详言建邦国之九法。

《周官》：大司马之职，掌建邦国之九法，以佐王平邦国，制畿封国以正邦国，设仪辨位以等邦国，进贤兴功以作邦国，建牧立监以维邦国，制军诘禁以纠邦国，施贡分职以任邦国，简稽乡民以用邦国，均守平则以安邦国，比小事大以和邦国。

其谋各国之安全，及生民之乐利者，又散见于各官，一本怀保协和之意。盖自蚩尤、共工以来，各民族之攘夺纷争为祸至酷，然后产生此等思想制度，而大造于世界。虽古之世界与今之世界异，然其原理一也。故古所谓天子及王室，易言之即当时列国共建之最高和平机构。天子畿内为其直接统治之一大国，其于政教养卫经营惨淡，必极其精懿，以为各国之模范。而各国之休戚得失又息息与王室相通。朝觐宗遇会同，以及五物五书，周挚曲尽。

《周官》：大行人掌大宾之礼，及大客之仪，以亲诸侯。春朝诸侯，而图天下之事。秋觐，以比邦国之功。夏宗，以陈天下之谟。冬遇，以协诸侯之虑。时会，以发四方之禁。殷同，以施天下之政。时聘，以结诸侯之好。殷覜，以除邦国之慝。闲问，以谕诸侯之志。归脤，以交诸侯之福。庆贺，以赞诸侯之喜。致襘，以补诸侯之灾。以九仪辨诸侯之命，等诸臣之爵，以同邦国之礼，而待其宾客。

又：王之所以抚邦国诸侯者，岁遍存；三岁遍頫；五岁遍省；七岁属象胥，谕言语，协辞命；九岁属瞽史，谕书名，听声音；十有一岁，达瑞节，同度量，成牢礼，同数器，修法则；十有二岁，王巡狩殷国。凡诸侯之王事，辨其位，正其等，协其礼，宾而见之。若有大丧，则诏相诸侯之礼。若有四方之大事，则受其币，听其辞。凡诸侯之邦交，岁相问也。殷相聘也，世相朝也。

又：小行人，若国札丧，则令赙补之。若国凶荒，则令周委之。若国师役，则令犒襘之。若国有福事，则令庆贺之。若国有祸灾，则令哀吊之。凡此五物者，治其事故。及其万民之利害为一书，其礼俗政事教治刑禁之逆顺为一书，其悖逆暴乱作慝犹犯令者为一书，其札丧凶荒厄贫为一书，其康乐和亲安平为一书。凡此五物者，每国辨异之，以反命于王，以周知天下之故。

所谓圣人能以天下为一家，中国为一人者，初非空谈理论；各有其宏纲要旨，良法美意，实可见诸施行。此所谓王道也。然人类生活，不能无变。其亘古残存之兽性，有时而作，故亦必有极强之兵力以镇抚而威慑之。

《周官·夏官》：王六军，大国三军，次国二军，小国一军。……大司马以九伐之法正邦国，冯弱犯寡则眚之，贼贤害民则伐之，暴内凌外则坛之，野荒民散则削之，负固不服则侵之，贼杀其亲则正之，放弑其君则残之，犯令凌政则杜之，外内乱鸟兽行则灭之。

祭公谋父所谓有刑不祭，伐不祀，征不享，让不贡，告不王，于是乎有刑罚之辟，有攻伐之兵（《周语》）；及孟子所谓征者上伐下也，敌国不相征，以及春秋无义战之说，皆由此而来也。孔子谓文武之政布在方策，即此等详密之条文。当时告鲁哀公，不能备举，第揭其要义曰：柔远人则四方归之，怀诸侯则天下畏之。其若何怀，若何畏，固在方策也。是故封建虽各徇其私，而以保障全民，不得不有至公之制度。孔子修《春秋》，欲立一王之法，拨乱世而反之正。岂其僭拟王者，由其欲明明德于天下，而生于乱世，不得不慨想升平。《公羊》家之说，非以《周官》证之不明。胡安国《春秋传》，恒发公天下之义。

《春秋胡氏传》：隐公元年三月，公及邾仪父盟于蔑。 常者，道之正。变者，道之中。《春秋》大义，公天下，以讲信修睦为事。而刑牲歃血，要质鬼神，则非所尚也。

又，僖公十一年春，晋杀其大夫丕郑父。 《春秋》以大义公天下为诛赏，故书法如此。

又，昭公九年夏四月，陈灾。 楚已灭陈，夷于属县，何以书于鲁国之策乎？……盖兴灭国，继绝世，以尧舜三代公天下之心为心，异于孤秦罢侯置守欲私一人以自奉者，所以归民心合天德也。《穀梁》以为存陈，得其旨矣。

而秦儒之为《吕氏春秋》者，屡叹天下之无天子，即患天下无此机构也。

　　《吕氏春秋·振乱》:当今之世浊甚矣,黔首之苦,不可以加矣。天子既绝,贤者废伏,世主恣行,与民相离,黔首无所告诉。
　　又《观世》:今周室既灭,天子既废,乱莫大于无天子。无天子,则强者胜弱,众者暴寡,以兵相制,不得休息,今之世当之矣。

而其说天子之定义,即吾所谓得群私之总和也。

　　《吕氏春秋·本生》:始生之者天也,养成之者人也。能养天之所生而勿撄之谓之天子。天子之动也,以全天为故者也,此官之所自立也。立官者,以全生也。今世之惑主,多官而反以害生,则失所为立之矣。

秦汉以来之皇帝,非古之天子也。其形式则变古之世界而为一国,而环而处于四裔之蛮夷戎狄,又非古之列国比。故《周官》抚邦国之法,寖以湮灭。或征讨四夷,或绥怀属国,仅存古义于什一。汉文帝之诏匈奴,廓然有天子之量矣。然制度不立,徒存王者之意耳。

　　《汉书·匈奴传》:孝文后二年,使使遗匈奴书曰:先帝制长城以北,引弓之国,受令单于。长城以内,冠带之室,朕亦制之。使万民耕织射猎衣食,父子毋离,臣主相安,俱无暴虐。今闻渫恶民贪降其趋,背义绝约,忘万民之命,离两主之欢。然其事已在前矣。书云:二国已和亲,两主欢说,寝兵休卒养马,世世昌乐,翕然更始。朕甚嘉之。圣者日新,改作更始,使老者得息,幼者得长,各保其首领,而终其天年。朕与单于,俱由此道,顺天恤民,世世相传,施之无穷,天下莫不成嘉。使汉与匈奴,邻敌之国,匈奴处北地寒,杀气早降,故诏吏遗单于秔蘖金帛绵絮它物,岁有数。今天下大安,万民熙熙,独朕与单于为之父母。朕追念前事薄物细故,谋臣计失,皆不足以离昆弟之欢。朕闻天不颇覆,地不偏载。朕与单于,皆捐细故俱蹈大道也,堕坏前恶,以图长久,使两国之民若一家子,元元万民,下及鱼鳖,上及飞鸟,跂行喙息蠕动之类,莫不就安利避危殆。故来者不止,天之道也。俱去前事,朕释逃虏民,单于毋言章尼等。朕闻古之帝王,约分明而不食言,单于留志,天下大安,和亲之后,汉过不先,单于其察之。

故论秦汉以后之国际,或御侮,或黩武,或屈辱,不能律以《周官》之世界。而王莽、苏绰、王安石诸人之行《周官》者,亦仅采取《周官》自治其畿内之制之遗意。以国家之大小悬殊,故亦不易见其效,而历代之私天下而亦不失公天下之义,又当别论焉。

国小则务竞进,国大则务宽容。竞进则国与民合体(《周官》曰体国经野,即国与民合体也),而易于整齐;宽容则国与民相安,而不易画一。故古之治王畿也密,而后之治全国也疏。其疏之原则,曰无为而治。自汉以来之治法,咸以清净无为、网漏吞舟为主。一切政法,无非去其太甚,救敝补偏,取其不扰民而已。是义公乎?曰公。以国之大,而立法行政者之不能尽察,虽有良法美意,而推行辄生弊害。法出而奸生,令下而诈起,自两汉已然。

《汉书·董仲舒传》：今汉继秦之后，如朽木粪墙矣，虽欲善治之，亡可奈何。法出而奸生，令下而诈起。

《后汉书·和帝纪》：永元十二年诏：三公，朕之腹心，而未获承天安民之策。数诏有司，务择良吏，今犹不改，竟为苛暴，侵愁小民，以求虚名，委任下吏，假势行邪。是以令下而奸生，禁至而诈起。巧法析律，饰文增辞，货行于言，罪成乎手。朕甚痛焉！

柳宗元《种树郭橐驼传》，且以种树移之官理。

　　柳宗元《种树郭橐驼传》：问者曰：以子之道，移之官理可乎？驼曰：我知种树而已。官理，非吾所业也。然吾居乡，见长人者好烦其令，若甚怜焉而卒以祸。旦暮吏来而呼曰：官命促尔耕，勖尔植，督尔获，蚤缫而绪，蚤织而缕，字而幼孩，遂而鸡豚。鸣鼓而聚之，击木而召之。吾小人辍飧饔以劳吏者且不得暇，又何以蕃吾生而安吾性邪？故病且怠。若是，则与吾业者，其亦有类乎？

吕端、李沆，在宋称为贤相；而黄霸之米盐靡密，亦曰治道去其泰甚。

　　《汉书·黄霸传》：为条教，置父老师帅伍长，班行之于民间。劝以为善防奸之意，及务耕桑，节用殖财，种树畜养，去食谷马，米盐靡密。初若烦碎，然霸精力，能推行之。吏民见者，语次寻绎，问它阴伏，以相参考。尝欲有所司察，择长年廉吏遣行,属令周密。吏出,不敢舍邮亭,食于道旁,乌攫其肉。民有欲诣府口言事者,适见之,霸与语,道此。后日,吏还谒霸,霸见,迎劳之曰:甚苦。食于道旁,乃为乌所盗肉。吏大惊,以霸为知其起居,所问毫厘不敢有所隐。鳏寡孤独有死无以葬者,乡部书言,霸具为区处,某所大木可以为棺,某亭猪子可以祭。吏往,皆如其言,其识事聪明如此。吏民不知所出,咸称神明,奸人去入它郡,盗贼日少。霸力行教化而后诛罚,务在成就全安。长吏许丞老病聋,督邮白欲逐之,霸曰:许丞廉吏,虽老,尚能拜起送迎,正颇重听何伤?且善助之,毋失贤者意。或问其故,霸曰:数易长吏,送故迎新之费,及奸吏缘绝簿书,盗财物,公私耗费甚多,皆当出于民。所易新吏,又未必贤,或不如其故,徒相益为乱。凡治道去其泰甚者耳。

要之使民各遂其私耳。皇帝以天下为私产,因亦徇天下人之私,使之自营自遂而不相扰,则此私产安矣。推之选士求贤教学设科,亦无非徇人之私之道。汉高曰:贤士大夫有肯从我游者,吾能尊显之。班固论儒林曰,禄利之路然也。

《汉书·高帝纪》:十一年二月诏:今吾以天之灵,贤士大夫定有天下,以为一家。欲其长久,世世奉宗庙亡绝也。贤人已与我共平之矣,而不与我共安利之可乎?贤士大夫有肯从我游者,吾能尊显之。

又《儒林传赞》曰:自武帝立五经博士,开弟子员,设科射策,劝以官禄,讫于元始,百有余年,传业者寖盛,支叶蕃滋。一经说至百余万言,大师众至千余人,盖禄利之路然也。(自汉之博士弟子员,至唐宋以来科举制度,言其善,则曰:兴学育才,使平民得参朝政。究其弊,则读书讲学者,专骛私人之荣利,何尝知有天下国家?惟其根据经史,以相课试,故士所诵习,犹保留圣哲修身齐家治国平天下之精义于其心目。故虽多数人视为拾金紫之阶梯,而贤者犹体之于身心,时时欲见之于行事。此科试制度之利弊相因者也。禄利之途,病也;使知经史,药也。病中有药,故亦不乏贤哲出于其中。去其药,而病之根仍在,则病不可药矣。)

大多数不识不知之人,既各遂其私;少数秀杰者,又有官阶禄利以逞其私;武人枭将,亦不外乎威胁利诱,劫持而融治之。其处置各得其平,又无敌国外患之逼迫,则人人自由,可相安于无事。故欲民之自由,莫若无为而治,执政者时时视泰甚者而去之。而资本家大地主,亦不至过甚。梨洲之言,未能及乎此也。然以帝王徇私,而臣民又各徇私,内则木腐虫生,后妃、宦寺、宗室、外戚、佞幸、权奸、盗贼之患,相因而生,既有以促其颠覆,民治地政武备军力,侵寻窳敝,又不足以御外患而竞邻敌。不独少数人之自私者不可保,大多数之自私者,亦不能永享无为而治之政府之下之自由矣。顾亭林之论郡县,欲寓封建于郡县,亦从人之私利着想。盖欲以散碎不整之自私,集为千百数较团聚之自私;再集此群私,以巩固此庞大之全国(见顾集《郡县论》)。其说顾未能实现。良以天下之事,非一人之思议所可骤改也。物穷则变,寰海棣通,物质竞进,人治亦有所考镜而勃兴。故君主世及之制铲除,而民选公治之法亦为众所共信焉。夫历史之演变孔多,而制治之方式固亦无几。五帝官天下,变而为三王家天下,由公而趋私焉。各地土司,世袭既久，改为流官，众尤便之，由私而趋公也。君主世及之变为民选公治，亦何异于改土归流乎？至于异域民治，两党角立，各出政纲，取决民意，亦无非由散碎之小私，集为两团体之大私。视吾国所谓舜禹有天下而不与者，犹若有间。是故公之中有私，私之中有公之义。就古今中外史实，叩其两端而竭焉，则治史者之责也。

呜呼！无为而治，传自虞舜，其本在恭己修身（《皋陶谟》曰：慎厥身修思永），其用在知人安民，固非漫不事事之谓。由虞夏而至周，礼法明备，其于地政民治政纲军备，洪纤毕具，尤非汉、宋君臣徒托无为者所可比。然汉、宋君臣窃其绪馀，犹若可以为治，岂古之政术，本天恤民，所由来者远，而所谓集私为公者，固常能节制其私而恒出于公耶？他国之治，亦多出于谋小己之私利，充其愿力，共谋国是。萃私为公，锐于有为，其孟晋而争新者，大胜于吾之窳敝；而逞国族之私，弱肉强食，又转为贻生人之大祸。则两端之短长固互见也。世运迈进，其必趋于各遂其私而又各节其私之一途，而后可以谓之公理大彰。今方在动荡洄洑之中，未能骤臻上理也。吾人能深察乎此，以古之治王畿乡遂者，抟大国为一体（交通工具之利，可以使大小远近若一。故治大国亦可若烹小鲜），以植于列辟之林，以古之抚邦国诸侯者，合天下为一家，以启其方新之制，则吾史之义，岂第为一国一族之福利已哉！

史 例 第 八

　　史出于礼,而承典志谱传《春秋》、《世本》之体系,演为纪传书表之式。其联系分合之故,特书、不书之秘,已于各篇分论,合之已可得史例之大端矣。顾史之有例,亦惟吾国所特创,他国史家莫之能先,而东亚各国之为史者,多承用吾史之例,是不可不申言之也。史例权舆《礼经》,计时已在春秋之前。然《左氏》所举五十凡例,尚未足为吾国著书之有凡例之始。溯著述之有凡例,殆始于《易》之爻辞。《易》卦皆六爻,爻象阴阳,曰九曰六,此全书之通例也。而《乾》、《坤》二卦六爻之后,各加一则,以示用九用六之例,此非群书凡例之始乎?且《乾》卦用九见群龙无首吉,而《文言》释之曰:乾元用九,乃见天则。天则者,天之大例,即后世所谓则例也。《坤》卦用六利永贞,《象》曰:用六永贞,以大终也。一书之体,有始有终,虽在开篇,必已包括。故吾以为著述之有凡例,始于《易》也。

　　时至有周,上承千古,总摄万邦,分职设官,政繁事赜。其于百为,往往以一二三四,条举件系,以示官守。观《逸周书》及《周官》列举之文,夥矣。然事有不胜列举者,一一举示,其繁猥何如。则必括其性质之相近者赅以一词,使知事物之相类者,一一皆依此措置,不必赘述。故发凡之用,由驭繁而得执简者也。《周官》宰夫掌百官府之征令,辨其八职,一曰正,掌官法以治要,二曰师,掌官成

史例第八

以治凡,三曰司,掌官法以治目,四曰旅,掌官成以治数,其第六即曰史,掌官书以赞治。国家政令职务,有大纲焉,曰要曰凡;有条流焉,曰数曰目。史之为官书也,即此要凡目数之总汇。官书之体例由此出,史官之凡例即由此来。史书不得与一切官书相悖也。综《周官》五官之言凡,及《考工记》之言凡,不下六百条。《左氏》之五十凡,则礼官之史,约举而别存者耳。

周之为教,言动有法,称谓有别,治事有序,御物有方。如《士相见礼》言凡者六,即可见其精意。《曲礼》之言凡者尤多。

《仪礼·士相见礼》:凡燕见于君,必辩君之南面。若不得,则正方不疑君。君在堂,升见无方,阶辩君所在。……凡言非对也。妥而后传言。与君言,言使臣;与大人言,言事君;与老者言,言使弟子;与幼者言,言孝弟于父兄;与众言,言忠信慈祥;与居官者言,言忠信。……凡与大人言,始视面,中视抱,卒视面。毋改,众皆若是。若父则游目,毋上于面,毋下于带。若不言,立则视足,坐则视膝。……凡侍坐于君子,君子欠伸,问日之早晏,以食具告。改居,则请退可也。夜侍坐,问夜,膳荤,请退可也。……凡执币者不趋,容弥蹙以为仪。执玉者则唯舒武,举前曳踵。……凡自称于君,士大夫则曰下臣;宅者在邦,则曰市井之臣;在野则曰草茅之臣;庶人则曰刺草之臣;他国之人则曰外臣。

《曲礼》:凡为人子之体,冬温而夏清,昏定而晨省,在丑夷不争。……凡与客入者,每门让于客。……凡为长者粪之礼,必加帚于箕上,以袂拘而退,其尘不及长者,以箕自乡而扱之。……凡进食之礼,左殽右胾,食居人之左,羹居人之右。

脍炙处外,醢酱处内。葱㳿处末,酒浆处右。以脯修置者,左朐右末。(《礼运》曰:大礼之初,始诸饮食。周代饮食之礼至懿,即陈列一端,亦有定则如此。今人但知他国饮食之礼,以为文明对吾国之礼,则未之知也。故略举以见例。)

由动作事为,皆有规律,至于记言记事,亦必有共守之规律。自王朝之史,至诸国之史,一皆据以为书,此非异事也。知此而后可以言《春秋》之凡例。

《左氏传》之发凡,计五十则。

《左传》隐公七年:凡诸侯同盟,于是称名,故薨则赴以名,告终、称嗣也,以继好息民,谓之礼经。……九年:凡雨自三日以往为霖,平地尺为大雪。……十一年:凡诸侯有命告则书,不然则否。师出臧否亦如之。虽及灭国,灭不告败,胜不告克,不书于策。……桓公元年:凡平原出水为大水。……二年:凡公行,告于宗庙,反行,饮至、舍爵、策勋焉,礼也。特相会,往来称地,让事也。自参以上,则往称地,来称会,成事也。……三年:凡公女嫁于敌国,姊妹则上卿送之,以礼于先君;公子则下卿送之。于大国,虽公子,亦上卿送之;于天子,则诸卿皆行,公不自送。于小国,则上大夫送之。……五年:凡祀,启蛰而郊,龙见而雩,始杀而尝,闭蛰而烝,过则书。……九年:凡诸侯之女行,唯王后书。……庄公三年:凡师一宿为舍,再宿为信,过信为次。……十一年:凡师敌未陈曰败某师,皆陈曰战,大崩曰败绩,得俊曰克,覆而败之曰取某师,京师败曰王师败绩于某。……二十五年:凡天灾有币无牲,非日月之眚不鼓。……

二十七年:凡诸侯之女归宁曰来,出曰来归,夫人归宁曰如某,出曰归于某。……二十八年:凡邑有宗庙先君之主曰都,无曰邑,邑曰筑,都曰城。……二十九年:凡马日中而出,日中而入。……凡师有钟鼓曰伐,无曰侵,轻曰袭。……凡物不为灾不书。……凡土功,龙见而毕务,戒事也。火见而致用,水昏正而栽,日至而毕。……三十一年:凡诸侯有四夷之功,则献于王;王以警于四夷。中国则否。诸侯不相遗俘。……僖公元年:凡侯伯救患,分灾,讨罪,礼也。……四年:凡诸侯薨于朝会,加一等;死王事,加二等,于是有以衮敛。……五年:凡分至启闭必书云物,为备故也。……八年:凡夫人不薨于寝,不殡于庙,不赴于同,不祔于姑,则弗致也。……九年:凡在丧,王曰小童,公侯曰子。……二十年:凡启塞从时。……二十三年:凡诸侯同盟死,则赴以名,礼也。赴以名则亦书之,不然则否,辟不敏也。……二十六年:凡师能左右之曰以。……三十三年:凡君薨,卒哭而祔,祔而作主,特祀于主,烝尝禘于庙。……文公元年:凡君即位,卿出并聘,践修旧好,要结外援,好事邻国,以卫社稷,忠信卑让之道也。忠,德之正也;信,德之固也;卑让,德之基也。……二年:凡君即位,好舅甥,修昏姻,娶元妃,以奉粢盛,孝也。孝,礼之始也。……三年:凡民逃其上曰溃,在上曰逃。……七年:凡会诸侯,不书所会,后也。后至不书其国,辟不敏也。……十四年:凡崩薨不赴,则不书。祸福不告,亦不书。惩不敬也。……十五年,凡胜国曰灭之,获大城焉曰入之。……凡诸侯会,公不与,不书,讳君恶也。与而不书,后也。……宣公四年:凡弑君称君,君无道也。称臣,臣之罪也。……七年:凡师出与谋曰及,不与谋曰会。……十年:凡诸侯之大夫违,告于诸侯曰某氏之守臣某,失守宗庙,敢告。所有玉帛之使者则告,不然则否。……十六年:凡火,人火曰火,天火曰灾。……十七年:凡太子之母弟,公在曰公子,不在曰弟。凡称弟,皆母弟也。……十八年:凡自虐其君曰弑,自外曰戕。……成公八年:凡诸侯嫁女,同姓媵之,异姓则否。……十二年:凡自周无出,周公自出故也。……十五年:凡君不道于其民,诸侯讨而执之,则曰某人执某侯。不然则否。……十八年:凡去其国,国逆而立之曰入,复其位曰复归,诸侯纳之曰归,以恶曰复入。……襄公元年:凡诸侯即位,小国朝之,大国聘焉,以继好结信,谋事补缺,礼之大者也。……十二年:凡诸侯之丧,异姓临于外,同姓于宗庙,同宗于祖庙,同族于祢庙。是故鲁为诸姬,临于周庙;为邢、凡、蒋、茅、胙、祭,临于周公之庙。……十三年:凡书取,言易也。用大师焉曰灭,弗地曰入。……昭公四年:凡克邑不用师徒曰取。……定公九年:凡获器用曰得,得用焉曰获。(以上共四十九则,宣十七年凡太子之母弟共二凡,故曰五十凡例。)

杜元凯综而论之曰:其发凡以言例,皆经国之常制,周公之垂法,史书之旧章。仲尼从而修之,以成一经之通体。其微显阐幽,裁成义类者,皆据旧例而发义,指行事以正褒贬(《左传序》)。世或疑此诸凡,不专为史策而发;而周之《礼经》,散见《左氏传》者,或不言凡。然亦可以诸言凡者推之,谓此诸文全出自笔削之后,孔前绝无模范之文。

廖平《左传杜氏五十凡驳例笺》:文公十五年,诸侯五年再相朝以修王命,古之制也。凡言即位朝,此言五年朝,二说不可阙一,故凡不凡皆经例。……庄二十五年,日有食之,鼓用牲于社,非常也;唯正月之朔,慝未作,日有食之,于是乎用币于社,伐鼓于朝。此条与凡天灾同在一年,互相发明,同举礼例。可见言凡不言凡,非有二义也。……言凡之中,有专详礼制,全于经文无涉者二条(凡马日中而出,及凡诸侯之丧异姓临于外),有专论推历,无关于书法者二条(凡启塞从时,及凡分至启闭必书云物)。据此可见五十凡中,又有此四条溢出经例之外者,安得谓周公史书之旧章?……杜氏所谓不言凡者,若以凡字冠其首,依然文义详明,与言凡者一律相同,非有古今文字之异,前后体制之殊。可见左氏文笔随宜,时或言凡,时或不言凡,亦传记立言之常,初无容心于其间。……通考传文,其言凡与不言凡者,莫不互相补助,水乳交融,合之两美,皆所以解释经义。全出自笔削之后,故孔前绝无模范之文也。

不悟三《礼》言凡,岂皆出孔子之笔。孔子以前史官记事,皆漫无定例,何以属辞?如君无道而遇弑,则过在君,既是里革所言,已可见旧史义例。赵宣子曰:大罪伐之,小罪惮之。袭侵之事,陵也。是故伐备钟鼓,声其罪也(《晋语》)。又可证凡师有钟鼓曰伐之有自来,不必因推尊孔子,遂谓《春秋》以前无史例也。

杜氏又曰:诸称书不书先书故书不言不称书曰之类,皆所以起新旧,发大义,谓之变例。然亦有史所不书,即以为义者。此盖《春秋》新意,故传不言凡,曲而畅之也。其经无义例,因行事而言,则传直言其归趣而已,非例也(《左传序》)。按书与不书,旧例已言,惟如不书即位之类,则所以发大义耳。刘贽《春秋释例序》谓《释例》之作,宗本于旧章,非元凯独断而然,实包括三《传》,同归于圣经之奥。《四库提要》谓预用心周密,后人无以复加。其例亦皆参考经文,得其体要。又曰《春秋》以《左传》为根本,《左传》以杜解为门径,《集解》又以是书为羽翼,缘是以求笔削之旨,亦可云考古之津梁,穷经之渊薮矣。杜氏《释例》全书虽不可见,武英殿本从《永乐大典》中辑出者,犹可十得七八。言史例者,不可不先从事此一家之学矣。

言《春秋》之例者,《公羊》广而《穀梁》精。《公羊》之学,自胡母生作《条例》,至何休作《文谥例》,有三科九旨二类七等七缺诸目,徐彦疏据以为说。

> 《公羊传疏》：问曰：《春秋说》云：《春秋》设三科九旨,其义如何？答曰：何氏之意,以为三科九旨,正是一物。若总言之,谓之三科,科者段也；若析而言之,谓之九旨,旨者意也,言三个科段之内,有此九种之意。故何氏作《文谥例》云：三科九旨者,新周,故宋,以春秋当新王,此一科三旨也。又云：所见异辞,所闻异辞,所传闻异辞。三科六旨也,又内其国而外诸夏,内诸夏而外夷狄。是三科九旨也。……问曰：案宋氏之注《春秋》说三科者,一曰张三世,二曰存三统,三曰异外内,是三科也。九旨者,一曰时,二曰月,三曰日,四曰王,五曰天王,六曰天子,七曰讥,八曰贬,九曰绝。时与日月,详略之旨也。王与天王天子,是录远近、亲疏之旨也。讥与贬、绝,则轻重之旨也。如是三科九旨,聊不相干,何故然乎？答曰：《春秋》之内,具斯三种理,故宋氏又有此说,贤者择之。……问曰：《文谥例》云：此《春秋》五始三科九旨七等六辅二类之义,以矫枉拨

乱为受命品道之端,正德之纪也。然则三科九旨之义,已蒙前说。未审五始六辅二类七等之义如何?答曰:案《文谥例》下文云:五始者,元年春王正月公即位是也。七等者,州国氏人名字子是也。六辅者,公辅天子、卿辅公、大夫辅卿、士辅大夫、京师辅君、诸夏辅京师是也。二类者,人事与灾异是也。……问曰:《春秋说》云:《春秋》书有七缺。七缺之义如何?答曰:七缺者,惠公妃匹不正隐桓之祸生,是为夫之道缺也;文姜淫而害夫,为妇之道缺也;大夫无罪而致戮,为君之道缺也;臣而害上,为臣之道缺也;僖五年晋侯杀其世子申生,襄二十六年宋公杀其世子痤,残虐枉杀其子,是为父之道缺也;文元年楚世子商臣弑其君髡,襄三十年蔡世子般弑其君固,是为子之道缺也;桓八年正月己卯烝,桓十四年八月乙亥尝,僖三十一年夏四月四卜郊不从,乃免牲,犹三望,郊祀不修,周公之礼缺。是为七缺也矣。

清儒刘逢禄等,推阐其说。至康有为,遂以《春秋》改制之义,倡导变法。夫以研究一部古史之条例,经数千年,可以发生绝大之影响,是亦他国史籍之所无也。清季言《公羊》之例者,众推王代丰之《春秋例表》,其序曰:《春秋》者礼也,礼者例也。合其诸表观之,方知其片言之居要也。

  王代丰《春秋例表·序》:故《春秋》者礼也,礼也者例也。其序则齐桓晋文,其词则孔子有焉矣。一予一夺,不出一字;一美一恶,不嫌同词。非夫聪明睿知纵心而不逾矩者,其孰能当之而不乱乎?

范宁注《穀梁传》，并为《略例》，陈澧谓其无穿凿迂曲之病。

《东塾读书记》：范氏为《略例》百余条（见《集解序·杨疏》），杨疏引之，有称《范氏略例》者，有称《范例》者，有称《范氏别例》者，皆即《略例》也。范氏注中已有例，又别为《略例》，故可称《别例》。如庄二十年夏大灾，疏引《范例》云：灾有十二，内则书日，外则书时。（以下文多不录。）此分别书时月日之例，亦不穿凿迂曲。如闵二年夏五月乙酉吉禘于庄公，疏引《范略例》云：祭礼例有九，皆书月以示讥。九者，谓桓有二烝一尝，总三也；闵吉禘，四也；僖禘太庙，五也；文春袷尝，六也；宣公有事，七也；昭公禘武宫，八也；定公从祀，九也。此以皆书月无异例，故胪举其事而已。凡疏所引二十余条（王仁俌《汉魏遗书钞》已钞出），皆无穿凿迂曲之病。盖《春秋》无达例，但当胪列书法之同异，有可以必知其意者，则为之说；其不可知者，则不为妄说，斯得之矣。

《穀梁》时月日之例，视《公羊》尤精。先叔祖宾叔先生《穀梁大义述》，首述日月例，其推勘各例之所从来，及其相互相反之义，范注、杨疏皆不逮也。夫史例经例，皆本于礼。礼必准情度理，非可以意为之。故研究《春秋》时月日例，亦以人情事理推之而已。《穀梁大义述》得此要旨，故于诸以时月日见义者，皆以诸侯卒葬之正变推之；以卒葬之日时，最易解，而其相反之义亦特明。由此类推，则准情度理，褒贬予夺，皆有至理，而诸例迎刃而解矣。

《穀梁大义述》三：诸侯卒葬。《春秋》所以治诸侯，故书其卒葬特详，而日月褒贬之例亦特备。《礼》，天子七日而殡，诸侯五日而殡，大夫三日而殡。故传例云曰卒正也，月卒非正也，时卒恶之也。天子七月而葬，七月则历三时矣。诸侯五月而葬，五月则历二时矣。大夫三月而葬，三月则尽一时矣。故传例云：时葬正也，月葬故也，日葬故也，危不得葬也。其起例之反对，实理之自然，不假强为者也。而通传之以书日而褒者，皆自日卒正也之例推之；以书日为贬者，皆自日葬故也之例推之。此更一以贯之矣。后儒未窥此秘，但见同一书日，此既为褒，彼又为贬；同一不书日，而此既为贬，彼又为褒；且同一事也，而前以不日为信，后又以书日为美。遂纷纷议之，固无怪其一唱而百和矣。自此说出，而《穀梁》日月之例，乃以悬诸日月而不刊云。

又卷一内盟条云：盟，大事也。无论内盟外盟，旧史应皆书日。孔子成《春秋》，寓重内略外之义，于是有内盟日外盟不日之例。至内盟之当贬者，仍略其日；外盟之可褒者，仍不略其日。此意惟《穀梁》知之，所以为善于经也。后儒纷纷校量，辩难多端，徒词费尔。……定元年传例云：内之大事日，外亦同。凡日与不日之褒贬，皆自诸侯卒葬日正也、不日略之也例来。

朱子论《春秋》，颇病三《传》之例不尽可通。

《朱子语类》八十三：《春秋》大旨，其可见者，诛乱臣，讨贼子，内中国，外夷狄，贵王贱伯而已，未必如先儒所言字字有义也。想孔子当时只是要备二三百年之事，故取史文写在这里。何尝云某事用某法，某事用某例邪？

又：《春秋》传例，多不可信。圣人记事，安有许多义例？

又：或论《春秋》之凡例。先生曰：《春秋》之有例固矣，奈何非夫子之为也。昔尝有人言及命格，予曰：命格谁之所为乎？曰：善谈五行者为之也。予曰：然则何贵？设若自天而降，具言其为美为恶，则诚可信矣。今特出于人为，乌可信也？知此，则知《春秋》之例矣。

又：或人论《春秋》，以为多有变例，所以前后所书之法多有不同。曰：此乌可信？圣人作《春秋》，正欲褒善贬恶，示万世不易之法。今乃忽用此说以诛人；未几，又用此说以赏人。使天下后世皆求之而莫识其意，是乃后世弄法舞文之吏之所为也。曾谓大中至正之道而如此乎？

又：问《春秋》当如何看？曰：只如看史样看。曰：程子所谓以传考经之事迹，以经别传之真伪，如何？曰：便是亦有不可考处。曰：其间不知是圣人果有褒贬否？曰：也见不得。如许世子止尝药之类如何？曰：圣人亦只因国史所载而言之耳。圣人光明正大，不应以一二字加褒贬于人。若如此屑屑求之，恐非圣人之本意。

后儒多本其说。顾栋高至谓看《春秋》须先破除一例字（《春秋大事表·读春秋随笔》），此又是治春秋之一法。其实朱子为《纲目凡例》，即导源于《春秋》。特其意以为孔子修《春秋》，未尝如其为《纲目》先定凡例，而三《传》诸例多出他人推测，故不敢信为孔子之意耳。然如后世史书，多有未尝自言其例，而治史学者就其全书寻绎，亦可以见其例意。如赵氏《陔馀丛考》所举诸史之例，多非当时修史者所自言。故即以《春秋》为史书，亦不妨由后之学者推寻其例也。

《陔馀丛考》卷六：宋、齐二书，但记本国，而邻国之事，仅书其与本国交涉者，其他虽兴灭崩立亦不书。即与本国交涉之事，于魏则书索虏，于魏主则书虏伪主，或书虏帅拓跋某，而《宋书》列传后并立《索虏传》，与鲜卑吐谷浑同，《齐书》列传后亦立《魏虏传》，与芮芮氏羌同，此宋、齐二书体例也。《魏书》则详记本国，而邻国大事亦附书。然于东晋诸帝，已斥其名，于宋、齐、梁诸帝，则书岛夷刘裕、岛夷萧道成、岛夷萧衍。于西魏及周，亦斥名曰宝炬，曰黑獭。列传后亦立岛夷刘萧诸传，与匈奴刘聪铁弗刘虎等同，此《魏书》体例也。（引此以证作史者未自言其体例，而后人推寻其书例如此，非以其体例合于《春秋》，读者当识此意。）梁、陈二书，则不复称索虏，而称国号，并于魏、齐、周诸帝皆称谥号。（合诸史观之，亦未始非《公羊》州国氏人渐进之意）。然《梁书》亦但详本国，而于北朝之事，除交兵通使外，如魏宣武、孝明诸帝之崩立，及大通二年尔朱荣之弑胡太后立庄帝，中大通二年庄帝杀尔朱荣又为其党所弑等事，一概不书。《陈书》则兼纪萧詧一国，如天嘉三年梁王萧詧死，子岿代立则书，而天嘉元年周明帝殂武帝立、二年齐孝昭殂武成帝立等事，亦一概不书。此又梁、陈二书体例也。北齐、后周二书则不惟兼纪邻国大事，并书邻国之君曰某帝。如《周书》大统十三年书齐神武薨，子澄嗣是为文襄帝；武成元年书陈武帝薨，兄子蒨立是为文帝之类。《齐书》天保七年书魏相宇文觉受魏禅，八年书陈霸先弑其主自立是为陈武帝之类。此又周、齐二书体例也。南、北二史则更为周密。

《南史》不惟兼书魏事,于燕、凉等国兴废亦书,如宋永初元年书是岁西凉亡,景平元年书是岁魏明元帝崩之类是也。又兼记邻国年号,使阅史者一览了然,如宋元嘉二年书是岁魏神䴥元年之类是也。《北史》亦兼记南朝之事,如魏泰常五年晋恭帝禅位于宋之类。至于《高齐纪》,则兼书南朝,而并及后周之事,如天保七年书魏恭帝逊位于周,八年书梁主逊位于陈之类。《周纪》亦兼书南朝,而并及北齐之事,如明帝元年书梁敬帝逊位于陈,武成元年书文宣帝殂之类。他如燕、凉等国之兴灭,亦一一附书。此又南、北史体例也。至各史所书帝号,又有不同者。宋、齐、魏三史于本国之帝皆书庙号,如太祖、高祖、世祖之类,而邻国则斥其名。梁、陈、周、齐诸史,则于本国书庙号,于邻国书谥号。南、北史则本国邻国皆书谥号。此又各史书帝号之体例也。各史书法又有窒碍者。《史记》汉高祖微时称刘季,及封沛称沛公,王于汉称汉王,即位乃称帝。此本于《尚书·舜典》及《康王之诰》,最为古法。《齐书》则自萧道成微时以至为帝,皆称太祖。《梁书》自萧衍微时以至为帝,亦皆称高祖。殊无分别。《宋书》于萧道成未封王以前即书齐王,如升明二年给太傅齐王三望车,三年加太傅齐王羽葆鼓吹而下,乃书诏太傅总百揆封十郡为齐公。《齐书》于萧衍未封王以前,亦即书梁王,如中兴二年诏大司马梁王进位相国,封十郡为梁公,则更书王在前,封公在后,书法混淆,莫此为甚。(解此,然后知吾史所以须讲书法;而讲书法,必自《春秋》道名分而来。)《梁书》于陈霸先未封时皆书其官号,为司空则书司空陈霸先,为丞相则书丞相陈霸先,此较为合法。(所谓合法者,并非有人制定一法,令人必从。第求其合理,即为合法。)

史例第八

《北齐书》书法亦有失之者,魏庄帝时孝武及文帝尚为王,不应即称其帝号,乃《高隆之传》云:太昌初,隆之为骠骑将军,与西魏文帝饮酒忿争,文帝坐以黜免。竟似隆之与帝王对饮,而帝被废矣。孝静帝时高欢、高澄皆臣也,不应即书其追尊之帝号,乃于欢已书神武,于澄已书文襄,则似东魏同朝有两帝矣。西魏时宇文泰亦臣也,不应即书其追尊之帝号,乃亦书周文帝,如河阴之战,书西魏帝与周文并未赴救,则亦似西魏同朝有两帝矣。《周书》亦然。此皆书法之失检者也。(赵氏以君臣之义绳各史之失,即从礼教而来。不知礼教,则对于此等得失,皆懵然莫辨矣。)《北史》于《魏纪》书渤海王高欢、安定公宇文泰,较为斟酌得宜。又《南》、《北》兼书邻国大事,固属周密,然亦略无分别。凡本国之事及邻国交兵通使与本国相涉者,自应按其月日,依次而书;若邻国兴灭崩立之类,于本国无涉者,则第于一年之末,附书是岁某国某事,所以别内外也。(别内外,即《春秋》之义。)乃南、北史以邻国之事,亦与本国之事一例顺叙于每月每日之下,殊无界限矣。此例惟《魏书》最为得法。周、齐二书亦与南、北史同。(原注:按《齐》、《梁书》自微时至为帝皆称太祖、高祖,亦有所本。《汉书·高祖本纪》亦是如此。——此又可见当时史家属辞时,亦必考求前例,特未尝自言其例所出。赵氏研究诸书,并推明其例之由来也。)

汉晋学者之治三《传》,皆究心经例,故为史者亦讲求著述之例。此非偶然相类,实学术相沿之涂辙也。《史通·序例篇》历举诸史之例,今多不传。

《史通·序例》:夫史之有例,犹国之有法。国无法则上下靡定,史无例则是非莫准。昔夫子修经,始发凡例。左氏立传,显其区域。科条一辨,彪炳可观。降及战国,迄乎有晋,年逾五百,史不乏才。虽其体屡变,而斯文中绝。唯令升先觉,远述丘明,重立凡例,勒成《晋纪》。邓、孙已下,遂蹑其踪。史例中兴,于斯为盛。若沈《宋》之志序,萧《齐》之序录,虽皆以序为名,其实例也。必定其臧否,征其善恶。干宝、范晔,理切而多功;邓粲、道鸾,词烦而寡要。子显虽文伤蹇踬,而义甚优长。斯一二家,皆序例之美者。夫事不师古,匪说攸闻。苟模楷曩贤,理非可讳。而魏收作例,全取蔚宗,贪天之功以为己力。异夫范依叔骏,班习子长。攘袂公行,不陷穿窬之罪也。盖凡例既立,当与纪传相符。案皇朝《晋书》例云:凡天子庙号唯书于卷末。依检孝武崩后,竟不言庙曰烈宗。又案百药《齐书》例云,人有本字行者今并书其名。依检如高慎、斛律光之徒,多所仍旧,谓之仲密明月。此并非言之难,行之难也。又《晋》、《齐》史例,皆云坤道卑柔,中宫不可为纪。今编同列传,以戒牝鸡之晨。窃惟录皇后者,既为传体,自不可加以纪名。二史之以后为传,虽云允惬,而解释非理,成其偶中,所谓画蛇而加足,反失杯中之酒也。至于题目失据,褒贬多违,斯并散在诸篇,此可得而略矣。

按史之为例,有去取焉,有差等焉,有联散焉,有序第焉;有片语之例,有全书之例,有编年与纪传相同之例,有二体独具之例。如迁、固之为自序,标举纪书表传次第,此全书之例,即纪传体独有之例。而编年体故无取乎此,以年次自有一定,不必尽述也。迁、固自序,盖出于《易·序卦》,后史惟独撰者,如《宋书》、《北史》承之。集众官修之书,纪传之体久定,故不必再蹈其序。联散者,纪传体所独擅,若《春秋》及后世纲目之纲,似无涉于此。然《左传》叙事,恒综述前事,合于某年之大事。如述韩之战曰:晋侯之入也,秦穆姬属贾君焉,且曰尽纳群公子,晋侯烝于贾君,又不纳群公子,是以穆姬怨之。晋侯许赂中大夫,既而皆背之。赂秦伯以河外列城五,东尽虢略,南及华山,内及解梁城,既而不与。晋饥,秦输之粟;秦饥,晋闭之籴。故秦伯伐晋。则编年之史,亦宜斟酌于事之联散矣。且《春秋》及史纲,散见各年之事,亦必联合而观,方得其属辞之例。则载笔之始,亦宜预筹及之。《史通·本纪》、《列传》诸篇,多言及联散之得失。

《史通·本纪》:纪者既以编年为主,唯叙天子一人。有大事可书者,则见之于年月。其书事委曲,付之列传。此其义也。如近代述者魏著作、李安平之徒,其撰魏、齐二史,于诸帝篇或杂载臣下,或兼言他事,巨细毕书,洪纤备录,全为传体,有异纪文:迷而不悟,无乃太甚。

又《列传》:传之为体,大抵相同,而述者多方,有时而异。如二人行事,首尾相随,则有一传兼书,包括令尽。若陈馀、张耳合体成篇,陈胜、吴广相参并录是也。亦有事迹虽寡,名行可崇,寄在他篇,为其标冠。若商山四皓,事列王阳之首;卢江毛义,名在刘平之上是也。

又《二体》:编次同类,不求年月。后生而擢居首帙,先辈而抑归末章。遂使汉之贾谊,将楚屈原同列;鲁之曹沫,与燕荆轲并编。此其所以为短也。

赵瓯北论南、北史附传及附著子孙之例,此亦传体所重,而编年史所不必议也。

《廿二史劄记》:南、北史子孙附传之例,传一人而其子孙皆附传内,此《史记》世家例也。至列传则各因其人之可传而传之,自不必及其后裔。间有父子祖孙各有传者,则牵连书之。如《前汉》之于楚元王(裔孙向歆)、周勃(子亚夫)、李广(孙陵)、张汤(子安世,孙延寿)、金日磾(子安上)、疏广(兄子受)、萧望之(子育、咸、由)、翟方进(子宣义)、韦贤(子玄成),《后汉书》之于来歙(曾孙历)、邓禹(子训,孙骘)、寇恂(曾孙荣)、耿弇(弟国,子秉夔)、窦融(弟固,曾孙宪,玄孙章)、马援(子廖防)、伏湛(子隆)、梁统(子竦,曾孙商,玄孙冀)、桓荣(子郁,孙焉,曾孙鸾,玄孙典彬)、班彪(子固)、班超(子勇)、杨震(子秉,孙赐,曾孙彪,玄孙修)、荀淑(子爽,孙悦)、陈寔(子纪),《三国志》之于袁绍(子谭、尚)、公孙度(子康,孙渊)、曹真(子爽)、荀彧(子恽,孙甝)、钟繇(子毓)、王朗(子肃)、杜畿(子恕、预)、胡质(子威)、诸葛亮(子乔、瞻)、张昭(子承休)、步骘(子阐)、吕范(子据)、朱桓(子异)、陆逊(子抗)、陆凯(弟允),代不过十余人。然《后汉》班彪与固为一传,班超与勇又为一传,一家父子尚各为传。《三国志》诸葛瑾与诸葛恪父子也,而亦各为传。其以子孙附祖父传之例,沈约《宋书》已开其端。然如萧思话萧惠开、徐羡之徐湛之、谢宏微谢庄、王宏王僧达、范泰范奕、王昙首王僧绰、颜延之颜竣,皆父子也;檀道济檀韶檀祇、谢晦谢瞻,皆兄弟也,犹皆各自为传,则以其事当各见,故不牵混,使阅者一览了如也。若一人立传,而其子孙兄弟宗族，不论有官无官，有事无事，一概附入，竟似代人作家谱，则自魏收始。收谓中原丧乱，谱牒遗逸，是以具书支派。然当时杨愔、陆操等已谓其过于繁碎，乃南、北史仿之。而更有甚者，《魏书》一传数十人，尚只是元魏一朝之人，南、北史则并其子孙之仕于列朝者俱附此一人之后。遂使一传之中，南朝则有仕于宋者，又有仕于齐、梁及陈者；北朝则有仕于魏者，又有仕于齐、周、隋者。每阅一传，即当检阅数朝之事，转觉眉目不清。且史虽分南北，而南北又分备朝，今既以子孙附祖父，则魏史内又有齐、周、隋之人，成何魏史乎？宋史内又有齐、梁、陈之人，成何宋史乎？又如褚渊、王俭为萧齐开国文臣之首，而渊附于宋代褚裕之传内，俭附于宋代王昙首传内，遂觉萧齐少此二人，刘宋又多此二人。此究是作史者之弄巧成拙。其后宋子京修《唐书》，反奉以为成例，而踵行之。其意以为简括，而不知究非史法也。……南、北史仿《魏书》子孙附传之例，亦稍有不同。《魏书》凡是某人之子孙尽附于其传后，如朱端子孟允及弟珍，珍弟腾，腾弟庆宾，庆宾子清，皆但有官位，毫无事迹。《北史》则删之，较为简净。《新唐书》仿之，又更有别择，必其子孙有事可传者附之，否则削而不书，尚不至如《魏书》、《北史》之代人作家谱也。

去取、差等，则编年纪事之史，皆所必重。源本《春秋》，根据礼义，非此不足为史也。自《史原》至《史识》，标举诸史大例已备，至如范书序例及《史通》所载荀氏之说五志三科，皆由《春秋》来也。

《后汉书·光武帝纪》：建武五年。李贤注：范晔序例云：

帝纪略依《春秋》，唯字彗、日食、地震书，余悉备于志。（《安帝纪注》引序例：已见前《史德》篇。）

《史通·书事》：昔荀悦有云：立典有五志焉，一曰达道义，二曰彰法式，三曰通古今，四曰著功勋，五曰表贤能。干宝之释五志也，体国经野之言则书之，用兵征伐之权则书之，忠臣烈士孝子贞妇之节则书之，文诰专对之辞则书之，才力技艺殊异则书之。于是采二家之所议，征五志之所取，盖记言之所网罗，书事之所总括，粗得于兹矣。然必谓故无遗恨，犹恐未尽者乎。今更广以三科，用增前目，一曰叙沿革，二曰明罪恶，三曰旌怪异。何者？礼仪用舍、节文升降则书之，君臣邪僻、国家丧乱则书之，幽明感应、祸福萌兆则书之。于是以此三科，参诸五志，则史氏所载，庶几无阙，求诸笔削，何莫由斯。

魏澹史例，亦本《春秋》，而其意重在差等。盖《春秋》道名分，尤为抉择史事去取既定之后所当注意者矣。

《隋书·魏澹传》：高祖以魏收所撰书褒贬失实，平绘为中兴书，事不伦序，诏澹别成《魏史》。澹自道武下及恭帝，为十二纪七十八传，别为史论及例一卷，并目录合为十二卷。澹之义例，与魏收多所不同。其一曰：臣闻天子者，继天立极，终始绝名。故《穀梁传》曰：太上不名。《曲礼》曰：天子不言出，诸侯不生名。诸侯尚不生名，况天子乎？若为太子，必须书名，良由子者对父生称。父前子名，体之意也。是以桓公六年九月丁卯子同生，传曰：举以太子之礼。杜预注曰：桓公子庄公也，十二公惟子同是嫡夫人之长子，备用太子之礼，故史书之于策,即位之日,尊成君而不名。《春秋》之义,圣人之微旨也。至如马迁,周之太子,并皆言名,汉之储两,俱没其讳,以尊汉室,同臣子之意也。窃谓虽立此理,恐非其义,何者?《春秋》礼记太子必书名,天王不言出,此仲尼之褒贬。皇王之称谓,非当时与异代遂可优劣也。班固、范晔、陈寿、王隐、沈约参差不同,尊卑失序。至于魏收,讳储君之名,书天子之字,过又甚焉!今所撰史,讳皇帝名,书太子字,欲以尊君卑臣,依《春秋》之义也。……其二曰:五帝之圣,三代之英,积德累功,乃文乃武,贤圣相承,莫过周室。名器不及后稷,追谥止于三王,此即前代之茂实,后人之龟镜也。魏氏平文以前,部落之君长耳。太祖远追二十八帝,并极崇高,违尧舜宪章,越周公典礼。但道武出自结绳,未师典诰,当须南董直笔,裁而正之,反更饰非言是观过,所谓决渤海之水复去堤防,襄陵之哭,未可免也。但力微天女所诞,灵异绝世,尊为始祖,得礼之宜。平文昭成,雄据塞表,英风渐盛,图南之业,基自此始。长孙斤之乱也,兵交御座,太子授命,昭成获免。道武此时,后婚方娠,宗庙复存,社稷有主,大功大孝,实在献明。此之三世,称谥可也,自兹以外,未之敢闻。……其三曰:臣以为南巢桀亡,牧野纣灭,斩以黄钺,悬首白旗,幽王死于骊山,厉王出奔于彘,未尝隐讳,直笔书之,欲以劝善惩恶,贻诫将来者也。而太武献文,并皆非命,前史立纪,不异天年,言论之间,颇露首尾。杀主害君,莫知名姓,逆臣贼子,何所惧哉!君子之过,如日月之食,圆首方足,孰不瞻仰?况复兵交御座,矢及王屋,而可隐没者乎?今所撰史,分明直书,不敢回避。且隐桓之死,闵昭杀逐,丘明据实录于经下,况复悬隔异代而致依违哉!……其四曰:

周道陵迟，不胜其弊。楚子亲问九鼎，吴人来征百牢。无君之心，实彰行路。夫子刊经，皆书曰卒。自晋德不竞，宇宙分崩，或帝或王，各自署置。当其生日，聘使往来，略如敌国；及其终也，书之曰死，便同庶人。存没顿殊，能无怀愧？今所撰史，诸国凡处华夏之地者，皆书曰卒，同之吴楚。……其五曰：壶遂发问，马迁答之，义已尽矣。后之述者，仍未领悟。董仲舒、司马迁之意，本云《尚书》者隆平之典，《春秋》者拨乱之法，兴丧礼异，制作亦殊。治定则直叙钦明，世乱则辞兼显晦。分路命家（此即《史通》分六家所本），不相依放。故云周道废《春秋》作焉，尧舜盛《尚书》载之是也。汉兴以来，改正朔，易服色，臣力诵圣德，仍不能尽，余所谓述故事，而君比之《春秋》，谬哉！然则纪传之体，出自《尚书》，不学《春秋》明矣。而范晔云：《春秋》者，文既总略，好失事形。今之拟作，所以为短。纪传者，史班之所变也，纲维一代，事义周悉。适之后学，此焉为优，故继而述之。观晔此言，岂直非圣人之无法，又失马迁之意旨。孙盛自谓钻仰具体而放之。魏收云：鲁史既修，达者贻则。子长自拘纪传，不存师表，盖泉源所由，地非企及。虽复逊词畏圣，亦未思纪传之所由来也。……澹又以为司马迁创立纪传以来，述者非一人，无善恶，皆为立论。计在身行迹，具在正书，事既无奇，不足惩劝。再述乍同铭颂，重叙唯觉繁文。案丘明亚圣之才，发扬圣旨，言君子曰者，无非甚泰，其间寻常，直书而已。今所撰史，窃有慕焉。可为劝戒者，论其得失；其无损益者，所不论也。

欧阳修《五代史记》，上法《春秋》，其义例多自为论说，以释

史例第八

世疑。

《五代史记·梁本纪论》：天下之恶梁久矣。自后唐以来，皆以为伪也。至予论次五代，独不伪梁。而议者或讥予大失《春秋》之旨，以谓梁负大恶，当加诛绝，而反进之，是奖篡也，非《春秋》之志也。予应之曰：是《春秋》之志尔。鲁桓公弑隐公而自立者，宣公弑子赤而自立者，郑厉公逐其子忽而自立者，卫公孙剽逐其君衎而自立者，圣人于《春秋》皆不绝其为君。此予所以不伪梁者，用《春秋》之法也。然则《春秋》亦奖篡乎？曰：惟不绝四者之为君，于此见《春秋》之意也。圣人之于《春秋》，用意深故能劝戒切，为言信然后善恶明。夫欲著其罪于后世，在乎不没其实。其实尝为君矣，书其为君；其实篡也，书其篡。各传其实，而使后世信之，则四君之罪，不可得而掩尔。使为君者不得掩其恶，然后人知恶名不可逃，则为恶者庶乎其息矣。是谓用意深而劝戒切，为言信而善恶明也。桀纣不待贬其王，而万世所共恶者也。《春秋》于大恶之君不诛绝之者，不害其褒善贬恶之旨也。惟不没其实以著其罪而信乎后世，与其为君而不得掩其恶以息人之为恶。能知《春秋》此意，然后知予不伪梁之旨也。

《十国世家·年谱论》：或问十国固非中国有也，然犹命以封爵而称中国年号来朝贡者，亦有之矣，本纪之不书何也？曰：封爵之不书，所以见其非中国有也。其朝贡之来如夷狄，以夷狄书之，则甚矣。问者曰：四夷十国皆非中国有也，四夷之封爵朝贡则书，而十国之不书，何也？曰：以中国而视夷狄，夷狄之可也。以五代之君而视十国，夷狄之则未可也。（此即所差等也。内外夷夏一一须权其分际,而后可以为史例。)故十国之封爵朝贡,不如夷狄,则无以书之。书如夷狄,则五代之君未可以夷狄之也。是以外而不书,见其自绝于中国焉尔。问者曰:外而不书,则东汉之立何以书?曰:吾于东汉,常异其辞于九国也。(此又是一种差等。)《春秋》因乱世而立治法,本纪以治法而正乱君。世乱则疑难之事多,正疑处难,敢不惧也。周、汉之事可谓难矣哉!或谓刘旻尝致书于周求其子赟不得而后自立,然则旻之志不以忘汉为仇而以失子为仇也。曰:汉尝诏立赟为嗣,则赟为汉之国君,不独为旻子也。旻之大义宜不为周屈,其立虽未必是,而义当不屈于周,此其可以异乎九国矣。终旻之世,犹称乾祐,至承钧立,然后改元,则旻之志,岂不可哀也哉!

又托为徐无党注,详述其属词之例。如《梁本纪》注,自即位以后大事则书,变古则书,非常则书,意有所示则书,后有所因则书。非此五者则否。又曰:夷狄来,不言朝,不责其礼;不言贡,不责其物。故书曰来。五代乱世,著其屡来,以见夷狄之来不来,不因治乱;而乱世屡来,不足贵也。又曰:于好杀之世,小赦必书,见其亦有爱人之意也。又曰:五代乱世,兵无虚日,不可悉书,故用兵无胜败,攻城无得失,皆不书。其命大将与天子有所如,自著大事尔。此如怀泽者,以兵方攻潞州也,又曰:自唐末之乱,礼乐亡,至此始用乐,故书。又曰:御殿而云入阁,录其本语,书之以见礼失。事在《李琪列传》。此礼其后屡行皆不书,一书以见其失,足矣。又曰:书屠,著其酷之甚者。诸所言书、不书、故书之类,皆三《传》所以解《春秋》者,其去取、差等,晓然可见。赵瓯北即本其例,详考纪传以证之。是亦犹杜、孔诸儒详考《春秋》各事以释经例也。

《廿二史劄记》：不阅《旧唐书》，不知《新唐书》之综核也。不阅薛史，不知欧史之简严也。欧史不惟文笔洁净，直追《史记》，而以《春秋》书法寓褒贬于纪传之中，则虽《史记》亦不及也。其用兵之名有四：两相攻曰攻，如《梁纪》孙儒攻杨行密于扬州是也；以大加小曰伐，如《梁纪》遣刘知俊伐岐是也；有罪曰讨，如《唐纪》命李嗣源讨赵在礼是也；天子自往曰征，如《周纪》东征慕容彦超是也。攻战得地之名有二：易得曰取，如张全义取河阳是也；难得曰克，如庞师古克徐州是也。以身归曰降，如冯霸杀潞将李克恭来降是也；以地归曰附，如刘知俊叛附于岐是也。立后得其正者，曰以某妃某夫人为皇后，如《唐明宗纪》立淑妃曹氏为皇后是也；立不以正者，曰以某氏为皇后，如《唐庄宗纪》立刘氏为皇后是也。凡此皆先立一例，而各以事从之，褒贬自见。（其实是先将各事权其差等，然后立一例，俾事与例合耳。）其他书法，亦各有用意之处，如《梁纪》书弑济阴王。王即唐昭宣帝也，不曰昭宣帝，而曰济阴王者，逊位后梁所封之王，书之以著其实，又书弑以著梁罪也。襄州军乱杀其刺史王班。不书王班死之，而以被杀为文者，智不足以卫身而被杀，不可以死节予之也。杀王师范不曰伏诛，而曰杀者，有罪当杀曰伏诛，不当杀则以两相杀为文也。郢王友珪反。反与叛不同（一字之差等如此），叛者背彼附此，反则自下谋上，恶逆更大也。反不书日者，反非一朝一夕，难得其日也。梁太祖、唐庄宗皆被弑，故不书葬。唐明宗考终，宜书葬矣。以贼子从珂所葬，故亦不书也。《梁纪》天雄军乱，节度使贺德伦叛附于晋。乱首系张彦,而书德伦者,责在贵者也,而德伦究不可加以首恶,而可责以不死,故书叛附于晋也。唐灭梁,敬翔自杀。翔因梁亡而自杀,可谓忠矣,不书死之而但书自杀,以梁祖之恶皆翔所为,故不以死节予之也。除官非宰相枢密使不书(原书《唐本纪》同光元年夏四月行台左丞相豆卢革为门下侍郎右丞相,卢程为中书侍郎同中书门下平章事,中门使郭崇韬、昭义监军张居翰为枢密使。注:枢密使唐故以宦者为之,其职甚微,至此始参用士人,而与宰相权位钧矣。故与宰相并书),而《唐纪》书教坊使陈俊为景州刺史、内园栽接使储德源为宪州刺史者,著其授官之太滥也。《明宗纪》先书皇帝即位于枢前,继书魏王继岌薨,见其即位时君之子尚在,则其反不待辨而自明也。又书郭从谦为景州刺史,既而杀之。从谦弑庄宗乃不讨而反官之,见明宗之无君也;其罪本宜诛,乃不书伏诛而书杀者,明宗亦同罪,不得行诛,故以两相杀为文也。秦王从荣以兵入兴圣宫不克,伏诛。从荣本明宗子,以明宗病恐不得立,以兵自助,故不书反;而擅以兵入宫,其罪当诛,故其死书伏诛也。《汉纪》隐帝崩即书汉亡。隐帝被杀后尚有李太后临朝及迎湘阴公赟嗣位之事,汉犹未亡也,而即书汉亡,见太后临朝等事,皆周所假托,非汉尚有统也。《周太祖纪》书汉人来讨。周祖篡汉得位,崇之于周,义所当讨,故书讨也。《世宗纪》书帝如潞川攻汉。不曰伐而曰攻者,曲在周也。此可见欧史本纪书法一字不苟也。其列传亦有折衷至当者。死节分明,如王彦章、裴约、刘仁赡,既列之《死节传》矣;尚有宋令询、李㥄、张彦卿、郑昭荣等,皆一意矢节以死殉国,而传无之,则以其事迹不完不能立传故也,然于本纪特书死之,以表其忠，固不在传之有无矣。张宪留守太原，庄宗被弑后，皇弟存霸来奔；或劝宪拘存霸以俟朝命，张昭又劝共奉表明宗，宪皆涕泣拒之；已而存霸为符彦超军士所杀，宪出奔沂州。薛史书宪弃城赐死，欧独明其不然，然以其不死于太原，故亦不入于《死事传》，但书宪出奔沂州见杀而已。药彦稠、王思同皆以兵讨潞王从珂，为从珂所执而死。乃思同入《死事传》，而彦稠不入，则以思同词义不屈，系甘心殉国者，彦稠第被执见杀，不可竟以死节予之也。（此又可见差等之例。）于此可见欧史之斟酌至当矣。

世之议欧史者，多以不书韩通死节，为欧公疵累。而钱氏《廿二史考异》就前史之例，明其限断，谓不应自紊其例。此又欧史、徐注所未自言，而钱氏能为之解释，以明史例。治史者能如此用心，则触处洞然，一切皆得是非之公矣。

《廿二史考异》：《新五代史·孙晟传》亟召侍卫军虞候韩通。　案韩通名惟此传及契丹附录两见之。昔人讥欧阳公不为通立传，失《春秋》之旨。余考前史之例，如王凌、毋丘俭、诸葛诞之死，魏未亡也，故列于《魏志》；袁粲、刘秉之死，宋未亡也，故列于《宋书》。若通之死事，乃在宋已受禅之日，于例不当入《五代史》矣。《五代史》七十四篇，自世家而外，绝不涉宋一字。符彦卿、李洪信等功名显于五代，而没在宋初，即不为立传。史家限断之法宜尔，不得以通一人而紊其例也。

司马温公修《通鉴》，自定凡例。其曾孙伋辑录一卷，称有三十六例。《四库提要》谓其盖并各类中细目计之。且其书出于南渡后,不无以意增损,未必尽光本旨。

《通鉴凡例》:用天子例:周、秦、汉、晋、隋、唐,皆尝混一九州,传祚于后,子孙虽微弱播迁,四方皆其故臣,故全用天子之礼以临之,帝后称崩,王公称薨。 书列国例:三国、南北、五代,与诸国本非君臣,从列国之例,帝后称殂,王公称卒。秦、隋未并天下,亦依列国之例。(此两条已见《论正统》文中。)书帝王未即位及受禅例:帝王未即位皆名,自赞拜不名以后不书名。 书称号例:天子近出称还宫,远出称还京师,列国曰还某郡。……凡新君即位必曰某宗,后皆曰上。……太上皇止称上皇。……上太上皇太后号曰尊。……皇后太子曰立,改封曰徙,公侯有国邑曰封,无曰赐爵。……列国非臣下之言不称乘舆、车驾、行在、京师、天子,及崩,臣下所称,仍其旧文。 书官名例:节度使赴镇曰为,使相曰充,遥授曰领。……凡官名可省者,不必备书。……公相以善去曰罢,以罪去曰免。 书事同日例:两国事同日不可中断者,以日先序一国事已,更以其日起之。如齐建武元年十月辛亥魏主发平城云云,辛亥太后废帝为海陵王云云。 书两国相涉例:凡两国事相涉则称某主,两君相涉则称谥号,不相涉而事首已见,则称上称帝。 书斩获例:凡战伪走而设伏斩之曰斩首……斩首千级以下不书获,辎重兵械杂畜非极多不书。 书复姓例:宋永初三年长孙嵩实姓拓跋,时魏之群臣出于代北者皆复姓,孝文迁洛改为单姓,史患其烦,悉从后姓。 书字例:凡以字行者始则曰名某字某,以字行及小字可知者,不复重述，难知者乃述之。　　书反乱例：凡诛得愆曰有罪，逆上曰反，争疆曰乱。

观《通鉴问疑》，似初修书时，诸例尚未定。至周、秦、汉纪已修毕，始与刘道原详加讨论。故书法亦不一律。

　　《通鉴问疑》：君实曰：凡用天子法者，所统诸侯皆称薨。而《晋书》帝纪惟亲王、三公及二王后称薨，馀虽令仆方伯开府如羊祜、杜预之徒，亦止称卒。《隋书》帝纪内史令纳言及封国公、郡公者亦称卒，惟亲王、三公及开府仪同三司称薨。新、旧《唐书》令仆、中书令、侍中、平章事、参知机务政事皆称薨。若依古礼，五等称薨，则晋惠帝时令长卒伍皆有爵邑，不可概称薨也。西晋荀勖等为尚书令中书监令，虽用事，不谓之宰相，东晋庾亮、何充等始谓之宰相，欲自晋以后，惟王爵及三公宰相称薨，馀皆称卒，南北朝王公亦称卒。至隋则令仆内史令纳言为宰相，至唐则平章事为宰相，三师三公皆为散官，欲皆以为薨，可乎？……道原曰：周、秦、汉、魏诸侯称薨，至晋已后惟王爵及三公宰相称薨。或薨或卒，于例未匀，不如用陆淳例，皆称卒。……君实曰：诸臣称卒，诚为确论。但恨已进者周、秦、汉纪，不可请本追改。其晋、隋、唐纪除诸王、三公、三师称薨，馀虽宰相亦称卒。尚书令、仆射及门下、中书，权任所在，谓之宰相，终非正三公也。……道原曰：散官若亦称薨，宰相不应称卒。

盖历代官制既殊，权任亦异，诸史旧文，又多抵牾。故统括二千三百六十二年之事,即寻常一二薨卒之例,已不易示其差等,更不克就一二字寓褒贬别善恶矣。《春秋》二百四十二年,周制尚存;后之汉唐,不过数百年;五代则仅五十余年,其事较易。此时间之差别,所宜为修通史者原也。

世多议《通鉴》书诸葛亮寇魏之非,盖沿陈寿之失。

《魏志·明帝纪》:太和五年,诸葛亮寇天水。

《通鉴》:太和五年二月,汉丞相亮帅诸军入寇,围祁山。

又:青龙二年二月,亮悉大众十万,由斜谷入寇。(《魏志》曰:诸葛亮出斜谷,屯渭南。)

然如书孔融弃市,又不用范书。则帝魏之见,与范氏恶曹操者异也。

《后汉书·献帝纪》:建安十三年八月壬子,曹操杀太中大夫孔融,夷其族。(《通鉴》书太中大夫孔融弃市。)

又如操封魏公后,不书姓,亦与班书不同。班书《平帝纪》王莽封安汉公后,仍书王莽,不曰安汉公莽也。

《通鉴》:建安十八年五月丙申,以冀州十郡封曹操为魏公。……秋七月,魏公操纳三女为贵人。 胡注:自此以后,曹操不书姓,而冠以国。

顾《通鉴》虽帝魏,亦有区别。如魏文帝书殂,与东晋诸帝书崩不同。以晋尝混一,而魏不能有天下也。

《通鉴》:黄初七年,魏文帝殂。 胡注:《通鉴》书法,天子奄有四海者书崩,分治者书殂。惟东晋诸帝以先尝混一书崩。(此即胡注本《通鉴凡例》以明书法。)

史例之详,以朱子所定《通鉴纲目凡例》为最。盖承《春秋三传》、《通鉴》诸史而集其大成,所谓后起者易为功也。其例凡十九类,曰统系,曰岁年,曰名号,曰即位,曰改元,曰尊立,曰崩葬,曰篡贼,曰废徙,曰祭祀,曰行幸,曰恩泽,曰朝会,曰封拜,曰征伐,曰废黜,曰罢免,曰人事,曰灾祥。十九类中,可以统系为之纲,其十八类,大都以正统列国无统别之。其文又有朱墨之别,使阅者一目了然。

《通鉴纲目·岁年例》:凡岁不用岁阳名(以《通鉴》用岁阳名也),只用甲子(依《史记》年表,以从简便),大书于横行之上。甲字子字别之以朱,其余皆墨。

凡正统,周自篇首,秦、汉、晋、隋、唐自初并天下,皆大书于横行之下。朱书国号(如云周、秦、汉、晋、隋、唐)、谥号(如周威烈王、秦始皇)、君名(如云午)、年号(如太康、开皇、武德),墨书某年(如周云二十三年、秦云二十六年)。次年以后,但于行下墨书某年。……篇首周年下朱注列国(如云秦、晋、楚、燕等),墨书谥爵(如云简公、烈公之类)、君名(如止如之类)、某年。……所注列国,以兴起先后为次,而于新旧之间,以圈隔之,其末又以圈隔。下朱注总结统旧国若干、新国若干、凡若干国。次年以后，唯元年注之，如前注。……凡天子继世，则但于行下朱书谥号年号，墨书元年。（周则列国之元亦注其下。）次年以后，如篇首次年之法。……建国僭国之大者，则于年下朱书国名谥号姓名（如楚隐王陈胜、魏文帝曹丕之类）、年号（如魏黄初之类），墨注元年。……次年以后，则朱注国名，墨注年号某年。其小者，则依周列国例，但年号用墨注。首尾增损新旧之间亦如前法。……其篡贼干统，而正统已绝，无年可系，则朱注其国名、墨注年号于行下。（如吕氏、新莽。）正统虽绝，而故君尚存，则追系正统之年而注其下。（如唐之武氏，用范氏《唐鉴》之例。）其不成君，亦依正统已绝之例。（如汉帝玄之类。）……凡无统自更端处（如秦昭襄王五十一年、楚汉元年、吴黄武元年、宋永初元年、梁开平元年），即于行下分注诸国之年。大者纪年，小者纪元朱书。新旧首尾增损皆如前法。但其兴废促数，则岁结之。不纪年者，亦列数其国号。

其辞例不可备举，姑就征伐一类言之。《左氏传》但曰敌未阵曰败某师，皆阵曰战，大崩曰败绩，得俊曰克，覆而败之曰取某师，京师败曰王师败绩于某，及凡师有钟鼓曰伐、无曰侵、轻曰袭耳。《公羊传》但曰粗者曰侵，精者曰伐，战不言伐，围不言战，入不言围，灭不言入（《庄公八年》）耳。《五代史记》用兵之名，亦止两相攻曰攻，以大加小曰伐，有罪曰讨，天子自往曰征四例。《通鉴凡例》所言尤简。观《纲目·征伐例》，则自战国以降中外兵事，所应依其分际而区别书之者，靡不具焉。盖史实猥多，史例必随而演进。其斤斤于一字一辞者，皆事理所应尔，非好为是纤琐也。

《纲目·征伐例》：凡正统自下逆上曰反，有谋未发者曰谋反，兵向阙者曰举兵犯阙。……凡调兵曰发，集兵曰募，整兵曰勒，行定曰徇，行取曰略，肆掠曰侵，掩其不备曰袭，同欲曰同，合势曰连，兵并进曰合，兵在远而附之曰应，相接曰通，服属曰从，益其势曰助，援其急曰救，开其围曰解，交兵曰战，尾其后曰追，环其城曰围。……凡胜之易者曰败某师、平之，难者曰捕斩之，舍此之彼曰叛、曰降于某、附于某，犯城邑寇得曰陷，居曰据。……凡僭名号曰称。（周列国称王称帝，汉以后僭国篡贼称皇帝，盗贼称帝称天子之类。）……人微事小曰作乱，人微众少曰盗，众多曰群盗。……犯顺曰寇。……凡中国有主，则夷狄曰入寇，或曰寇某郡，事小曰扰某处。中国无主，则但云入边，或云入塞，或云入某郡杀掠吏民。……凡正统天子亲将兵曰帝自将，遣将则曰遣某官某将兵。……大将兼统诸军则曰率几将军，或云督诸军，或云护诸将。……将卑师少无大胜负，则但云遣兵。……不遣兵而州郡自讨，则云州郡或云州兵或云郡兵。置守令平盗贼曰以某人为某云云。（如汉成帝河平二年西夷相攻，以陈立为牂柯太守讨平之。及后汉以虞诩为朝歌长之类。）……凡正统用兵于臣子之僭叛者，曰征曰讨；于夷狄若非其臣子者曰伐曰攻曰击；其应兵曰备曰御曰拒。皆因其本文。……凡人举兵讨篡逆之贼，皆曰讨。……凡战不地，屡战则地，极远则地。……凡书敌于敌国曰灭之，于乱贼曰平之。敌国乱贼岁久地广屡战而后定，则结之曰某地悉定，或曰某地平。……凡得其罪人者于臣子曰诛，于夷狄若非臣子者曰斩曰杀。……凡执其君长将帅，曰执、曰虏、曰禽、曰获、曰得。皆从其本文。……凡师入曰还，全胜而归曰振旅,小败曰不利,彼为主曰不克,大败曰大败,或曰败绩,将帅死节曰死之。……凡人讨逆贼而败者亦曰不克,死曰死之。(刘崇、翟义之类。)其破灭者亦以自败为文。(三辅兵皆破灭之类。)……凡非正统而相攻,先发者不曰寇陷,后应者不曰征讨。其他皆从本文。惟治其臣子之叛乱者书讨,讨而杀之曰诛。

官局修史,杂出众手,要亦必有共循之例。若唐修《晋书》例云天子庙号书于卷末者是也。元修三史,其例简略,属辞之例,大抵依据宋贤,故不缕举。元史之例亦然。

《辽宋金史凡例》:一,帝纪。各史书法准《史记》、《汉书》、《新唐书》,各国称号准南、北史。 二,各史所载,取其所重者作志。 三,表与志同。 四,列传。(后妃、宗室、外戚、群臣杂传)人臣有大功者,虽父子各传。馀以类相从,或数人共一传。三国所书,事有与本朝相关涉者,当禀金宋死节之臣,皆立合传,不须避忌。其余该载不尽,从总裁官与修史官临文详议。 五,疑事传疑,信事传信,准《春秋》。

《元史凡例》:一,本纪。按两汉本纪,事实与言辞并载,兼有书《春秋》之义,及唐本纪则书法严谨,全仿乎《春秋》,今修《元史》,本纪准两汉史。 一,志。按历代史志为法间有不同,至唐志则悉以事实组织成篇,考核之际,学者惮之。惟近代《宋史》所志条分件列,览者易见。今修《元史》,志准《宋史》。 一,表。按汉、唐史,表所载为详,而《三国志》、《五代史》则无之。唯辽、金史据所可考者作表,不计详略。今修《元史》，表准辽、金史。　一，列传。按史传之目，冠以后妃，尊也；次以宗室诸王，亲也；次以一代诸臣，善恶之总也；次以叛逆，成败之归也；次以四夷，王化之及也。然诸臣之传，历代名目又自增减不同。今修《元史》，传准历代史而参酌之。　一，历代史书纪志表传之末，各有论赞之辞。今修《元史》，不作论赞，但据事直书，具文见意，使其善恶自见，准《春秋》。

清修《明史》，当时在事诸人，讨议体例之文孔多。观刘承幹所刊《明史例案》，可以考见其修订之矜慎。徐乾学首陈例议六十一条，如分合、繁省、补遗、互见诸条，皆有精义。

徐乾学《修史条议》：第四条：元末群雄如韩林儿、徐寿辉、张士诚、陈友谅、明玉珍、陈友定、方国珍辈，《元史》既不为立传，今所作诸人传，当详列其事迹，不得过于简略。……第六条：元之遗臣如也速、王保保辈，虽《元史》已为立传，然自遁荒之后，阙而不书。今当载其后事，以补前史之遗。……第十五条：史之有志，所以纪一代之大制度也。如郡县之沿革，官职之废置，刑罚之轻重，户籍之登耗，以及兵卫修废，河漕通塞，日食星变之类，既详列于志，不得复入本纪。本纪之体，贵乎简要。《新唐书》文求其省，固失之略，《宋》、《元史》事求其备，亦失之繁。斟酌于二者之间，务使详略适宜，始为尽善。今惟大典大政登诸本纪，其他宜入志者，归之于志；宜入表者，归之于表；宜入传者，归之于传。则事简而文省矣。……第廿二条：有一事而数人分功者，如顺义之封，内则阁部（内阁李春芳、高拱、张居正、赵贞吉、中枢郭乾），外则督抚（督臣王崇古、抚臣方逢时），皆有决策之劳者也。如宁夏之征，文则督抚（前总督魏学曾、后总督董应熊、巡抚朱正包、监军御史梅国桢），武则总兵（李如松、萧如薰、麻贵），皆有戡定之绩者也。不得专属一人以掩他人之美，当使彼此互见，详略得宜。……第三十三条：明之战功，大约文武数人共之。如麓川之役王骥与蒋贵共事，大藤峡之役韩雍与赵辅共事，播州之役李化龙与刘綎共事，决机发策当归于文，冲锋陷阵必归于武，不得重文轻武，以血战之功归诸文墨之士。必使数人之传，出于一人之手，庶无抵牾，且免重复。

而详胪忠义，附著四王，则有用其议而不尽者。

《修史条议》：第三十五条：忠义之士，莫多于明，一盛于建文之朝，再盛于崇祯之季。此固当大书特书，用光史籍。若乃国亡之后，吴越闽广，多有其人，此虽洛邑之顽民，固即商家之义士。考之前典，陆（秀夫）、张（世杰）、文（天祥）、谢（枋得）并列于赵宋之书，福寿宜孙亦入于有元之史，此皆前例之可据，何独今史为不然。当搜逸事于退陬，用备一朝之巨典。第三十六条：庄烈愍皇帝纪后宜照《宋史》瀛国公纪后二王附见之例，以福、唐、鲁、桂四王附入，以不泯一时事迹，且见本朝创业之隆。

王鸿绪《史例议》，首举书日、书事诸法，视徐议尤细密。

王鸿绪《史例议》：一，即位以前，前史例不书日，间有书日者,事或不得不日也。即位以后,举动必书,不可不日。然事亦有不可以日者,则以是月系之,有不可以月者,则以是岁系之。……一,命官不书,封王则书,侯则不书,非常而有故则书。(下引史例甚多。)……一,宰相除拜,《前汉》不书,有特诏则书,罢书,薨书。唐则除罢俱详载矣。明罢丞相,设府部院寺以理庶务,于是六部之职权始重似六卿,亦宜并书。然六卿书矣,陪京之六卿可不书乎?添注之六卿可不书乎?词臣而晋尚书保傅者可不书乎?六卿之拜书矣,罢可不书乎?抑将书六卿,而殿阁之学士大学士预机务者反不书乎?倘殿阁之预机务者当书,而六卿又不可不书。则一月之中除罢不一而足,本纪竟成除书矣。且表又何用焉?(下略)如必以为尚书不可不书,或择其人之有关理乱张本者书之。……一,攻战所克郡邑,非两国相争要地不书,非敌都不书。(已见《史识篇》。)

其论史体与纲目不同,尤为精卓。故读王氏《史例议》,不独知《明史》之例,兼可贯通群史之例。惟其以元为正统,则满清入主时不得不以明承元,此其与明人治史之观念不同者也。

《史例议》:一,紫阳《纲目》体例精严,提纲大书,法并《春秋》,真千古褒善贬恶之大经也。或曰本纪即仿其纲而书之,不亦善乎?愚应之曰:此紫阳氏之书,而非史家之书也。史家之书,踵其文于胜国而笔削之,其用意宽。紫阳之书,合前史所书之事而赏罚之,其用意严。不惟是也,其体例亦有不同。本纪是载一帝之事,而分见于志传之中者也。《纲目》是摘纪志传之事,而汇见于一帝之下者也。如《汉书》文帝元年召河南守吴公为廷尉,以贾谊为大中大夫;三年以张释之为廷尉;四年召河东守季布至,罢归郡。《唐书》贞观元年制谏官随宰相入阁议事;五年修洛阳宫,十二月开党项之地为十六州;六年群臣请封禅不许,十月宴近臣于丹霄殿。如此类者不可枚举,要皆本纪之所不书,而紫阳从志传中摘之,以示一帝之理乱得失为后世之法戒。其体例一而已矣。非若史之有纪志表传可以错综互见者也。(观此更可以悟史联之义。)故曰此紫阳氏之书,而非史家之书也。……或曰:《纲目》一书,子朱子义例全法《春秋》,尚已。若司马迁承五伯之运,继《春秋》而纂史,昔贤谓自麟经绝笔之后而得褒贬之遗意者,于迁史有取焉。若然,则二者异名同原,子何得而歧视之乎?余曰:作史而不取则于《春秋》,曷以成其为史?然一书有一书之体,亦各有命意之所在。《纲目》在存统,史书在尊王也。(此语未尽谛。须知尊王是一义,以王道治时王又是一义。)何以言之?文公答吕伯恭书曰:温公旧例皆以后改者为正。(指改年号之事。)此殊未安。如汉建安二十五年之初,汉尚未亡,今便作魏黄初元年,夺汉太速,与魏太遽,大非《春秋》存陈之意,恐亦不可为法。又文公《语录》载问《通鉴》提纲主意,曰主在正统。问何以主在正统?曰三国当以蜀汉为正,而温公乃云某年某月诸葛亮入寇,是冠履倒置,何以示训?若夫史则不然。《史记》列项羽于纪,以羽为伯王,政由己出,是时汉未得天下,虽纪羽可也。班则本纪属之帝,而列羽为传矣。当沛公至霸上,秦王子婴降,羽入关屠咸阳而东,自立为西楚霸王,尊楚怀王孙心为义帝,《史记·羽纪》书汉元年四月诸侯罢戏下,而不以楚纪年。《高纪》则书汉元年冬十月沛公至霸上,秦王子婴素车白马系颈以组封皇帝玺符节降轵道旁,是以子婴降为汉受命之元,而义帝之元置之不论矣。亦不独《史》《汉》,他史率多类此。

《史例议》下:按本纪之体,元是正统,明是龙兴,故称元称顺帝,称明称太祖,可顺文意以立言。若陈友谅之称汉,明玉珍之称夏,在友谅与玉珍传中则著其国号曰汉曰夏,而于《太祖本纪》中有战伐交兵者,止宜称友谅将某某、玉珍将某某,不当以其国号称也。《光武本纪》书破公孙述将某某,《新唐书·高祖本纪》书王世充、窦建德、刘武周等陷某州,或云与某某等战败之,皆不称其国号,而以名。此乃史例。(此论自当,惟元尚非汉之比耳。)往见史馆《太祖本纪》友谅称汉将而不书友谅名,与张士诚二例,似宜易。

史 术 第 九

　　史术即史学，犹之经学亦曰经术，儒家之学亦曰儒术也。吾意史术通贯经术，为儒术之正宗，故以史术名篇。术即道也，为古今人所共由之道。然学者亦须知所择，知所遵，始不误于歧途曲径。《易·系辞》曰：初六，藉用白茅，无咎。（《大过》卦之初爻）子曰：苟错诸地而可矣。藉之用茅，何咎之有？慎之至也。夫茅之为物薄而用可重也，慎斯术也以往，其无所失矣。此孔子读《易》，教人慎遵其术也。孟子曰：矢人岂不仁于函人哉！矢人惟恐不伤人，函人惟恐伤人，巫匠亦然。故术不可不慎也。由孟子之言推之，岂惟矢函巫匠，读史亦然。读殖民史，则驰心于远略；读战争史，则极意于争雄；读外交史，则务夸纵横捭阖之能；读商业史，则醉心经济侵略之策。史能转人，而人不能转史。世界之祸，遂穷惨极酷，几于不可收拾矣。惟吾国史不然，其中固不乏拓地殖民，耀兵奋武，纵横钩距，轻重贸迁之术，而以儒术为之主宰，乃以开发建树此东亚数千年之世界。其术犹可以用之今日，而造福于未来。故史之中亦有函矢焉，吾史则视其时而用函矢者也。（孔子曰：道二，仁与不仁而已矣。矢之不仁，用之得当，亦即仁术。学者知此意，始不疑于吾言。）宋张咏劝寇准读《霍光传》，准读至不学无术句，知其讽己也。故读史可得持身处事之术，其例不可胜举。

《宋史·寇准传》：初张咏在成都，闻准入相，谓其僚属曰：寇公奇材，惜学术不足尔。及准出陕，咏适自成都罢还，准严供帐大为具待。咏将去，准送之郊，问曰：何以教准？咏徐曰：《霍光传》不可不读也。准莫谕其意，归取其传读之，至不学无术，笑曰：此张公谓我矣。

《汉书·霍光传赞》：霍光以结发内侍，起于阶闼之间，确然秉志，谊形于主。受襁褓之托，任汉室之寄，当庙堂，拥幼君，摧燕王，仆上官，因权制敌，以成其忠。处废置之际，临大节而不可夺，遂匡国家，安社稷。拥昭立宣，光为师保，虽周公阿衡，何以加此？然光不学无术，暗于大理，阴妻邪谋，立女为后，湛溺盈溢之欲，以增颠覆之祸。死财三年，宗族诛夷，哀哉！

隽不疑以《春秋》之义执成方遂。

《汉书·隽不疑传》：始元五年，有一男子乘黄犊车，建黄旐，衣黄襜褕，著黄冒，诣北阙，自谓卫太子。公车以闻，诏使公卿将军中二千石杂识视。长安中吏民聚观者数万人，右将军勒兵阙下以备非常。丞相御史中二千石至者，立莫敢发言。京兆尹不疑后到，叱从吏收缚。或曰：是非未可知，且安之。不疑曰：诸君何患于卫太子？昔蒯聩违命出奔，辄拒而不纳，《春秋》是之。（《公羊传·哀公三年》：辄者曷为者也？蒯聩之子也。然则曷为不立蒯聩而立辄？蒯聩为无道，灵公逐蒯聩而立辄。然则辄之义可以立乎？曰：可。其可奈何？不以父命辞王父命，以王父命辞父命，是父之行乎子也；不以家事辞王事，以王事辞家事，是上之行乎下也。《穀梁传》：辄不受父之命,受之王父也。信父而辞王父,则是不尊王父也,其弗受以尊王父也。范宁《穀梁传序》非之曰:以拒父为尊祖,是为子可得而叛也,害教伤义,不可强通。)卫太子得罪先帝,亡不即死,今来自诣,此罪人也。遂送诏狱。天子与大将军霍光闻而嘉之,曰:公卿大臣当用经术,明于大谊。繇是名声著于朝廷,在位者皆自以不及也。后赵广汉为京兆尹,言我击奸止邪,行于吏民,至于朝廷事,不及不疑远甚。廷尉验治何人,竟得奸诈,本夏阳人,姓成名方遂,居湖,以卜筮为事。有故太子舍人尝从方遂卜,谓曰:子状貌甚似卫太子。方遂心利其言,几得以富贵,即诈自称诣阙。廷尉逮召乡里识知者张宗禄等,方遂坐诬罔不道,要斩东市。(《后汉书·王昌传》:一名郎,自称孝成皇帝子子舆。数战不利,使其谏议大夫杜威持节请降。威雅称郎实成帝遗体。光武曰:设使成帝复生,天下不可得,况诈子舆者乎?亦即不疑执成方遂之意。)

诸葛亮以晋国之事,开悟刘琦。

《后汉书·刘表传》:二子,琦、琮。初表以琮貌类于己,甚爱之。后为琮娶其后妻蔡氏之侄,蔡氏遂爱琮而恶琦,毁誉之言,日闻于表。表宠耽后妻,每信受焉。又妻弟蔡瑁及外甥张允并得幸于表,又睦于琮。而琦不自宁,尝与琅邪人诸葛亮谋自安之术。亮初不对,后乃共升高楼,因令去梯,谓亮曰:今日上不至天,下不至地,言出子口,而入吾耳,可以言未?亮曰:君不见申生在内而危,重耳在外而安乎?琦意感悟,阴规出计。会表将江夏太守黄祖为孙权所杀,遂求代其任。(本《蜀志·诸葛亮传》)

史术第九

吕蒙识超鲁肃，由读三史。

《吴志·吕蒙传》注《江表传》：孙权谓蒙及蒋钦曰：卿今并当涂掌事，宜学问以自开益。蒙曰：在军中常苦多务，恐不容复读书。权曰：孤岂欲卿治经为博士邪？但当令涉猎见往事耳。卿言多务，孰若孤，孤少时历《诗》、《书》、《礼记》、《左传》、《国语》，惟不读《易》。至统事以来，省三史、诸家兵书，自以为大有所益。如卿二人意性朗悟，学必得之，宁当不为乎？宜亟读《孙子》、《六韬》、《左传》、《国语》及三史。孔子言：终日不食，终夜不寝，以思无益，不如学也。光武当兵马之务，手不释卷。孟德亦自谓老而好学。卿何独不自勉勖邪？蒙始就学，笃志不倦，其所览见，旧儒不胜。后鲁肃上代周瑜，过蒙言议，常欲受屈。肃拊蒙背曰：吾谓大弟但有武略耳，至于今者，学识英博，非复吴下阿蒙。蒙曰：士别三日，即更刮目相待。大兄今论，何一称穰侯乎？兄今代公瑾，既难为继，且与关羽为邻。斯人长而好学，读《左传》略皆上口，梗亮有雄气，然性颇自负，好陵人。今与为对，当有单复，以卿待之。密为肃陈三策，肃敬受之，秘而不宣。权常叹曰：人长而进益，如吕蒙、蒋钦，盖不可及也。富贵荣显，更能折节好学，耽悦书传，轻财尚义，所行可迹，并作国士，不亦休乎！

崔浩主伐凉州，实本《汉志》。读史之益多矣。

《通鉴》卷百二十三：魏主（太武）议伐凉州，众云彼无水草，崔浩曰：《汉书·地理志》称凉州之畜为天下饶，若无水草，畜何以蕃？又汉人终不于无水草地筑城郭建郡县也。太武用其议，至凉州时，赐太子晃诏曰：姑臧城东西门外涌泉合于城中，其大如河，自馀沟渠流入汉中，其间乃无燥地。[按古之大将，必说礼乐，敦《诗》、《书》；后世大将，亦必涉猎史传，或咨询学者，或听人诵读。《蜀志》王平使人读《史》、《汉》诸传记听之，备知其大义，往往论说不失其指。《晋书·载记》石勒尝令儒生读书史而听之，亦以其意论古帝王善恶。尝使人读《汉书》，闻郦食其劝立六国后，大惊曰：此法当失，何得遂成天下？至留侯谏，乃曰：赖有此耳。都可与所引孙权、吕蒙、崔浩之事互证。故用兵之学莫备于史。《方舆纪要》、《读史兵略》所载例证尤多，不第局部战事制胜策敌已也。又如晁错《言兵事疏》曰：卑身以事强，小国之形也；合小以攻大，敌国之形也；以蛮夷攻蛮夷，中国之形也。此数语括尽兵谋外交之术。汉武通西域，通西南夷，用此术也。李泌对唐德宗曰：臣能不用中国之兵，使吐蕃坐困。因言欲结回纥、大食、云南与共图吐蕃。(《通鉴》贞元三年)迄清季李鸿章浼俄、法、德三国干涉割让辽东半岛以启日俄之战，皆此术也。故倭人常恨李氏以夷制夷之术。古所谓蛮夷，易言之亦即列国。用列国以制一敌，岂非晁错之术通贯古今者乎？然用此术，亦当监于前史。《困学纪闻》卷六曰：列国之变，极于吴越。通吴以疲楚者，晋也；通越以挠吴者，楚也。春秋于是终焉。唐以南诏攻吐蕃，而唐之亡以南诏。本朝(指宋)以女真灭契丹，而中原之亡以女真。女真之将亡也，吾国又不监于宣和，而用夹攻之策，不知《春秋》之义也。王伯厚所谓不知《春秋》之义者，即人事因果孔多，知其利而不知其害，未为善读史也。]

史术第九

反而观之,汉廷不以《太史公书》予诸侯王。

《汉书·东平思王宇传》:上疏求诸子及《太史公书》。上以问大将军王凤。对曰:臣闻诸侯朝聘,考文章,正法度,非礼不言。今东平王幸得来朝,不思制节谨度以防危失,而求诸书,非朝聘之义也。诸子书或反经术,非圣人意,或明鬼神信物怪。《太史公书》有战国纵横权谲之谋,汉兴之初谋臣奇策,天官灾异地形阸塞,皆不宜在诸侯王,不可予。

宋彭城王义康悔不知淮南王事。

《通鉴》卷一百三十四:彭城王义康被废在安成郡读书,见淮南厉王长事,废书叹曰:自古有此,我乃不知,得罪为宜也。

可知史学之益,自持身涉世谋国用兵,为术多而且精,非徒记问撰著即可为史学也。程伊川读史,必先料成败。

《近思录》:伊川先生每读史,到一半,便掩卷思量,料其成败,然后却看。看不合处,又更精思。其间多有幸而成不幸而败,今人只见成者便以为是,败者便以为非,不知成者煞有不是,败者亦煞有是处。

包世臣教人读《通鉴》,必如置身当时,阅众议而筹善策。

包世臣《姚生传》:生一日阅《通鉴》数十卷,问之略能言其始末。余曰:此经生对策之技,非真学者也。《通鉴》善在先述其事,乃叙众议,然后载廷议所从,而详记其得失于后。学者阅其事,先为画上中下三策,然后阅众议而验己见之是否有合;又筹廷议所当从,再阅廷议;则后之收效与否,已可十得八九。如是则如置身当时之朝端,庶几异日遇事能不惑也。生自是每日止尽一卷,一月之后,其意与古人合者十常四五也。

曾国藩教其弟读史,亦曰莫妙于设身处地,记一人恍如接其人,记一事恍如亲其事。斯皆大儒之学也。

《曾文正家书》(道光二十三年正月十七):读史之法,莫妙于设身处地,每看一处,如我便与当时之人酬酢笑语于其间。不必人人皆能记也,但记一人,则恍如接其人;不必事事皆能记也,但记一事,则恍如亲其事。

曹操自矜其更事之多,故能预知应变。顾人事万变,岂能悉经?读史则事变纷纭,比例昭著。读史而能精通其意,虽前所未有,亦可推知。庄子谓:小知不及大知,小年不及大年。读史则知识之丰,可赅千百国千万年,自等大知大年矣。

《魏志·武帝纪》:毋丘兴为安定太守。公戒之曰:羌胡欲与中国通,自当遣人来,慎勿遣人往。善人难得,必将使羌胡妄有所请求,因以自利。不从便为失异俗意,从之则无益于事。兴至,遣校尉范陵至羌中,陵果教羌使自请为属国都尉。

公曰:吾预知当尔,非圣也,但更事多耳。

虽然,史之为术,盖尤有大于此者。司马迁自述其书曰:罔罗天下放失旧闻,王迹所兴,原始察终,见盛观衰。论考之行事,略推三代,录秦汉,上记轩辕,下至于兹。又曰:礼乐损益,律历改易,兵权山川鬼神,天人之际,承敝通变。又曰:扶义俶傥,不令己失时,立功名于天下。又曰:略以拾遗补蓺,成一家之言。厥协六经异传,整齐百家杂语,藏之名山,副在京师,俟后世圣人君子。其意量之闳远何如!班固自述其书,亦曰:凡《汉书》,叙帝皇,列官司,建侯王;准天地,统阴阳,阐元极,步三光;分州域,物土疆,穷人理,该万方;纬六经,缀道纲,总百氏,赞篇章;函雅故,通古今,正文字,惟学林。合之马迁之言,知史术无所不赅,非徒可以谋一身断一事之借镜也。前言古史,已举其所掌典法则枋之弘伟,若就其中历考之,则上之测天揆日,观象授时,星野躔度,云物禨祥;下之分州画野,导山浚川,城郭宫室,封疆道路,都鄙乡遂,井牧田莱,廛市间馆,山林川泽,无所不赅。其人则帝皇君长,官吏师儒,农工商贾,嫔妇臣妾,巫医矇瞽;其物则九谷六畜,酒浆丝枲,金玉锡石,章服车旗,衮冕黻珽,衰麻绖杖,度量权衡,鼓钟同律;其文则《诗》、《书》系世,方志名数,版图简稽,盟誓约剂;其事则建国设官,陈殷置辅,分职任民,理财阜货,悬书读法,校比登下,师田行役,选贤兴能,刑宪剌宥,庆吊赒恤,月要岁会,辅志弊谋。乃至鸟兽语言,圂畜教扰,土化粪种,潴防涉扬,无不定其制度,存其法守,厘其伦脊,究其中失,以之作人立极,参两天地。此史职所包函,皆儒术所贯澈。《中庸》曰:仲尼祖述尧舜,宪章文武。上律天时,下袭水土。特言其略耳。详究之,则祖述宪章上律下袭者,一一皆有实事实政,非空言高论已也。庄周知此术,故于《天下篇》极言古之道术,六通四辟,无所不在。而儒史所传特设于中国为百家所自出。今之学者,不究其旧法世传之全,而喜举后之不赅不遍一曲之说,恶得为知史哉!

《庄子·天下篇》:古之人其备乎。配神明,醇天地,育万物,和天下,泽及百姓。明于本数,系于末度,六通四辟,小大精粗,其运无乎不在。其明而在数度者,旧法世传之史尚多有之。其在于《诗》、《书》、《礼》、《乐》者,邹鲁之士缙绅先生多能明之。《诗》以道志,《书》以道事,《礼》以道行,《乐》以道和,《易》以道阴阳,《春秋》以道名分。其数散于天下而设于中国者,百家之学时或称而道之。天下大乱,贤圣不明,道德不一,天下多得一察焉以自好。譬如耳目鼻口,皆有所明,不能相通。犹百家众技也,皆有所长,时有所用。虽然,不该不遍,一曲之士也。

病儒者,动谓博而寡要,劳而少功,累世不能通其学,当年不能究其礼。实则儒者自有其要,曰中曰和,为自古相传之通术。盖自虞廷教胄,允执厥中;皋陶陈谟,广为九德;箕子述《洪范》,以正直刚柔戒颇僻。

《洪范》:六,三德:一曰正直,二曰刚克,三曰柔克。平康正直,强弗友刚克,燮友柔克,沈潜刚克,高明柔克。惟辟作福,惟辟作威,惟辟玉食。臣无有作福、作威、玉食。臣之有作福作威玉食,其害于而家,凶于而国。人用侧颇僻,民用僭忒。

史术第九

周公言《立政》,以迪知忱恂章大竞。

《立政》:古之人迪惟有夏,乃有室大竞,吁俊事上帝,迪知忱恂于九德之行。(据此,知《皋陶谟》所陈九德,确为虞夏名言,故周公引之也。)

而《周官》乡三物之教六德,则曰知、仁、圣、义、忠、和。成均以礼乐教国子,则曰中和、祗庸、孝友。司徒之职曰:以五礼防万民之伪,而教之中;以六乐防万民之情,而教之和。宗伯之职曰:以天产作阴德,以中礼防之;以地产作阳德,以和乐防之。故曰虞夏至周,皆以中和为教。而《诗》之颂汤曰:不竞不绿,不刚不柔,敷政优优,百禄是遒。(《商颂·长发》)美仲山甫曰:人亦有言,柔则茹之,刚则吐之。维仲山甫,柔亦不茹,刚亦不吐,不侮鳏寡,不畏强御。(《大雅·烝民》。此诗最可推见中和之德。中和非卑弱也,故须柔亦不茹,刚亦不吐,惟其当而施之;且以见不畏强御者,惟不侮鳏寡而后能。《书·无逸》曰:文王不敢侮于鳏寡。《孝经》曰:治国者不敢侮于鳏寡,而况于士民乎?凡侮鳏寡虐士民者,即其自恃强御,遇有强御,则畏葸无似矣。)其以中和为主要,实源远而流长。故《中庸》举之曰:中也者,天下之大本也。和也者,天下之达道也。达道即通术也。以《周官》证之,盖自君师以至国子乡民,皆尚中和。故推致其中和之德,可以位天地育万物,非一人独坐静悟保持中和,而天地万物自然位育也。一人独坐静悟,保持中和,固亦可以感觉天地万物与吾一体之境界,然非治国平天下之义。治国平天下,在致一人之中和,致官民之中和,又一一致之于事物,而后可达位育之效。故《中庸》一致字,具有无穷事理,必参之《周官》而后见。自舍《官礼》言《中庸》,而儒术遂流于空寂。而骛事功者又徒眩惑于物质,不知大本达道。而庄生所谓明于本数、系于末度、内圣外王之道,乃沉霾千载焉。呜呼!

明乎庄周所言古之道术,然后可以知迁、固所言之术。迁史言术,归申商于黄老。

《史记·老庄申韩列传》:申不害者,京人也。故郑之贱臣,学术以干韩昭侯。申子之学,本于黄老,而主刑名。

又:韩非者,韩之诸公子也。喜刑名法术之学,而其归本于黄老。

其于黄老术,多连言之。

《史记·曹相国世家》:其治用黄老术。

又《陈丞相世家赞》:陈丞相平少时,本好黄帝老子之术。《汉书·陈平传》:少时家贫,好读书,治黄帝老子之言。

又《外戚世家》:窦太后好黄帝老子之言,帝及太子诸窦不得不读黄帝老子,事其术。

《汉书·刘德传》:少修黄老术,有智略。

而其讥贬申屠嘉、灌夫之无术,殆亦指黄老之术。

《史记·张丞相列传赞》:周昌,木强人也,任敖以旧德用。申屠嘉可谓刚毅守节矣,然无术学,殆与萧、曹、陈平异矣。(萧、曹、陈平皆治黄老术,故知此所谓术学,即指黄老之术。)

又《魏其武安侯列传赞》:灌夫无术而不逊。

即其讥淮阴侯不能学道谦让,亦惜其不学此种道术也。

《史记·淮阴侯列传赞》:假令韩信学道谦让,不伐己功,不矜其能,则庶几哉。于汉家勋,可以比周、召、太公之徒,后世血食矣。

班氏讥霍光不学无术,当亦类是。夫黄老之术何自而来?由古史而来也。其术之大,可以君人南面。即为将相,亦可临民柄国,名遂身安。观《汉志》之言,可以知黄老之术即史术矣。

《汉书·艺文志》:道家者流,盖出于史官,历记成败存亡祸福古今之道,然后秉要执本,清虚以自守,卑弱以自持。此君人南面之术也。

虽然,道家出于史,实与儒家同源。《周官》曰:儒以道得民。《王制》曰:乐正崇四术,立四教。春秋教以礼乐,冬夏教以《诗》、《书》。《说文》曰:儒,柔也,术士之称。故道术者,儒所专有,道家特与儒术相表里耳。《淮南·要略》称墨子学儒者之业,受孔子之术。墨学亦本《诗》、《书》,固儒术也。特其学有所偏,故荀卿极言墨术不逮儒术。

《荀子·富国篇》:故儒术诚行,则天下大而富,使有功,撞钟击鼓而和。墨术诚行,则天下尚俭而弥贫,非斗而日争,劳苦顿萃而愈无功,愀然忧戚非乐而日不和。

司马谈虽似扬道抑儒,而一再曰:列君臣父子之礼,序夫妇长幼之别,虽百家弗能易也。班《志》评九家之长短,归于修六艺之术,可以通万方之略。是则史家之定论,不可翻案者也。

《汉书·艺文志》:诸子十家,其可观者,九家而已。皆起于王道既微,诸侯力政,时君世主,好恶殊方,是以九家之术,蜂出并作。若能修六艺之术,而观此九家之言,舍短取长,则可以通万方之略矣。(此与《叙传》穷人理、该万方词意一致。儒术之长,即在穷人理、该万方也。)

孔门讲学,根据六艺。以之从政,告冉有以富教,语子贡以食兵,示颜渊以为邦,许仲由以治赋,未尝离家国天下而言学。惟其术本末始终,一贯相承,必自身心推暨事物,无所畸轻畸重。故空言心性,偏尚事功,亦不可谓非儒术,特非其全耳。其为学也,必先博文,而终以约礼。故论士曰:推十合一为士。盖必先从事于十百千万之事迹文物,而后归纳于一理,则其持之也约,而用之也弘矣。推十合一,即《学记》、《大学》九年大成、知类通达之境也。读书讲学而不能通达人事,适成书厨耳。孔子曰:诵诗三百,授之以政,不达,使于四方,不能专对,虽多,亦奚以为!其警学者徒骛记诵不能贯通之病至矣。孔子许子贡之达曰:于从政乎何有?观其论贫富而悟卫诗切磋琢磨之功,论卫君而以伯夷叔齐为问,其胸中之六通四辟可见。然犹自逊为闻一知二,不逮颜子之闻一知十。盖即同一知类通达,尚有浅深高下之判也。樊迟问仁问知,疑爱人知人之术相违。而子夏闻之，即知孔子之言函义之富，为举例曰：舜有天下选于众，举皋陶，不仁者远矣；汤有天下选于众，举伊尹，不仁者远矣。孔门之讲史学如是。如是，蹈空炫博，盖俱无当矣。

孔子欲为东周，孟子欲以齐王，皆志在于用世。然其同一鹄的，实欲明明德于天下。非今之标举政纲，竞执政权，所可同日语。孟子且推论伯夷、伊尹、孔子之同曰：行一不义，杀一不辜，而得天下，皆不为也。其悬格之严如此。孟子之学，尤长于《诗》、《书》。（赵岐《孟子题辞》）其于井地之制，爵禄之略，皆确然有条理，可见诸施行。故曰：始条理者，智之事也；终条理者，圣之事也。讲求经史之学，知类通达，可以施之家国天下者，始条理之智也；由之集义养气，尽心知性，则终条理之圣也。孟子惧人以圣为难学，则诱人曰：圣人与我同类。又惧人以其学非自古所传，而惧其无效，则示人曰：夏曰校，殷曰序，周曰庠，学则三代共之，皆所以明人伦也。人伦明于上，小民亲于下。孟子之学，澈始澈终者，通伦类耳。司马迁传稷下诸子，附墨子于末，而独推尊孟子，且首论之曰：余读孟子书，至梁惠王问何以利吾国，未尝不废书而叹也。曰：嗟乎！利诚乱之始也。夫子罕言利者，常防其原也。故曰放于利而行多怨，自天子至于庶人好利之弊何以异哉！盖史家历观好利之弊，乃有以知其诚为乱始，而必有以防其原。乃知孔孟之术之未尝误人。夫自天子至庶人，以好利致乱者，就一国而言耳。推其类，则举一国家一民族以竞利而乱世界，亦何以异是？故孟子曰：人能充无欲害人之心，而仁不可胜用；能充无穿窬之心，而义不可胜用。所患者，人同此心，而为物所囿，不能扩而充之耳。

荀子之学，尤尚伦类，开卷即言伦类不通，仁义不一，不足谓善学。（《劝学篇》）其称大儒，则曰法先王，统礼义，一制度，以浅持博，以古持今，以一持万。苟仁义之类也，虽在鸟兽之中，若别白黑。倚物怪变，所未尝闻也，所未尝见也。卒然起一方，则举统类而应之，无所拟怎，张法而度之，则了然若合符节。是大儒者也。（《儒效篇》）先王之礼义制度举有统类以应万事，非史术乎？又曰：君子审后王之道，而论于百王之前。若端拜而议，推礼义之统，分是非之分，总天下之要，治海内之众，若使一人，故操弥约而事弥大。五寸之矩，尽天下之方也。故君子不下室堂，而海内之情举积此者，则操术然也。（《不苟篇》）唐李翰之序《通典》，亦曰：不出户，知天下，未从政，达人情；罕更事，知时变。翰与杜佑之境地，未知视荀子何如，要其由史迹而知类通达，则一术也。

荀子之学，最精于礼，且尤重周礼。故曰：人道莫不有辨，辨莫大于分，分莫大于礼，礼莫大于圣王。圣王有百，吾孰法焉。故曰：文久而息，节族久而绝，守法数之有司，极礼而褫。故曰：欲观圣王之迹，则于其粲然者矣，后王是也。彼后王者，天下之君也。舍后王而道上古，譬之是犹舍己之君，而事人之君也。故曰：欲观千岁，则数今日；欲知亿万，则审一二；欲知上世，则审周道；欲知周道，则审其人所贵君子。故曰：以近知远，以一知万，以微知明。又曰：五帝之外无传人，非无贤人也，久故也；五帝之中无传政，非无善政也，久故也；禹汤有传政，而不若周之察也，非无善政也，久故也。传者久则论略，近则论详；略则举大，详则举小。清儒论此者，多谓后王为文、武。俞樾推之曰：荀子生于周末，以文、武为后王，可也。若汉人则必以汉高祖为后王，唐人则必以唐高祖、太宗为后王。设于汉唐之世，而言三代之制，是所谓舍己之君，而事人之君矣。岂其必以文、武为后王乎？在清季，以荀子之说讲史学，固亦甚当。朱一新示学者曰：史愈近者愈切实用。故国朝掌故，必须讲求。亦

史术第九

所谓久则论略,近则论详,略则举大,详则举小之术也。

《无邪堂答问》:汉时去古未远,制度风俗皆于经义为近,故致用在乎穷经,犹今人之言经济当读史也。史愈近者愈切实用,故国朝掌故必须讲求。《明史》亦须熟读,明嘉靖以后之事,即稗史皆须博览,其朝局民风边才军政,无一非取证之资。第其书最多亦最杂,又皆参以恩怨之私,标榜之说,非博观而约取之不见也。《明史》于此持论最详慎,然不博观野史,不知《明史》抉择之精。汉之视周,犹今之视明耳。郑君注《礼》,每以汉制况周制,本朝掌故之学也。

又:《史》、《汉》、《通鉴》,史学之纲领,熟此后当读范《书》、陈《志》、《新五代》、《明史》、《通典》。其余诸史以次及之。稗史则惟力是视。国朝掌故,尤宜讲求。典章制度,兵河漕盐,以逮国家大政,名臣事迹,各以类从,毕力搜讨。治一事已,复治一事,此东坡自言读书之法也。近儒史学校订最精,但恐劳而鲜获,且不必为。

顾在今日,外镜列邦,内新庶政,举凡立国交邻,选贤兴学,民治兵役,地政路工,反惟古制可以取资,而近史转多隔阂。盖圣哲创垂之制,多积极而运以精心,后史补苴之为,多演变而失其原理。故不独作述迥殊,其中联贯之精神,且非囿于后世心习者所能了解。例如国防必本征兵,役政必基乡治,户口版图之核实,又必施教受教者,皆明于其义,而后可以合群力而切实推行,非官吏奉行具文所能善其事。此中甲乙相因,子午相贯,他国之制然,吾国古制亦然。而宋、元、明、清之记载,乃只可证明其窳弊颓惰之由,初无提高改进之要。此治史者所不可不知也。

知类通达之术,源出于《易·同人卦》,《象》曰:君子以类族辨物。盖自庖牺仰观俯察,近取远取之余,乃画卦以通神明之德,类万物之情。而一切政教,遂出于此。《系辞》曰:方以类聚,物以群分。《易》其吾国类书之祖乎?顾《乾卦·文言》,已有本乎天者亲上,本乎地者亲下,各以其类之说。《坤卦·象辞》,又曰:牝马地类,行地无疆。西南得朋,乃与类行。何卦何爻,不以类示象,而独于《同人》曰类族辨物者,以人类心同理同,精究之无不可通也。然其《象》曰:惟君子为能通天下之志。知小人必不通矣。《易》之六十四卦象,言君子以者五十有三,先王八,后二,大人一。以者用也,用其术以应人事也。人之与人,类也。而君子即大人为一类,小人为一类。小人只谋其一身一家,君子大人则必通其志于国家天下。故先王之道,仁义之统,将为天下生民之属长虑顾后,而保万世,而偷生浅知之属不之知也。(《荀子·荣辱篇》语)秦汉以降,圣哲政教陵迟衰微矣,然励志笃学者,犹往往为天下长虑顾后。范滂为清诏使,登车揽辔,慨然有澄清天下之志。陈蕃曰:大丈夫处世,当扫除天下,安事一室乎?范仲淹先天下之忧而忧,后天下之乐而乐,是则古先大人君子流风余韵所孕育者也。此又读后世之史,当与古之经传通观而类择者也。

道家与儒同源,尤精于知类通达之术,惟视史籍事迹为糟粕,不屑屑依六艺为说,然其通天下之志则一。舌存齿敝,老聃以喻刚柔;暮四朝三,庄周以判名实。其言虽约,若就史迹证之,固贯通古今莫之能外也。(略举其例,如唐改租庸调为两税,明合银差力差为一条鞭,及近日改田赋征收货币为实物,皆不过一转移耳。)庄生曰:不龟手一也,或以封,或不免于洴澼絖,则所用之异也。《吕览》

史术第九

亦曰：古之人贵能射也，以长幼养老也；今之人贵能射也，以攻战侵夺也。其细者以劫弱暴寡也，以遏夺为务也。仁人之得饴，以养疾侍老也；跖与企足（高注：企足，庄蹻也）得饴，以开闭取楗也。（《异用》）故史籍之用，亦视学者之用心何如。用之当，则可为人类谋幸福，为国家臻治平；用之不当，则可以启乱饰奸，如王莽、王安石用《周官》之不得其效。而骛博溺心哗众取宠者，更无论矣。

《文史通义·释通》首述《易》曰：惟君子为能通天下之志。又曰：先王惧人之有匿志，于是乎以文明出治，通明伦类，而广同人之量焉。是其意亦隐以《同人卦·象》所谓类族辨物者，为一切学术之来源。惟谓人官分职，绝不为通，则犹泥于形式，而未察其贯通之妙。

　　《文史通义·释通》：《易》曰：惟君子为能通天下之志。说者谓君子以文明为德，同人之时，能达天下之志也。《书》曰：乃命重黎绝地天通。说者谓人神不扰，各得其序也。夫先王惧人有匿志，于是乎以文明出治，通明伦类，而广同人之量焉。先王惧世有梦治，于是乎以人官分职，绝不为通，而严畔扰之防焉。自六卿分典，五史治书，学专其师，官守其法，是绝地天通之义也。（此文盖推本官守以言专门之学，其意实从《汉志》某家者流出于某官而来。然后世之不该不遍，实与古官守有殊。即以五史而论，典法则枋，以春官之属而与天官相通，其他可知。）数会于九，书要于六，杂物撰德，同文共轨，是达天下志之义也。

又其下盛论撰著之通，历举诸书类例，谓经解之通失其本旨，史部之通亡其大原。

《释通》:师法失传,而人情怯于复古;末流浸失,而学者囿于见闻。训诂流而为经解,一变而入于子部儒家,再变而入于俗儒语录,三变而入于庸师讲章。不知者习而安焉,知者鄙而斥焉,而不知出于经解之通而失其本旨者也。载笔汇而为通史,一变而流为史钞,再变而流为策士之括类(《文献通考》之类,虽仿《通典》,而分析次比,实为类书之学。书无别裁通识,便于对策敷陈之用),三变而流为兔园之摘比。不知者习而安焉,知者鄙而斥焉,而不知出于史部之通而亡其大原者也。

而于周、孔、孟、荀、老、庄之学通者,未之及也。(第亦散见《易教》诸篇。未可谓章氏无所见,惟章氏生清中叶,实不敢言史之大用。虽标举《春秋》经世,要偏重撰著之通识别裁,他非所及。)夫就史书而论史学,固仅为商榷历代撰著之类例;若就史学而言通,则必就史学与心身家国天下之关系而言。不独孔、老之史学如是,即马、班之书所谓俟后世圣人君子、穷人理该万方者,亦必由吾说而后知其言之非夸诞也。夫后世撰著之类例,亦自古先圣哲类族辨物之全体中演变而为一部分之术,必以远大眼光求之,始可观其会通。姑就读史而言,如顾氏《日知录》、赵氏《廿二史劄记》,所为治史之方法,何一非类族辨物及推十合一之术?然顾氏之治史,求通之于心身家国天下;赵氏之治史,只求通于史籍耳。

史术之正,在以道济天下,参赞位育,礼乐兵刑,经纬万端,非徒智效一官,行比一乡,德合一君,能征一国已也。第人事之对待,

史术第九

安危存亡祸福利害,亦演变而无穷。治史者必求其类例,以资鉴戒。则原始察终,见盛观衰,又为史术所最重者也。《诗》曰:殷鉴不远,在夏后之世。召穆公述文王曰咨者七,是鉴观前史,文王之法也。

《诗序》:《荡》,召穆公伤周室大坏也。厉王无道,天下荡荡,无纲纪文章,故作是诗。 荡荡上帝,下民之辟。疾威上帝,其命多辟。天生烝民,其命匪谌。靡不有初,鲜克有终。文王曰咨,咨女殷商。曾是强御,曾是掊克,曾是在位,曾是在服。天降慆德,女兴是力。文王曰咨,咨女殷商。而秉义类,强御多怼。流言以对,寇攘式内。侯作侯祝,靡届靡究。文王曰咨,咨女殷商。女炰烋于中国,敛怨以为德。不明尔德,时无背无侧。尔德不明,以无陪无卿。文王曰咨,咨女殷商。天不湎尔以酒,不义从式。既愆尔止,靡明靡晦。式号式呼,俾昼作夜。文王曰咨,咨女殷商。如蜩如螗,如沸如羹。小大近丧,人尚乎由行。内奰于中国,覃及鬼方。文王曰咨,咨女殷商。匪上帝不时,殷不用旧。虽无老成人,尚有典刑。曾是莫听,大命以倾。文王曰咨,咨女殷商。人亦有言,颠沛之揭,枝叶未有害,本实先拨。殷鉴不远,在夏后之世。(郑玄《诗谱序》云:勤民恤功,昭事上帝,则受颂声。弘福如彼,若违而不用,则被劫杀,大祸如此。吉凶之所由,忧娱之萌渐,昭昭在斯,足作后王之鉴。此吾国之诗所以为史,而学诗即可达之于政,非徒抒情感为文艺也。)

召公奭本此术,以诰成王、周公。

《召诰》:我不可不监于有夏,亦不可不监于有殷。我不敢知曰有夏服天命,惟有历年。我不敢知曰不其延,惟不敬厥德,乃早坠厥命。我不敢知曰有殷受天命,惟有历年。我不敢知曰不其延,惟不敬厥德,乃早坠厥命。

周公亦本此术,历举殷周先王劳逸修短,资成王之监戒。

《无逸》:周公曰:呜呼!我闻曰:昔在殷王中宗,严恭寅畏,天命自度,治民祗惧,不敢荒宁。肆中宗之享国,七十有五年。其在高宗,时旧劳于外,爰暨小人。作其即位,乃或亮阴,三年不言。其惟不言,言乃雍。不敢荒宁,嘉靖殷邦。至于小大,无时或怨。肆高宗之享国,五十有九年。其在祖甲,不义惟王,旧为小人。作其即位,爰知小人之依,能保惠于庶民,不敢侮鳏寡。肆祖甲之享国,三十有三年。(此以贤劳而享祚久者。)自时厥后立王,生则逸;生则逸,不知稼穑之艰难,不闻小人之劳,惟耽乐之从。自时厥后,亦罔或克寿,或十年,或七八年,或五六年,或四三年。(此以逸乐而短祚者。)周公曰:呜呼!厥亦惟我周太王、王季,克自抑畏。文王卑服,即康功田功。徽柔懿恭,怀保小民,惠鲜鳏寡。自朝至于日中昃,不皇暇食,用咸和万民。文王不敢盘于游田,以庶邦惟正之供。文王受命惟中身,厥享国五十年。周公曰:呜呼!继自今嗣王,则其无淫于观于逸,于游于田,以万民惟正之供。无皇曰:今日耽乐,乃非民攸训,非天攸若,时人丕则有愆。无若殷王受之迷乱,酗于酒德哉!

故周之国史,明于得失之迹。(《诗大序》)而师氏掌国中失之事,以教国子弟。(《周官·地官》)史之专重鉴戒,遂垂为数千年定法。《周书》载左史戎夫取遂事之要戒,朔望以闻于穆王,所举亡国二十有四,国之分裂者二,民叛及君走各一。盖最古之史记足资鉴戒者多矣,戎夫撷其要以儆危亡,读之可以使人懔然耸惧。

《逸周书·史记解》:维正月,王在成周。昧爽,召三公左史戎夫曰:今夕朕寤遂事惊予。乃取遂事之要戒,俾戎夫主之,朔望以闻。(序曰:穆王思保位惧难,恐贻世羞,欲自警悟,作《史记》。《竹书纪年》穆王二十四年命左史戎夫作记。)信不行,义不立,则哲士凌君政,禁而生乱,皮氏以亡。 谄谀日近,方正日远,则邪人专国政,禁而生乱,华氏以亡。好货财珍怪,则邪人进;邪人进,则贤良日蔽而远。赏罚无位,随财而行,夏后氏以亡。 严兵而不仁者,其臣慑;其臣慑,则不敢忠;不敢忠,则民不亲吏,刑始于亲,远者寒心。殷商以亡。乐专于君者,权专于臣;权专于臣,则刑专于民。君娱于乐,臣争于权,民尽于刑,有虞氏以亡。(有虞,商均之后。) 奉孤以专命者,谋主必畏其威,而疑其前事,挟德而责数日疏,位均而争,平林以亡。 大臣有锢职哗诛者危。昔者质沙三卿朝而无礼,君怒而久拘之,哗而弗加,三卿谋变,质沙以亡。 外内相闲,下挠其民,民无所附,三苗以亡。 弱小在强大之间,存亡将由之,则无天命矣。不知命者死。夏之方兴也,扈氏弱而不恭,身死国亡。嬖子两重者亡。昔者义渠氏有两子异母,皆重。君疾,大臣分党而争,义渠以亡。 功大不赏者危。昔平州之臣功大而不赏,谄臣日贵,功臣日怒而生变,平州之君以走出。 召远不亲者危。昔有林氏召离戎之君而朝之,至而不礼,留而弗亲,离戎逃而去之,林氏诛之,天下叛林氏。 昔者曲集之君伐智而专事,强力而不信其臣,忠良皆伏,愉州氏伐之,君孤而无使,曲集以亡。 昔者有巢氏有乱臣而贵,任之以国,假之以权,擅国而主断,君已而夺之。臣怒而生变,有巢以亡。 斧小不胜柯者亡。昔有郐君啬俭,减爵损禄,群臣卑让,上下不临,后郐小弱,禁罚不行。重氏伐之,郐君以亡。

久空重位者危。昔有共工自贤,以为无臣,久空大官,下官交乱,民无所附,唐氏伐之,共工以亡。 犯难争权疑者死。昔有林氏、上衡氏争权,林氏再战而胜,上衡氏伪义弗克,俱身死国亡。知能均而不亲并重事君者危。昔有南氏有二臣贵宠,力钧势敌,下争朋党,君弗能禁,南氏以分。 昔有果氏好以新易故,故者疾怨,新故不和,内争朋党,阴事外权,有果氏以亡。 爵重禄轻比□不成者亡。昔有毕程氏损禄增爵,群臣貌匮,比而戾民,毕程氏以亡。 变故易常者亡。昔阳氏之君自伐而好变,事无故业,官无定位,民运于下,阳氏以亡。业形而愎者危。昔穀平之君愎类无亲,破国弗克,业形用国,内外相援,穀平以亡。 武不止者亡。昔阪泉氏用兵无已,诛战不休,并兼无亲,文无所立,智士寒心。徙居至于独鹿,诸侯畔之,阪泉以亡。 很而无亲者亡。昔者县宗之君,很而无听,执事不从,宗职者疑发大事,群臣解体,国无立功,县宗以亡。 昔者玄都贤鬼道,废人事天,谋臣不用,龟策是从,神巫用国,哲士在外,玄都以亡。 文武不行者亡。昔者西夏性仁非兵,城郭不修,武士无位,惠而好赏,财屈而无以赏。唐氏伐之,城郭不守,武士不用,西夏以亡。 美女破国。昔者绩阳强力四征,重丘遗之美女,绩阳之君悦之,荧惑不治,大臣争权,远近不相听,国分为二。 宫室破国。昔者有洛氏宫室无常,池囿广大,工功日进,以后更前,民不得休,农失其时,饥馑无食。成商伐之,有洛以亡。

《大学》引《康诰》惟命不于常,释之曰:道善则得之,不善则失之。又引《诗》云:殷之未丧师,克配上帝,仪监于殷,峻命不易。释之曰:道得众则得国,失众则失国。古之大学教人学史,亦惟此为兢兢耳。

《中庸》言中和位育之功,始于戒慎恐惧。《大学》陈絜矩治平之效,亦本于诚意慎独。古人岂故偏于畏葸怯劣,不示人以奋厉振兴哉!历睹成败存亡,推求因果,知人心一念之纵肆欺诈,可推演而成无涯之祸。谓非兢兢业业,无一时之不慎,不能成盛德大业。且以此通天下之志,知世人同此心理,无一人可以受欺诈而愿侵陵,欲其同情于我,惟有以至诚极恕感之,舍此更无妙术。凡恃己之私智,谓人甘受其愚者,皆至愚之见也。秦汉以来有国者亦知鉴于前事,惟未能彻底率循儒术,而略取其一部分之制度,或微师其一二端之精神。故其鉴往史而植国基者,亦不无高下差等。汉光武鉴于西汉王莽,而能存儒道之精神,行以柔道,不事四夷,而其后世尚能摧灭匈奴,历久而后失国。宋太祖鉴于唐季五代,亦知操儒家之八柄,优待士夫,以靖国内,而其后世卒至屈于异族,矫枉病其过中。由是可知鉴于前史,而精神意量之中,微有等差,其得失即悬绝。而不知鉴戒肆无忌惮者,更无论矣。

《后汉书·光武帝纪》:建武十七年,宗室诸母因酣悦相与语曰:文叔少时谨信,与人不款曲,唯直柔耳,今乃能如此。帝闻之大笑曰：吾理天下，亦欲以柔道行之。（此语最堪玩味。以许书儒柔也证之，柔道者儒术也。亦即道家君人南面之术也。《易·大有·彖》曰：柔得尊位。大中而上下应之曰大有。盖《易》义为儒道所同遵。内刚外柔，知雄守雌，其术一也。）

又《臧宫传》：匈奴饥疫，自相分争。帝以问宫。宫曰：愿得五千骑以立功。帝笑曰：常胜之家，难与虑敌，吾方自思之。二十七年，宫乃与扬虚侯马武上书曰：匈奴贪利，无有礼信，穷则稽首，安则侵盗。缘边被其毒痛，内国忧其抵突。虏今人畜疫死，旱蝗赤地，疲困之力，不当中国一郡。万里死命，县在陛下。福不再来，时或易失。岂宜固守文德而堕武事乎？今命将临塞，厚县购赏，喻告高句骊、乌桓、鲜卑攻其左，发河西四郡、天水、陇右、羌胡击其右。（此即晁错以蛮夷攻蛮夷之术。臧、马等具有将略，非徒自恃其勇。）如此北虏之灭，不过数年。臣恐陛下仁恩不忍，谋臣狐疑，令万世刻石之功，不立于圣世。诏报曰：《黄石公记》曰：柔能制刚，弱能制强。柔者德也，刚者贼也。弱者仁之助也，强者怨之归也。故曰：有德之君以所乐乐人，无德之君以所乐乐身。乐人者其乐长（孟子曰：以大事小者乐天者也。乐天者保天下。光武其知之矣。后汉此时力足以覆匈奴，而光武不轻用兵者，其所以为有德。宋初之力即不足以制契丹，而宋初惟约束武人，其事不同），乐身者不久而亡。舍近谋远者，劳而无功；舍远谋近者，逸而有终。逸政多忠臣，劳政多乱人。故曰：务广地者荒，务广德者强。有其有者安，贪人有者残。残灭之政，虽成必败。（欧史英雄，皆陷此辙。）今国无善政，灾变不息，百姓惊惶，人不自保，而复欲远事边外乎？孔子曰：吾恐季孙之忧，不在颛臾。且北狄尚强，而屯田警备传闻之事,恒多失实。诚能举天下之半以灭大寇,岂非至愿?苟非其时,不如息人。自是诸将莫敢复言兵事者。论曰:山西既定,威临天下,戎羯丧其精赡,群帅贾其余壮,是诚雄心尚武之几,先志玩兵之日。臧宫、马武之徒,抚鸣镝而抵掌,志驰于伊吾之北矣。光武审黄石,存包桑,闭玉门以谢西域之质,卑辞币以礼匈奴之使。其意防盖已弘深,岂其颠沛平城之围忍伤黥王之陈乎?

又《儒林传》:光武中兴,爱好儒术。未及下车,而先访儒雅,采求阙文,补缀漏逸。先是四方学士,多怀挟图书,遁逃林薮,自是莫不抱负坟策,云集京师。建武五年,乃修起太学,稽式古典,笾豆干戚之容,备之于列。(王莽以经术饰其奸,光武戒其欺饰,而仍尊经崇儒,不因噎废食也。)论曰:自光武中年以后,干戈稍戢,专事经学,自是其风世笃焉。其服儒衣,称先王,游庠序,聚横塾者,盖布之于邦域矣。所谈者仁义,所传者圣法也。故人识君臣父子之纲,家知违邪归正之路。(此段上论汉儒分争王廷,树朋私里,繁其章条,穿求崖穴,以合一家之说之弊。然其根本之美在此,此亦可见范氏史识。)自桓灵之间,君道秕辟,朝纲日陵,国隙屡启,自中智以下靡不审其崩离。而权强之臣,息其窥盗之谋;豪俊之夫,屈于鄙生之议者(注谓董卓欲大起兵,郑泰止之,卓从其言),人诵先王言也,下畏逆顺势也。(注言政化虽坏,而朝久不倾危者,以经籍道行,下人惧逆顺之势。)至如张温、皇甫嵩之徒,功定天下之半,声驰四海之表,俯仰顾盼,则天业可移,犹鞠躬昏主之下,狼狈折札之命,散成兵就绳约而无悔心。暨乎剥挠自极,人神数尽,然后群英乘其运,世德终其祚。迹衰败之所由致,而能多历年所者,斯岂非学之效乎? 故先师垂典文褒励学者之功,笃矣切矣。(此论推究因果,不但可为后汉一朝总论,亦可谓为历代总论。自汉以降,政法虽不及周,崇儒亦不尽用。要以人诵先王之言,识父子君臣之纲,故历久而不敝。此中国史迹最大之因果,亦即司马谈所谓百家弗能易者矣。)

宋叶適《上孝宗皇帝劄子》:国家规模,特异前代。本缘唐季陵夷,其极为五代废立士卒断制之祸,是以收揽天下之权,铢分以上,悉总于朝,上独专操制之劳,而下获享其富贵之逸。故内治柔和,无狡悍思乱之民,不烦寸兵尺铁,可以安枕无事,此其得也。然外网疏漏,有骄横不臣之虏,虽聚重兵勇将,而无一捷之用,卒不免屈意损威,以就和好,此其失也。论者方偏乐安靖,以为宁有外虞,而无使内变,课其功效,固已过于汉唐远矣。且靖康之事,未闻我有一城一邑敢为叛命,而坐视胡虏长驱直入,惕息待死,屠戮之惨,与五代何异? 则得失之算,岂不明哉! 夫徒鉴五代之致乱,而不思靖康之得祸,故李纲请裂河南为镇,范宗尹尝割边面为镇抚,皆随以废格。陛下循守旧模,而欲驱一世之人以报君仇,则形势乖阻,诚无展力之地。

儒道二家之学,皆精于用兵。孔子曰:我战则克,盖得其道矣。老子曰:以正治国,以奇用兵。皆可见其深有以自信。而禁攻寝兵之说,亦为儒道二家所屏。(观《吕氏春秋·荡兵》等篇之言可见。)然又极戒兵祸,此非徒执一端者所能喻也。孟子曰:吾今而后知杀人亲之重也。杀人之父,人亦杀其父;杀人之兄,人亦杀其兄。然则非自杀之也一间耳。其论用兵之因果,深切著明,迄今不可易

史术第九

也。史家持论,亦多与此合者,观班书《武五子传论》可见。

《汉书·武五子传赞》:曰巫蛊之祸,岂不哀哉!此不惟一江充之辜,亦有天时,非人力所致焉。建元六年,蚩尤之旗见,其长竟天。后遂命将出征,略取河南,建置朔方。其春戾太子生,自是之后,师行三十年,兵所诛屠夷灭死者不可胜数。及巫蛊事起,京师流血,僵尸数万,太子子父皆败。故太子生长于兵,与之终始,何独一嬖臣哉!秦始皇即位三十九年,内平六国,外攘四夷,死人如乱麻,暴骨长城之下,头卢相属于道,不一日而无兵。由是山东之难兴,四方溃而逆秦。秦将吏外畔,贼臣内发,乱作萧墙,祸成二世。故曰兵犹火也,弗戢必自焚。信矣!是以仓颉作书,止戈为武。圣人以武禁暴整乱,止息兵戈,非以为残而兴纵之也。

夫积善馀庆,积不善馀殃。普通人事之因果,岂至立国而遂不同。故谓国家道德与寻常人事道德相殊者,必未切究历史之因果也。马迁述白起、陈平、李广事,及论蒙氏受祸之由,虽若止为个人鉴戒,要以见佳兵不祥,而不仁之祸为尤酷也。

《史记·白起列传》:武安君引剑将自刭曰:我何罪于天而至此哉!良久曰:我固当死,长平之战,赵卒降者数十万人,我诈而尽坑之,是足以死。

又《蒙恬列传》:蒙恬喟然太息曰:我何罪于天,无过而死乎?徐曰:恬固当死矣,起临洮属之辽东城堑万余里,此其中不能无绝地脉哉!此乃恬之罪也。乃吞药自杀。太史公曰:

吾适北边，自直道归，行观蒙恬所为秦筑长城亭障，堑山堙谷，通直道，固轻百姓力矣。夫秦之初灭诸侯，天下之心未定，痍伤者未瘳，而恬为名将，不以此时强谏振百姓之急，养老存孤，务修众庶之和，而阿意兴功。此其兄弟遇诛，不亦宜乎，何乃罪地脉哉！

又《陈丞相世家》：始陈平曰：我多阴谋，是道家之所禁。吾世即废亦已矣，终不能复起，以吾多阴祸也。其后曾孙陈掌以卫氏亲贵戚愿得续封陈氏，然终不得。

又《李广列传》：广尝与望气王朔燕，语曰：自汉击匈奴，而广未尝不在其中。而诸部校尉以下才能不及中人，然以击胡军功取侯者数十人。而广不为后人，然无尺寸之功以得封邑者，何也？岂吾相不当侯邪，且固命也？朔曰：将军自念岂尝有所恨乎？广曰：吾尝为陇西守，羌尝反，吾诱而降，降者八百余人，吾诈而同日杀之，至今大恨独此耳！朔曰：祸莫大于杀已降，此乃将军所以不得侯者也。

《大学》曰：一家仁，一国兴仁；一家让，一国兴让；一人贪戾，一国作乱。其机如此。此谓一言偾事，一人定国。儒书究国家治乱兴衰之因果，以柄国者负责最多，故归本于一人一家。然切究其旨，则社会中人固无一不与社会相为因果。孟子称殷之故家遗俗，微子痛殷之草窃奸宄，其义相反而相成。

《孟子》：纣之去武丁未久也，其故家遗俗，流风善政，犹有存者。又有微子、微仲、王子比干、箕子、胶鬲，皆贤人也，相与辅相之，故久而后失之也。

《书·微子》:殷罔不小大,好草窃奸宄。卿士师师非度,凡有辜罪,乃罔恒获。小民方兴,相为敌仇。

鱼烂土崩,必归于多人之积因。

《公羊传》僖公十九年:梁亡。此未有伐者,其言梁亡何?自亡也。其自亡奈何?鱼烂而亡也。

《穀梁传》:梁亡,自亡也。湎于酒,淫于色,心昏耳目塞,上无正长之治,大臣皆叛,民为寇盗。梁亡,自亡也。

《汉书·徐乐传》:天下之患,在于土崩,不在瓦解,古今一也。何谓土崩?秦之末世是也。民困而主不恤,下怨而上不知,俗已乱而政不修,此三者陈涉之所以为资也,此之谓土崩。

故观周初之兴盛,兔罝野人可备干城。

《诗·兔罝序》:《关雎》之化行,则莫不好德,贤人众多也。肃肃兔罝,椓之丁丁,赳赳武夫,公侯干城。

论汉宣之时世,技巧工匠皆足称述。

《汉书·宣帝纪赞》:孝宣之治,信赏必罚,综核名实,政事文学法理之士,咸精其能。至于技巧工匠器械,自元、成间鲜能及之,亦足以知吏称其职,民安其业也。遭值匈奴衰乱,推亡固存,信威北夷,单于慕义,稽首称藩,功光祖宗,业垂后嗣,可谓中兴,侔德殷宗、周宣矣。(论汉宣帝之能伸威北夷,不但政事文学法理之士，与有关系，即技巧工匠器械之精，亦其成功之原因。此义古今一也。读史者必于此等因果特加注意。晁错《言兵事书》谓劲弩长戟，射疏及远，匈奴之弓弗能格；坚甲利刃，长短相杂，游弩往来，什伍俱前，匈奴之兵弗能当。匈奴之长技三，中国之长技五。可见汉之工匠技术，在汉初已优越异族。推其原且当溯之先秦考工之法矣。陈汤称胡兵五而当汉兵一，何者？兵刃朴钝，弓弩不利，今闻颇得汉巧，然犹三而当一。汉之能制匈奴，岂徒恃武宣之主，卫霍之将哉！读史者不知注意，且厚诬吾民族，谓自来器械工巧不迫异族矣。）

而干宝论西晋之窳败曰：朝寡纯德之士，乡乏不贰之老。风俗淫僻，耻尚失所。学者以庄老为宗，而黜六经；谈者以虚薄为辩，而贱名检。行身者以放浊为通，而狭节信；进仕者以苟得为贵，而鄙居正；当官者以望空为高，而笑勤恪。又曰：选者为人择官，官者为身择利。而秉钧当轴之士，身兼官以十数，大极其尊，小录其要，机事之失，十恒八九。又曰：妇女装栉织纴，皆取成于婢仆，未尝知女工丝枲之业，中馈酒食之事。先时而婚，任情而动。故皆不耻淫佚之过，不拘妒忌之恶。有逆于舅姑，有反易刚柔，有杀戮妾媵，有黩乱上下。父兄弗之罪也，天下莫知非也。又况责之闻四教于古，修贞顺于今，以辅佐君子者哉！（《晋纪总论》）夫汉族沦胥，由于黜经鄙正，苟得奔竞，且由士夫及于妇女之不耻淫佚，为国亡本颠之证。痛哉言乎！顾亭林谓：易姓改号，谓之亡国；仁义充塞而至于率兽食人，人将相食，为亡天下。又曰：保国者，其君其臣肉食者谋之；保天下者，匹夫之贱，与有责焉。（《日知录·正始》）以干氏之言衡之，当推广顾氏之语曰：保天下者，匹夫匹妇之贱，与有责焉矣。(曾国藩《原才》曰：能移习俗而陶铸一世之人，非特居高明之地者然也，凡一命以上皆与有责焉者也。亦本顾氏之说。其实讲学者何必待受一命，但知天下国家之休戚与一己相通，则此志自不容不立矣。)

史化第十

　　食稻菽，衣丝麻，持箸而运笔，尚陶而饮茶。单音之语，遐迩皆通；形声之文，流播至广。建筑合于卫生，医药多所全活，艺术有其特色，工作不惮勤劬。乡党尚齿，贸迁贵信。处事咸知讲理，教子恒期成人。重贞淑而贱淫邪，守分际而耻攘窃。武术兼具刚柔，娱乐亦存风雅。设塾则敬礼文士，论治则崇尚清官。刑禁协于伦理，教宗未酿战争。方志绵延，木刻普遍。坊表碑碣，散见于僻壤遐陬；楣语楹联，广及于穷檐茆屋。宗祠谱牒之联系，以氏族为里巷村庄；燕粤海陇之迢遥，虽疏逖若家庭兄弟。外史多具录于吾籍，学人每卓著于异邦。此非吾之史化耶？悉数之不能终其物也。

　　史之为化，有因有革。其初因天因地因物，其继因人之性，因人之情，因先觉，因旧习而成史。分至因日，朔望因月，裘葛因寒暑，州域因山川，水工因地势。城郭宫室，相阴阳而观流泉。由是而因物因人，更仆难数。故圣哲之说多言因，如：

　　《论语》：因民之所利而利之，斯不亦惠而不费乎？
　　《中庸》：故天之生物，必因其材而笃焉。故栽者培之，倾者覆之。
　　《王制》：凡居民材，必因天地寒暖燥湿。广谷大川异制，民生其间者异俗，刚柔轻重迟速异齐，五味异和，器械异制，衣服异宜。修其教不易其俗,齐其政不易其宜。

《礼器》:是故昔先王之制礼也,因其财物而致其义焉尔。故作大事,必顺天时,为朝夕必放于日月,为高必因丘陵,为下必因川泽。是故天时雨泽,君子达亹亹焉。

《周官》:大司徒以土会之法,辨五地之物生。一曰山林,其动物宜毛物,其植物宜皂物,其民毛而方。二曰川泽,其动物宜鳞物,其植物宜膏物,其民黑而津。三曰丘陵,其动物宜羽物,其植物宜核物,其民专而长。四曰坟衍,其动物宜介物,其植物宜荚物,其民皙而瘠。五曰原隰,其动物宜蠃物,其植物宜丛物,其民丰肉而庳。因此五物者民之常而施十有二教焉。一曰以祀礼教敬,则民不苟;二曰以阳礼教让,则民不争;三曰以阴礼教亲,则民不怨;四曰以乐礼教和,则民不乖;五曰以仪辨等,则民不越;六曰以俗教安,则民不偷;七曰以刑教中,则民不虣;八曰以誓教恤,则民不怠;九曰以度教节,则民知足;十曰以世事教能,则民不失职;十有一曰以贤制爵,则民慎德;十有二曰以庸制禄,则民兴功。

《荀子·解蔽篇》:由天谓之,道尽因矣。

《吕氏春秋·贵因篇》:三代所宝莫如因,因则无敌。禹通三江五湖,决伊阙沟回陆,注之东海,因水之力也。舜一徙成邑,再徙成都,三徙成国,而尧授之禅位,因人之心也。汤、武以千乘制夏、商,因民之欲也。……夫审天者察列星而知四时,因也。推历者视月行而知晦朔,因也。禹之裸国裸入衣出,因也。墨子见荆王锦衣吹笙,因也。孔子道弥子瑕见厘夫人,因也。汤、武遭乱世临苦民扬其义成其功,因也。故因则功,专则拙。因者无敌。国虽大,民虽众,何益?(《慎大览》首曰："贤主愈大愈惧，愈强愈恐。"盖惧敌之因其强大而覆之也。此篇末语与之相呼应。）

《孙子·作战篇》：善用兵者役不再籍，粮不三载，取用于国，因粮于敌。　《虚实篇》：水因地而制流，兵因敌而制胜。《用间篇》：因间者因其乡人而用之，内间者因其官人而用之，反间者因其敌间而用之。

《公羊传》：隐公元年三月，公及邾娄仪父盟于昧。　与公盟者众矣，曷为独褒于此？因其可褒而褒之。

《史记·管仲列传》：下令如流水之原，令顺民心，故论卑而易行。俗之所欲，因而予之；俗之所否，因而去之。其为政也，善因祸而为福，转败而为功。

又《货殖列传》：故善者因之，其次利道之，其次教诲之，其次整齐之，最下者与之争。

又《太史公自序》：道家无为，又曰无不为。其实易行，其辞难知。其术以虚无为本，以因循为用。（率循不越，是为因循。其流弊亦曰因循。）无成势，无常形，故能究万物之情。不为物先，不为物后，故能为万物主。有法无法，因时为业；有度无度，因物与会。故曰：圣人不朽，时变是守。虚者道之常也，因者君之纲也。

皆最精之言。班孟坚谓凡民函五常之性，而其刚柔缓急音声不同，系水土之风气，故谓之风；好恶取舍动静无常，随君上之情欲，故谓之俗。推论风俗，得其主因，而因之革之之道寓焉。是故知因然后知革。

《易·革卦·象》曰：君子以治历明时。盖古代历法改革，最为

史化第十

立国临民务农行政之要事,故举此为说。然历之原则,因日月者也。行之久而与原则不符,则必革之以求复合于所因之原则焉。推之汤武革命,顺乎天而应乎人,亦缘国君之原则,因天人者也。(《书》曰:天降下民作之君作之师。荀子曰:天之生民非为君也,天之立君以为民也。故古者列地建国,非以贵诸侯而已;列官职,差爵禄,非以尊大夫而已。大明。)夏商行之久而与原则不符,故汤武必革之以求复合于所因之原则焉。推之后世,嬴秦、新莽,违背因天因人之原则,而群雄纷起,犹之他国之以政术竞选。然陈胜、项籍、更始、隗嚣、公孙述等皆失败,而刘邦、刘秀乃当选焉,亦以其用兵立政有渐合于所因之原则者在也。孔子曰:殷因于夏礼,所损益可知也;周因于殷礼,所损益可知也。其或继周者,虽百世可知也。损者革也,革其渐行渐久不合于所因之原则者。又就当时之需要,益以若干合于原则者,而所因之原则故未尝变。此其所以百世可知也。《戴记·大传》曰:圣人南面而听天下,所且先者五,民不与焉。一曰治亲,二曰报功,三曰举贤,四曰使能,五曰存爱。五者一得于天下,民无不足无不赡者;五者一物纰缪,民莫得其死。圣人南面而治天下,必自人道始矣。立权度量,考文章,改正朔,易服色,殊徽号,异器械,别衣服,此其所得与民变革者也。其不可得变革者则有矣,亲亲也,尊尊也,长长也,男女有别。此其不可得与民变革者也。此观史化者所宜深味也。

王国维《殷周制度论》有精言曰:周之所以纲纪天下,其旨则在纳上下于道德,而合天子诸侯卿大夫士庶民以成一道德之团体。又曰:古之所谓国家者,非徒政治之枢机,亦道德之枢机也。使天子诸侯大夫士各奉其制度典礼以亲亲尊尊贤贤明男女之别于上,而民风化于下,此之谓治,反是则谓之乱。故天子诸侯卿大夫士者,民之表也;制度典礼者,道德之器也。周人为政之精髓实存于此。(《观堂集林》卷十)王氏精研周制,谓中国政治与文化之变革,莫剧于殷周之际。且究其立制之本意,出于万世治安之大计,其心术与规摹,迥非后世帝王所能梦见。故其例证,多就周之宗法服术之类言之。实则所谓合天下以成一道德之团体之精髓,周制独隆,而前此必有所因,虽周亡而其精髓依然为后世之所因,不限于有周一代也。以近今而论,祠祭丧服,远异于周,然其意何尝不由周而来?犹存什之一二。故千古共同之鹄的,惟此道德之团体。历代之史,匪帐簿也,胪陈此团体之合此原则与否也;地方志乘家族谱谍一人传记,亦匪帐簿也,胪陈此团体中之一部分合此原则与否也。吾谓史出于礼,熟察之,莫非王氏所谓精髓之所寄也。

为国以礼,为史以礼。礼者理也,以故迄今大多数之人犹都明理,此其化之源远流长,有如李白诗所谓抽刀断水水更流者,不易以时代画分也。第有一事,往往为今人所不喻,盖礼莫大于等威之辨,而与今人所持平等观念凿枘也。荀卿最精于礼,而极言制礼义以分之谓之至平。

《荀子·荣辱篇》:夫贵为天子,富有天下,是人情之所同欲也。然则从人之欲,则势不能容,物不能赡也。故先王案为之制礼义以分之,使有贵贱之等,长幼之差,知愚能不能之分。皆使人载其事而各得其宜,然后使悫(俞樾曰:悫当作穀)禄多少厚薄之称,是夫群居和一之道也。故仁人在上,则农以力尽田,贾以察尽财,百工以巧尽械器,士大夫以上至于公侯,莫不以仁厚知能尽官职,夫是之谓至平。故或禄天下,而不自以为

史化第十

多;或监门御旅抱关击柝,而不自以为寡。故曰斩而齐,枉而顺,不同而一。夫是之谓人伦。

又其表示最平等之义曰:虽王公士大夫之子孙,不能属于礼义,则归之庶人;虽庶人之子孙也,积文学正身行能属于礼义,则归之卿士大夫。(《王制篇》)此自《春秋》讥世卿,以至后世之重世族门第终归于考试之原理,具于是矣。强不平为平,何如因其智愚贤不肖为之差等之为平乎?

抑又有进者。他族之言平等,多本于天赋人权之说。吾国之言平等,则基于人性皆善之说。然人性皆善,特原其始耳。至列于礼之阶级,则相差而不平矣。吾之圣哲又为之下一定义曰:自天子以至于庶人,壹是皆以修身为本。(《大学》)则礼之阶级为表,而修身之平等为里,显示阶级制度不足以限人,而人之平等者,惟在道德。何其言之无剩义也!孟子曰:人皆可以为尧舜。荀子亦曰:涂之人可以为禹。(《性恶篇》)是从原始言,孟荀之说或殊(后世多本孟子);从标准言,孟荀之说无二也。《大学》言修身平等,《中庸》更就知行言平等,曰:或生而知之,或学而知之,或困而知之,及其知之一也。或安而行之,或利而行之,或勉强而行之,及其成功一也。《大学》、《中庸》皆言礼之书也。礼之精髓,能合智愚贤不肖而平等,此吾史所以无阶级争斗之故欤?

他国以宪法制裁君主之强暴,吾国则惟以教育觉悟权贵之昏愚。贾生《陈政事疏》及《大戴记·保傅篇》,言之綦备。是即天子必以修身为本之见于实事者。观其所引《学礼》之言,虽未能断为何时之制度,然以《吕氏春秋·尊师篇》所言证之,盖必自古相传居高位者必从师而受学,可断言也。

《保傅篇》:《学礼》曰:帝入东学,上亲而贵仁,则亲疏有序而恩相及矣。帝入南学,上齿而贵信,则长幼有差而民不诬矣。帝入西学,上贤而贵德,则圣智在位而功不遗矣。帝入北学,上贵而尊爵,则贵贱有等而下不隃矣。帝入太学,承师问道,退习而考于太傅,太傅罚其不则而匡其不及,则德智长而治道得矣。此五学者既成于上,则百姓黎民化辑于下矣。

《吕氏春秋·尊师篇》:神农师悉诸,黄帝师大挠,帝颛顼师伯夷父,帝喾师伯招,帝尧师子州支父,帝舜师许由,禹师大成赘,汤师小臣,文王、武王师吕尚、周公旦,齐桓公师管夷吾,晋文公师咎犯、随会,秦穆公师百里奚、公孙枝,楚庄王师孙叔敖、沈尹巫,吴王阖庐师伍子胥、文之仪,越王勾践师范蠡、大夫种。此十圣人六贤者,未有不尊师者也。

秦人蔑学,而始皇坑儒之时,扶苏谏曰:天下初定,远方黔首未集。诸生皆诵法孔子,今上皆重法绝之,臣恐天下不安。是秦自扶苏以至天下诸生,皆诵法孔子也。史称汉高祖不修文学,然楚元王交好书,多材艺,少时尝与鲁穆生、白生、申公俱受《诗》于浮丘伯。伯者,孙卿门人也。(《汉书·楚元王交传》)兄弟之间,岂无擩染?叔孙通制朝仪,亦及帝左右之为学者。(《汉书·叔孙通传》注:左右谓近臣也,为学谓素有学术。)陆贾为帝著秦所以失天下汉所以得之者,及古成败之国,凡十篇;每奏一篇,帝未尝不称善。(《汉书·陆贾传》)后世若司马光之《资治通鉴》、范祖禹之《唐鉴》、真德秀之《大学衍义》、邱濬之《大学衍义补》,皆此意也。而凡临雍视学、养老乞言、开经筵、献图说诸事,抑此政权所集至高无上之身,俯同学子;视台谏争执于后,史家贬斥于终者,尤有先事图维之妙用。虽不学或学

史化第十

而不行者,历世多有,而其隐销残暴,牖启仁明,盖已多矣。

王船山最恶异族之袭吾文化,故谓石勒起明堂辟雍灵台,拓跋宏修礼乐立明堂,皆败类之儒鬻道统而教之窃,而君臣皆自绝于天。(《读通鉴论》卷十三)又谓自胡后死,宏始亲政,以后五年之间,作明堂,正祀典,定祧庙,祀圜丘,迎春东郊,定次五德,朝日,养老,修舜禹周孔之祀,耕籍田,行三载考绩之典,禁胡服胡语,亲祠阙里,求遗书,立国子大学四门小学,定族姓,宴国老庶老,听群臣终三年之丧,小儒争艳称之以为荣。凡此者,典谟之所不道,孔孟之所不言。立学终丧之外,皆汉儒依托附会,逐末舍本,杂谶纬巫觋之言,涂饰耳目,是为拓跋宏所行之王道而已。尉元为三老,游明根为五更,岂不辱名教而羞当世之士哉!(卷十六)其义峻矣。然异族袭吾华化,固未得吾圣哲之真精神,第即其旃裘氍毹战斗嚚顽之习,能折服于吾礼法。虽曰涂饰观瞻,要亦不无影响。推圣哲有教无类之义,亦未始不可以进之。故由种族而言,固宜力严其辨;而由文化而论,则又宜容保无疆。观唐裴光庭请许赐吐蕃诸书,欲使忠信礼义,化流无外,则知后来女真、满清诸帝之向学,赵、曾诸氏称之,亦未为失当矣。

《通鉴》二百十三:开元十九年,吐蕃使者称公主求《毛诗》、《春秋》、《礼记》正字。于休烈上疏以为:东平王,汉之懿亲,求《史记》、诸子,汉犹不与,况吐蕃国之寇仇。今资之以书,使知用兵权略,愈生变诈,非中国之利也。事下中书门下议之,裴光庭等奏:吐蕃聋昧顽嚚,久叛新服,因其有请,赐以《诗》、《书》,庶使之渐陶声教,化流无外;休烈徒知书有权略变诈之语,不知忠信礼义,皆从书出也。上曰:善。遂与之。

《廿二史剳记》：金代文物远胜辽元。（《曾国藩先正事略序》可参考）

史迹之蜕变，有由简质而渐臻繁赜者，有由广博而渐即单纯者，未可一概论也。由邃古之榛狉，累进而至有周之礼教，此由简质而臻繁赜也。秦汉以降，虽亦由周制而演变，而论其教化，则时时有由广博而趋单纯之势。周之为教也，曰知仁圣义忠和，曰孝友睦姻任恤，曰礼乐射御书数，又曰中和祗庸孝友，曰兴道讽诵言语，曰《云门》、《大卷》、《大咸》、《大磬》、《大夏》、《大濩》、《大武》，又曰三德，曰六艺，曰六仪，其目繁矣。其举人也，闾书敬敏任恤，族书孝弟睦姻有学，党书德行道艺，州考德行道艺。（均见《周官》）亦与所教之繁赜相应。越数百年，典籍渐湮，制度渐废，乃变为专事读书及游说干进二途。（如苏秦读《阴符》，简炼以为揣摩历说列国之类。）自汉以降，教学亦惟读书，而选士取人，往往设科虽多，而惟重其一二。如汉时虽有贤良方正、直言极谏、茂材异等、可使绝国及敦朴有道、贤能直言、独行高节、质直清白敦厚之属（参《汉书·武帝纪》、《后汉书·左雄传论》），而仕进之途，惟选举孝廉及博士弟子为重。简言之，行则孝廉，学则读书而已。唐制常贡之科，有秀才，有明经，有进士，有明法，有书，有算，自京师郡县皆有学，而士族所趋向，唯明经、进士二科。（《通典·选举三》）简言之，则读书作文而已。古意之渐演渐湮，由礼乐政教之胥替，而蜕化之中，亦自有其精髓者存，是不可以不察也。

汉自惠帝四年，诏举民孝弟力田者复其身。高后元年，置孝弟力田二千石者一人。不知为何人所倡议也。至武帝元光元年，初令郡国举孝廉各一人。又制郡国口二十万以上，岁察一人；四十万以上,二人;六十万,三人;八十万,四人;百万,五人;百二十万,六人。不满二十万,二岁一人;不满十万,三岁一人。后汉和帝时,又令缘边郡口十万以上,岁举孝廉一人;不满十万,二岁举一人;五万以下,三岁举一人。(《通典》注推当时户口,一岁所贡不过二百余人,然其立法甚均平,由内地及于边郡,无不察举。故视周之比闾族党之选举,德目为简;而悬孝与廉为选人之标准,则各地易知易行也。)其于人之所求,孝与廉而已。择德目能知其要,教国民深探其本,不可谓无识也。虽自武帝时政俗已敝,议者力言宜贵孝弟贱贾人进真贤举实廉。知贵孝弟举实廉,非帝王一人之所偏向,而为士大夫所共祈求矣。

《汉书·贡禹传》:禹又言孝文皇帝时贵廉洁,贱贪污,贾人赘婿及吏坐赃者,皆禁锢不得为吏。赏善罚恶,不阿亲戚,罪白者伏其诛,疑者以与民,亡赎罪之法。故令行禁止,海内大化。天下断狱四百,与刑错亡异。武帝始临天下,尊贤用士,辟地广境数千里。自见功大威行,遂从耆欲,用度不足,乃行一切之变,使犯法者赎罪,入谷者补吏。(此法与选孝廉之义相矛盾。)是以天下奢侈,官乱民贫,盗贼并起,亡命者众。郡国恐伏其诛,则择便巧史书,习于计簿,能欺上府者,以为右职;奸轨不胜,则取勇猛能操切百姓者,以苛暴威服下者,使居大位。故亡义而有财者显于世,欺谩而善书者尊于朝,诿逆而勇猛者贵于官。故俗皆曰:何以孝弟为?财多而光荣。何以礼义为?史书而仕宦。何以谨慎为?勇猛而临官。故黥劓而髡钳者犹复攘臂为政于世,行虽犬彘,家富势足,目指气使,是为贤耳。故谓居官而置富者为雄桀,处奸而得利者为壮士。

兄劝其弟，父勉其子，俗之坏败，乃至于是。(此皆俗人之观念。在有识者观之，是为坏败。)察其所以然者，皆以犯法得赎罪，求士不得真贤，相守崇财利，诛不行之所致也。今欲兴至治，致太平，宜除赎罪之法，相守选举不以实及有臧者，辄行其诛，亡但免官。则争尽力为善，贵孝弟，贱贾人，进真贤，举实廉，而天下治矣。

游牧之俗，迁徙无常，贱老贵壮，故以夫妇为本位，而父子可不相闻。农稼之俗，世业相承，老幼一体，故以父子为本位，而夫妇重其相代。(《冠义》：冠于阼，以著代也。《昏义》：舅姑共飨妇以一献之礼，奠酬，舅姑降自西阶，妇降自阼阶，以著代也。)故吾谓丧考妣三年之俗，盖在唐虞之前已有之。缘国族之由渔牧而进于农耕，殆已经若干万年，圣哲之倡孝德，特因其俗而为之节文耳。孔子曰：天地之性，人为贵，人之行莫大于孝。又曰：父子之道，天性也，君臣之义也。父母生之，续莫大焉。上原天性，下推相续。盖农业民族，天性特厚，有非游牧民族之习于凉薄所得喻者。且即喻之，而于吾圣哲之制为节文之精，犹难体察也。《仪礼·丧服传》最精之言曰：禽兽知母而不知父。野人曰：父母何算焉？都邑之士，则知尊祢矣；大夫及学士，则知尊祖矣。故不知孝者无论；知矣，而知母不知父，其去禽兽未远也。又进而曰父母何算焉？犹是野人之见也。至都邑之士之尊祢，始为由野蛮而进于文明。此吾国之文明所以早轶于他族也。(唐明之改服制，已由周之都邑之士之见，退而至于野人。然更有由野人而益降者，则墨家兼爱之说也。墨家之说曰：视人之父若己之父。骤聆之，似若较儒家之说为博大。然人之父恶得若己之父？此即其说之最不通者，故曰由野人而益降也。析理

史化第十

不精,反若说理之粗者为可贵,世之欲以墨易儒者多矣。)

《庄子》虽有翻十二经之语,而先秦诸子引据诗、书,未有以《诗经》、《书经》称者。惟《吕氏春秋·察微篇》引高而不危、满而不溢等语,明著曰《孝经》。而蔡邕《明堂论》曾引魏文侯《孝经传》,其书更早于《吕览》矣。《公羊疏》引《孝经钩命决》曰:孔子在庶,德无所施,功无所就,志在《春秋》,行在《孝经》。以《春秋》属商,《孝经》属参。而曾子之名,最著于战国,庄子多以曾、史并称(《胠箧篇》曰:削曾、史之行,钳杨、墨之口。《在宥篇》曰:曾、史之术。《天地篇》曰:跂与曾、史,行义有间矣),盖以曾、史为忠孝之代表。然史鰌为魏名臣,曾子之位不之逮。荀卿多诋史鰌,于曾子无间然。盖由人性之尚孝,故信乡曾子若是笃也。秦人家富子壮则出分;家贫子壮则出赘;借父耰鉏,虑有德色;母取箕帚,立而谇语;抱哺其子,与公并倨;妇姑不相说,则反唇而相稽;其慈子耆利,不同禽兽者亡几耳。(《汉书·贾谊传》)而秦儒为吕不韦著书,作《孝行览》曰:夫孝,三皇五帝之本务,而万事之纪也。夫执一术而百善至、百邪去,天下从者,其惟孝也。使非人性有所同然,其说恶能鸣之于秦国?吾以是知汉惠帝、吕后及武帝之以孝教天下,殆由于秦儒之说;而秦儒之说,又自尧、舜、禹、契、周公及孔、曾而来,汉人乃因此远源以为教也。贡禹述俗人之言曰:何以孝弟为?财多而光荣。汉末之谚曰:举秀才,不知书;举孝廉,父别居。(见《抱朴子》)俗之易浇而难化可见矣。然汉代诸帝皆以孝为谥,而天下皆诵《孝经》。(《后汉书·荀爽传》:汉制使天下皆诵《孝经》。)盖自天子以至于庶人,皆以孝为本务之义。汉武帝雄才大略,不拘拘于儒说也,而其行之无愧于孝武之谥者有二焉,一曰:援《公羊》之谊而征匈奴。

《汉书·匈奴列传》：汉既诛大宛，威震外国。天子意欲遂困胡，乃下诏曰：高皇帝遗朕平城之忧，高后时单于书绝悖逆。昔齐襄公复九世之仇，《春秋》大之。是岁太初四年也。

一曰：守先帝之法而诛昭平君。

《汉书·东方朔传》：隆虑公主子昭平君尚帝女夷安公主。隆虑主病，因以金千斤钱千万为昭平君豫赎死罪，上许之。隆虑主卒，昭平君日骄醉，杀主傅，狱系内官。以公主子，廷尉上请请论，左右人人为言：前又入赎，陛下许之。上曰：吾弟老，有是一子，死以属我。于是为之垂涕叹息良久，曰：法令者，先帝所造也，用弟故而诬先帝之法，吾何面目入高庙乎？又下负万民。乃可其奏，哀不能自止。

而《东方朔传》叙昭平君事，尤可见帝之至性过人，不以私情而损国法。俗人恶知此之为孝乎？读史者知此义，然后知宋光宗不过重华宫，张居正夺情恋政，以君相之尊为举世所非。宋之濮议，明之大礼，皆帝王家事，无与于国事，而徇私情以为孝，不合于礼，士夫乃不惮昌言力争，均由天子至于庶人以孝为修身之本之谊深中于人心。其身不修，即不能宴然居于臣民之上，士大夫之持清议者，不容不辨。此当时所以认为大事，史家所以必为详书。否则以今日之心习眼光观之，何能解此意义耶？

教孝一术耳，而秦儒言其广义曰：凡为天下治国家，必务其本而后末。所谓本者，非耕耘种植之谓，务其人也。（此所谓人本主义。）务其人，非贫而富之，寡而众之，务其本也。务本莫贵于孝。

人主孝,则名章荣,下服听,天下誉。人臣孝,则事君忠,处官廉,临难死。士民孝,则耕芸疾,守战固,不罢北。其言盖自曾子所谓居处不庄,事君不忠,莅官不敬,朋友不信,战陈无勇,皆非孝而来。夫人群至涣也,岂惟生存竞争,盖必有同情互助之为,其群始可以胶固而发达。世之立国者,或以宗教,或以法律,或以经济,皆以胶此涣散之群,而使之发展者也。然不本于性情之正,其胶也反以促其争。惟吾圣哲以孝为教,实本于天性,而合于人情,而国家社会缘以永久而益弘。其为义曰:资于事父以事母,而爱同;资于事父以事君,而敬同。故母取其爱,而君取其敬,兼之者父也。又曰:爱亲者不敢恶于人,敬亲者不敢慢于人。建国家,安社会,胥从孝出。盖人子之于父母,同情出于天性,由是而服劳奉养,由是而屈己受教。其牺牲私利私见,以助他人,以从他人之心习,自童稚至成人时已于家庭无形养成,则其致身于社会国家,至顺之势也。故曰:圣人因严以教敬,因亲以教爱,其所因者本也。(《孝经》)历代政教,惟曹操有或不仁不孝而有治国用兵之术,其各举所知,勿有所遗之令。(《魏志》注)外此未有不以孝为重者。夫以孝为重,即训练一世之人不自私而利人之基础;由其基础深厚,虽亦未尝无儌薄横逆悖于家族害于群众之流,而爱群奉法砥节首公明于致身之义者,不可胜数。极之精忠大节取义成仁,皆自其真性情中发出,非浮慕虚名,漫拼一死,或宗教法律经济诱惑而约束之,由是国族绵延,疆宇恢扩。广之任恤睦婣(如范文正设义庄之类),敛之循分守法,斯岂无故而然哉!

　　孝廉之选,北周以降不复举。(北周宣帝大成元年诏州举高才博学者为秀才,郡举经明行修者为孝廉。)孝弟力田之科,至中唐而遂罢。(唐代宗广德二年五月礼部侍郎杨绾奏岁贡孝弟力田无实状,及童子科皆侥幸,悉罢之)。宋苏轼谓设科立名以取之,是教天下相率而为伪也。上以孝取人,则勇者割股,怯者庐墓;上以廉取人,则敝车羸马,恶衣菲食。凡可以中上意者,无所不至。德行之弊,一至于此。(《论贡举疏》)虽至清世俗之称,犹目举人为孝廉。(《陔馀丛考》:今世俗别称举人曰孝廉,以孝廉本郡国所举也。)每帝即位,直省府县各举孝廉方正一人,固与汉制迥殊矣。然风化所重,实深入于人心,不系于科目之有无。观于古礼渐久渐湮,惟丧服之名相承不坠,虽衰麻升数,等差莫辨,礼之深于文者,惟经生知之,而俗尚所沿,未始不存其意。百行孝为先之语,普及于社会。(即《吕氏春秋》所谓执一术百善至百邪去之意。)史化之深,无有过于此者矣。迁、固二大史家,皆由继承父志。姚思廉、欧阳修之行业,亦犹迁、固也。读龙门执手垂泣之言,味泷冈其来有自之语,其精神能感人于百世,此其史之所以不朽者乎?

汉之以廉与孝并重也,有近因焉,有远因焉。就其近者言之,六国之亡,汉室之兴,多由金钱之关系。用是知贪人败类,苟相率于拜金,则举国家军队,皆可为多金者所市。故虽出身狗屠之樊哙,犹知劝沛公勿为富家翁。此汉家开国君臣共同之意识。

《史记·信陵君列传》:公子威振天下,秦王患之,乃行金万斤于魏,求晋鄙客,令毁公子于魏王。

又《李牧传》:秦多与赵王宠臣郭开金,为反间,言李牧、司马尚欲反。赵王乃使赵葱及齐将颜聚代李牧。

又《李斯列传》:秦王乃拜李斯为长史,听其计,阴遣谋士赍持金玉以游说诸侯。诸侯名士可下以财者,厚遗结之;不肯者,利剑刺之,离其君臣之计。

又《高祖本纪》:使郦生、陆贾往说秦将,啖以利,因袭攻武关破之。

又:闻豨(陈豨)将皆故贾人也,上曰:吾知所以与之。乃多以金啖豨将,豨将多降者。

又《陈丞相世家》:绛侯、灌婴等咸谗陈平曰:平受诸将金,金多者得善处,金少者得恶处。汉王召让平。平曰:臣裸身来,不受金,无以为资。大王诚能出捐数万斤金,行反间,间其君臣,以疑其心,项王为人意忌信谗,必内相诛。汉因举兵而攻之,破楚必矣。汉王以为然,乃出黄金四万斤与陈平,恣所为,不问其出入。陈平多以金纵反间于楚。

又《留侯世家》:沛公入秦宫,宫室帷帐狗马重宝妇女以千数,意欲留居之。樊哙谏沛公出舍,沛公不听。良曰:夫秦为无道,故沛公得至此。夫为天下除残贼,宜缟素为资。今始入秦,即安其乐,此所谓助桀为虐。且忠言逆耳利于行,毒药苦口利于病,愿沛公听樊哙言。沛公乃还军霸上。《集解》:徐广曰:一本哙谏曰:沛公欲有天下邪?将欲为富家翁耶?沛公曰:吾欲有天下。哙曰:今臣从入秦宫,所观宫室帷帐珠玉重宝钟鼓之饰,奇物不可胜极。入其后宫,美人妇女以千数,此皆秦所以亡天下也。愿沛公急还霸上,无留宫中。(《通鉴》采此语。)

又《项羽本纪》:范增说项羽曰:沛公居山东时,贪于财货,好美姬。今入关,财物无所取,妇女无所幸,此其志不在小。

故自文帝即以廉吏为民之表。

《汉书·文帝纪》:十二年诏曰:孝悌,天下之大顺也;力田,为生之本也;三老,众民之师也;廉吏,民之表也。

景帝又以廉士失职、贪夫长利为戒。

《汉书·景帝纪》:后二年诏曰:人不患其不知,患其为诈也;不患其不勇,患其为暴也;不患其不富,患其亡厌也。其惟廉士,寡欲易足。今訾算十以上乃得官(应劭曰:古者疾吏之贪,衣食足知荣辱,限訾十算乃得为吏。十算,十万也。贾人有财不得为吏,廉士无訾又不得官,故减訾算得官矣),廉士不必众,有市籍不得官(即所谓贾人有财不得官也),无訾又不得官,朕甚愍之。訾算四得官,亡令廉士久失职,贪夫长利。

武帝既创举孝廉之法,又置部刺史,以六条察州,而侵渔百姓聚敛为奸、通行货赂割损正令之弊,占六条之二。

《汉书·百官公卿表》:武帝元封五年,初置部刺史,掌奉诏条察州。注引《汉官·典职仪》云:刺史班宣周行郡国,省察治状,以六条问事。……二条,二千石不奉诏书遵行典制,倍公向私,旁诏守利,侵渔百姓,聚敛为奸。……六条,二千石违公下比,阿附豪强,通行货赂,割损正令。

以贡禹之言观之,似武帝时贪风甚炽。然张汤与贾人钱通,而其死也,家产直不过五百金,皆所得奉赐,无他业。霍去病以外戚为大将,能知匈奴未灭无以家为。其尚廉之化,固行于贵近矣。

《史记·酷吏列传·张汤传》:汤之客田甲虽贾人,有贤操。始汤为小吏时,与钱通。及汤为大夫,甲所以责汤行义过失有烈士风。汤死,家产直不过五百金,皆所得奉赐,无他业。

又《霍去病传》:天子为治第,令骠骑视之。对曰:匈奴未灭,无以家为也。

至论其远原,则自盘庚已以无总于货宝生生自庸为训,卒以草窃奸宄亡国。故周之六计,以廉为本。

《周官》:小宰以官府之六计弊群吏之治,一曰廉善,二曰廉能,三曰廉敬,四曰廉正,五曰廉法,六曰廉辨。

盖必廉而后可善可能可敬可正可法可辨,未有不廉而善且正者也。《管子》以廉为四维之一,而释之曰:廉不蔽恶。盖廉之本义为廉隅,即凡事皆有界限之谓。临财毋苟得者,即审于群己公私之界限,不敢为恶而肆为欺蔽也。

《管子·牧民》:国有四维。一维绝则倾,二维绝则危,三维绝则覆,四维绝则灭。倾可正也,危可安也,覆可起也,灭不可复错也。何谓四维?一曰礼,二曰义,三曰廉,四曰耻。礼不逾节,义不自进(尹注:自进谓不自荐举也),廉不蔽恶(注:隐蔽其恶非贞廉也),耻不从枉。(注:诡随邪枉无羞之人。)故不逾节则上位安,不自进则民无巧诈,不蔽恶则行自全,不从枉则邪事不生。

儒者制行，砥厉廉隅，不陨获于贫贱，不充诎于富贵（《儒行》），与《周官》、《管子》之持义一也。然其精义，则在胸襟之高，有超乎富贵贫贱之境。《中庸》曰：素富贵行乎富贵，素贫贱行乎贫贱。君子无入而不自得。故孔子饭疏食饮水，曲肱而枕之，乐亦在其中。有此境界，始能视不义之富贵如浮云。自孔子以身示范，战国时人即已诵述其说。如蔡泽说应侯曰：圣人曰：飞龙在天，利见大人。不义而富且贵，于我如浮云。（《史记·蔡泽传》）可见战国时人心服此说，尊孔子为圣人，举其说与《易》并重也。孟子严义利之辨，视孔子之说尤详。穿窬乞墦，譬喻痛切；斥垄断嗜利者为贱丈夫，而定大丈夫之标准曰：富贵不能淫，贫贱不能移，威武不能屈。汉孝文时，《孟子》已立博士，其学说为汉人所信仰可想。故汉之举士，以廉与孝并重，又有此等远源，非徒鉴于秦楚之际矣。

古之为政，正德与利用厚生相剂。其言理财，以生之者众、为之者疾为主，初非不知经济，惟事消极保息养民，亦曰：安富。而其惩游惰之不生产者，又有法焉，曰：凡宅不毛者有里布，田不耕者出屋粟，无职事者出夫家之征。又曰：凡无职者出夫布，凡庶民不畜者祭无牲，不耕者祭无盛，不树者无椁，不蚕者不帛，不绩者不衰。（均见《周官》）其重生计至矣。然此为凡民言耳，至于士大夫，则不能假口于此。孔子曰：君子仕则不稼，田则不渔，食时不力珍，大夫不坐羊，士不坐犬。（《坊记》）孟献子曰：畜马乘，不察于鸡豚；伐冰之家，不畜牛羊；百乘之家，不畜聚敛之臣。与其有聚敛之臣，宁有盗臣。盖经济宜分公私，士大夫当为国民谋公经济，不得以其地位与凡民争私经济。士大夫与国民争私经济，则公经济何自增进而平均乎？董生知此义，举公仪休以告汉武。

史化第十

《汉书·董仲舒传》：受禄之家，食禄而已，不与民争业，然后利可均布，而民可家足。此上天之理，而亦太古之道，天子之所宜法以为制，大夫之所当循以为行也。故公仪子相鲁，之其家，见织帛，怒而出其妻，食于舍而茹葵，愠而拔其葵，曰：吾已食禄，又夺园夫红女利乎？古之贤人君子在列位者皆如是，是故下高其行而从其教，民化其廉而不贪鄙。及至周室之衰，其卿大夫缓于谊而急于利，亡推让之风，而有争田之讼。故诗人疾而刺之曰：节彼南山，惟石岩岩。赫赫师尹，民其尔瞻。尔好谊，则民乡仁而俗善；尔好利，则民好邪而俗败。由是观之，天子大夫者，下民之所视效，远方之所四面而内望也。近者视而放之，远者望而效之，岂可以居贤人之位而为庶人行哉！夫皇皇求财利，常恐乏匮者，庶人之意也；皇皇求仁义，常恐不能化民者，大夫之意也。《易》曰：负且乘，致寇至。乘车者君子之位也，负担者小人之事也。此言居君子之位，而为庶人之行者，其患祸必至也。若居君子之位，当君子之行，则舍公仪休之相鲁，亡可为者矣。

史迁亦知此义，故举公仪休以式循吏。后史之美清廉，贬贪墨，及历朝之重除贪，罔非本此义也。

《日知录》：汉时赃罪被劾，或死狱中，或道自杀。唐时赃吏，多于朝堂决杀，其持宥者，乃长流岭南。睿宗太极元年四月制官典，主司枉法赃一匹已上并先决一百。而改元及南郊赦文每曰：大辟罪已下，已发觉未发觉，已结正未结正，系囚见徒罪，无轻重咸赦除之。官典犯赃，不在此限。然犹有左降退方、谪官蛮徼者。而卢怀慎重以为言,谓屈法惠奸非正本塞源之术。是知乱政同位,夏后作其丕刑;贪以败官,《夏书》训之必杀。三代之王,罔不由此道者矣。……宋初郡县吏承五季之习,黩货厉民,故尤严贪墨之罪。开宝三年董元吉守英州,受赃七十余万,帝以岭表初平,欲惩掊克之吏,特诏弃市。而南郊大赦,十恶故劫杀及官吏受赃者不原。史言宋法可以得循吏者三,而不赦犯赃其一也。天圣以后,士大夫皆知饰簠簋而厉廉隅,盖上有以劝之矣。(参阅《廿二史劄记》明代重惩贪吏条。)

史家持论,或有愤疾浊世,故为激宕之言。如《史记·游侠列传序》,谓季次原宪,闾巷人也,读书怀独行君子之德,义不苟合当世,当世亦笑之。又曰:伯夷丑周,饿死首阳山,而文武不以其故贬王。跖蹻暴戾,其徒诵义无穷。由此观之,窃钩者诛,窃国者侯,侯之门,仁义存,非虚言也。其感慨至矣,然其上文以何知仁义已向其利者为有德,属于鄙人之言。盖史公鄙王侯为跖蹻之行,故设此论也。历观史事,廉正之能化人者多矣。张奂能化羌豪,

　　《后汉书·张奂传》:张奂字然明,敦煌酒泉人也。少游三辅,学欧阳《尚书》。……永寿元年,迁安定属国都尉。初到职,而南匈奴左奥鞬台耆、且渠伯德等七十余人寇美稷,东羌复举种应之。而奂壁唯有二百许人,闻即勒兵而出。军吏以为力不敌,叩头争止之。奂不听,遂进屯长城,收集兵士,遣将王卫招诱东羌,因据龟兹,使南匈奴不得交通。东羌诸豪遂相率与奂和亲,共击奥鞬等。连战破之,伯德惶恐,将其众降,郡

界以宁。羌豪感奂恩德,上马二十匹,先零酋长又遗金镮八枚。奂并受之,而召主簿于诸羌前,以酒酹地曰:使马如羊,不以入厩;使金如粟,不以入怀。悉以金马还之。羌性贪而贵吏清,前有八部都尉,率好财货,为所患苦,及奂正身洁己,威化大行。

袁绍畏见许劭,

《后汉书·许劭传》:同郡袁绍,公族豪侠,去濮阳令归,车徒甚盛。将入郡界,乃谢遣宾客曰:吾舆服岂可使许子将见。遂以单车归家。

毛玠之倡廉节,杨绾之格豪侈,知风气固亦惟人所转移。

《魏志·毛玠传》:玠尝为东曹掾,与崔琰并典选举。其所举用,皆清正之士,虽于时有盛名,而行不由本者,终莫得进,务以俭率人。由是天下之士,莫不以廉节自励。

《通鉴》二百二十五:大历十二年夏四月壬午,以太常卿杨绾为中书侍郎,礼部侍郎常衮为门下侍郎,并同平章事。绾性清俭简素,制下之日,朝野相贺。郭子仪方宴客,闻之,减坐中声乐五分之四。京兆尹黎干驺从甚盛,即日省之,止存十骑。中丞崔宽第舍宏侈,亟毁撤之。

至如武侯佐蜀,宣公相唐,遗表矢无赢财,史征其实,馈遗一皆拒绝,诏知其清。伟人长德,其高洁之出于至诚者,信当时而垂弈世。则有守而又有猷为,非徒以廉靖镇俗矣。

《蜀志·诸葛亮传》:亮自表后主曰:成都有桑八百株,薄田十五顷,子弟衣食,自有馀饶。至于臣在外任,无别调度,随身衣食,悉仰于官,不别治生,以长尺寸。若臣死之日,不使内有馀帛,外有赢财,以负陛下。及卒,如其所言。

《通鉴》三百三十四:贞元九年,上使人谕陆贽曰:卿清慎太过,诸道馈遗,一皆拒绝,恐事情不通。如鞭靴之类,受亦无伤。贽上奏曰:监临受赇,盈尺有刑。(胡注:律诸监临之官受所监临财物者,一尺笞四十;诸监临主司受财而枉法者,一尺杖一百。)至于士吏之微,尚当严禁,矧居风化之首,反可通行?贿道一开,展转滋甚,鞭靴不已,必及金玉。目见可欲,何能自窒于心?已与交私,何能中绝其意?是以涓流不绝,溪壑成灾矣。又曰:若有所受,有所却,则遇却者疑乎见拒而不通矣;若俱辞不受,则咸知不受者乃其常理,复何嫌阻之有乎?

孟子曰:无恒产而有恒心者,惟士为能。历代士风,虽隆污不一,而以其习于教训,慎于名检,与商贾胥吏殊科。有时以士人治财务,而见特效。刘晏之治盐运,湘军之举厘金,皆得士力。原士之多廉者,浸淫渐渍于儒史之化也。此又治史者所当深察也。

《通鉴》二百二十六:刘晏常以为办集众务,在于得人,故必择通敏精悍廉勤之士而用之,至于句检簿书,出纳钱谷,必委之士类。吏惟书符牒,不得轻出一言。常言士陷赃贿,则沦弃于时,名重于利(此亦可见唐时风化),故士多清修。吏虽洁廉,终无显荣,利重于名,故吏多贪污。

王闿运《湘军志·筹饷篇》:刑部侍郎雷以诚治军扬州,用钱江谋,奏榷商税,关税正则,本千而取三,榷之廛肆,则入千而取十。谓之厘金,言金取一厘也。厘金虽始于扬州,然无所得。(盖雷所用者多官吏,徒以滋弊。)曾国藩克武昌,下九江,乃令胡大任、何玉棻、孙谋于汉口行之。奸民诉之总督,下檄名捕大任等。大任者,礼部主事,故国藩亦移咨杨霈争之。霈不得已,委过藩司。未几,武昌、汉口复陷,而湖南厘局兴矣。郭嵩焘尤喜言厘金,始倡用士人,使其弟佐总局,而府县厘局,皆举贡生员(彼时举贡生员皆读孔孟书,不染胥吏商贾之习,故能奏效),商民便之。院司虽或委员,总成列衔而已。(实则湘军成功,多由士学,不止于办厘金专用士人。淮军不逮湘军,以其将领不皆士也。然李鸿章师友曾、左,犹足为晚清伟人,士学之效如是。)

古之为学,自童时舞勺舞象,学射御;长而学干戈羽籥,习射习乡,不惟以讽诵为事也。孔子谓立于礼,成于乐。又曰:执御乎?执射乎?至孟子始专言诵《诗》读《书》。荀子曰:学恶乎始?恶乎终?曰:其数则始乎诵经,终乎读礼。(《劝学篇》)于礼言读,与孔子之执礼,已不尽同。《吕氏春秋·尊师》亦曰:疾讽诵,问书意。后世之学偏重读书,所由来远矣。汉法,学僮能讽书九千字以上乃得为吏。司马迁十岁则诵古文,东方朔虽尝学击剑及孙吴兵法、战阵之具、钲鼓之教,然所自诩者在能诵若干万言。

《汉书·东方朔传》:年十二学书,三冬文史足用。十五学击剑,十六学《诗》、《书》,诵二十二万言。十九学孙吴兵法、战阵之具、钲鼓之教,亦诵二十二万言。凡臣朔固已诵四十四万言。(学兵法亦是读书。赵括徒读父书,可与朔言相证。)

故董遇教学者,初不为讲解,第曰:读书百遍,而义自见。

《三国志·王肃传》注:董遇性质讷而好学,人有从学者,遇不肯教,而云必当先读百遍。言读书百遍,而义自见。

锺会自述四岁读《孝经》,至后按年读诸经。可以见其时士大夫家教子弟之程序。

《三国志·锺会传》注:会为其母传曰:夫人性矜严,明于教训。会虽童稚,勤见规诲。年四岁授《孝经》,七岁诵《论语》,八岁诵《诗》,十岁诵《尚书》,十一诵《易》,十二诵《春秋左氏传》、《国语》,十三诵《周礼》、《礼记》,十四诵成侯《易记》,十五使入太学。

以段玉裁十三岁所读书证之,汉魏及清,世家之教读书,前后一轨。而天资之高者,十三四岁即能读若干古书,初不损其脑力也。

段玉裁《朱子小学跋》:乾隆丁卯,余年十三,先君子授以小学。是年,应学使者童子试,试之日,能背诵小学、四子书、《诗》、《书》、《易》、《周礼》、《礼记》、《春秋左氏传》。吏部侍郎尹公元孚为孺子可教,赐饭宠异之。

六代以降,世益尚文词之美。科举考试,竞于文艺。韩愈自述其学曰:非三代两汉之书不敢观。(《答李翊书》)又曰:上规姚姒,浑浑无涯。周《诰》殷《盘》,佶屈聱牙。《春秋》谨严,《左氏》浮夸。《易》奇而法,《诗》正而葩。下逮《庄》、《骚》,太史所录,子云、相如,同工异曲。(《进学解》)柳宗元曰:文者以明道。是固不苟为炳炳烺烺,务采色夸声音而以为能也。又曰:本之《书》以求其质,本之《诗》以求其恒,本之《礼》以求其宜,本之《春秋》以求其断,本之《易》以求其动,此吾所以取道之原也。参之穀梁氏以厉其气,参之孟、荀以畅其支,参之庄、老以肆其端,参之《国语》以博其趣,参之《离骚》以致其幽,参之太史以著其洁,此吾所以旁推交通而以为之文也。(《答韦中立书》)故虽专尚文章,去古益远,而其根本仍在读书,且所读惟周、秦、两汉之书。此岂迷信及功令使然,其必出于读及惟此是读者,实经若干时代若干人物选择考虑,知他途之不逮是也。

宋以来学者读书之程序,见于程端礼《读书分年日程》。大抵先读《朱子小学》,次读《大学》、《论语》、《孟子》、《中庸》,次读《孝经》、《易》、《书》、《诗》、《仪礼》、《礼记》、《春秋经》及"三传",次看《通鉴》,读韩文,读《楚辞》。其言读法尤详。

《读书分年日程》:日止读一书,自幼至长皆然。随日力资性,自一二百字渐增至六七百字,日永年长,可近千字而已。每大段内必分作细段,每细段必看读百遍,倍读百遍,又通倍读二三十遍。(如此用功,便可终身不忘。)后凡读经书仿此。……每凤兴,即先自倍读。已读册首书至昨日所读书一遍。内一日看读,一日倍读。生处误处记号以待夜间补正遍数。其间日看读,本为童功文理未通误不自知者设。年十四五以上者,只倍读。师标起止于日程空眼簿。凡册首书烂熟,无一句生误,方是工夫已到,方可他日退在夜间,与平日已读书轮流倍温。如未精熟,遽然退混诸书中,则温倍渐疏,不得力矣。凡倍读熟书,逐字逐句,要读之缓而又缓,思而又思,使理与心浃。朱子所谓精思,所谓虚心涵泳;孔子所谓温故知新,以异于记问之学者,在乎此也。

数百年间,塾师之教,虽不尽同,大都先倍诵而后理解,世多病其戕贼儿童。不知人生数十寒暑,惟童时记忆力最强,前人深知此意,利用天机,不使浪费,而多读有用之书。如农种谷,非朝莳而暮获,必俟秋至而后丰收;如贾储金,非旦入而夕支,必俟年久而得厚利。且其法抑人浮躁,勉使沈潜,养其恒心,归于笃实。故对所读之书能切实从事者,长而执业服务,求所未知未能之学,即亦不惮繁难,而必求其精当。养成良好之心习,实基于读书焉。自汉以来,经师文士,层出叠进,传世名家,各有独造者,以其读之熟也。且自群经之外,天文历算、地记史志、医药方术,名著如林,非科目所必治,非学校所尝授,而为之者光溢前史。盖读书之习既成,弓冶箕裘,知类通达,故能就其性之所近,锐精赴之也。(例如唐有三史科,宋则无此科目。然宋人史学最精,史部撰著最富,可以为证。)夫汉唐迄清,政法礼乐,远不及古;交通物质,又不逮今。而崛起竞兴,而为名臣名将循吏名贤者,项背相望。其原因固不一,盖必有一总因为此千数百年之中人物所自出。此总因者何?读书

史化第十

也。其读书之法,等于储金,年愈久而利愈厚,相率而支用不穷也。名人杰出者无论,即村塾童稚,家庭妇女,所诵不多,而寸语片言,深入心坎,触事值机,咸悟其用。吾国人多明理,殆基于此。衡其所读,固似远于治生常识及科学工艺之初基,然政治(如曰政者正也,及为政在人)、经济(如曰不患寡而患不均,不患贫而患不安,及生财有大道,生之者众,为之者疾诸语)、伦理(如为人君止于仁,为人臣止于敬,为人父止于慈,为人子止于孝,与国人交止于信之类)、教育(如学而时习之,有教无类之类),种种要言,及历史之经验即所谓历史哲学者,皆储之儿童脑中。自通都大邑,及于边鄙乡村,积千百年之教化,缅缅相承。当时习之者不之觉,今日反之者亦不之察。苟静思之,谓吾国旧教育乃举今日大学校中人文科学之各种原理原则,纳之于儿童教育之中,不亦奇耶?唐仇士良教其徒勿令人主读书,初不料清季以来之言教育者,乃持仇士良之术以对吾四万万之主人翁也。

《通鉴》二百四十七:会昌三年六月癸酉,仇士良以左卫上将军内侍监致仕。其党送归私第,士良教以固权宠之术曰:天子不可令闲,常宜以奢靡娱其耳目,使日新月盛,无暇更及他事,然后吾辈可以得志。慎勿使之读书,亲近儒生。彼见前代兴亡,必知忧惧,则吾辈疏斥矣。其党拜谢而去。

孔门重博学,儒行言强学(夙夜强学以待问)。董仲舒论学,谓事在强勉。

《汉书·董仲舒传》:自非大亡道之世者,天尽欲扶持而安全之，专在强勉而已矣。强勉学问，则闻见博而知益明；强勉行道，则德日进而大有功。此皆可使还至而立有效者也。

颇似前人立教，专强人所难。实则古之教义，最重因材而笃。即读书而论，亦非专举上智以督人。敏睿之资，如锺会、段玉裁者，十三四岁已遍诵群经，此为特出之人，而非定制所望。定制则为中人计，不强以读多书，儿童必读者，盖惟《孝经》、《论语》。（汉昭帝年十三通保傅传《孝经》、《论语》、《尚书》，宣帝年十八师受《诗》、《论语》、《孝经》，均著帝纪。可见汉时《孝经》、《论语》，为自天子至于庶人所通习。唐试童子科者，十岁以下能通一经及《孝经》、《论语》卷诵文十通予出身。国子生习《孝经》、《论语》限一年业成。见《唐志》及《六典》。）长而治经，则止限一经或二经。汉之博士，各授一经，守其家法，传其章句，已足为学。唐分大中小经（《礼记》、《左氏春秋》为大经，《周易》、《毛诗》、《周礼》、《仪礼》为中经，《尚书》、《春秋》、《穀梁》、《公羊》为小经），国学生治一大经，即不兼他经，中小经乃使兼习。许、郑、贾、孔诸通儒，俟其自求，非悬格以相强也。明代至清乾隆中叶，试士以经分房，士子各占一经；其通习者，四子书耳。上智不加限制（分经试士时，亦有兼治五经得第者），群材皆可勉为。前人制事之准情理若是，徒以上智无多，而常人不可不诏以困勉。困勉则可与生知安行者平等，而天下皆无弃材。必待其有兴味而自求，率不免于时过而后学。且于读书纵其惰性，何能期其莅事必矢恒心，讲求教化，其亦深虑及此乎？清初颜元、李塨，有鉴于宋明以来专知读书之弊，欲反之于《周官》三物之教。其实颜、李之学，正由读书得来。真读书者，自知尽己及人物之性。昔之教也偏于尽人，今之教也偏于尽物。由《周官》

而通之,讽诵必兼六艺,即知格致亦必读书矣。

任何国族之心习,皆其历史所陶铸,惟所因于天地人物者有殊,故演进各循其轨辙。吾之立国,以农业,以家族,以士大夫之文化,以大一统之国家,与他族以牧猎,以海商,以武士,以教宗,以都市演为各国并立者孔殊。而其探本以为化,亦各有其独至。骤观之,若因循而不进,若陈腐而无当,又若广漠而不得要领;深察之,则其进境实多。(如疆域之推广,种族之镕化,物产之精制,文艺之深造等。)而其本原不二。近世承之宋明,宋明承之汉唐,汉唐承之周秦。其由简而繁或由繁而简者,固由少数圣哲所创垂,要亦经多数人民所选择。此史迁治史,所以必极之于究天人之际也。《大学》曰:物有本末,事有终始。知所先后,则近道矣。又曰:其本乱而末治者否矣。吾之人本主义,即王氏所谓合全国为一道德之团体者。过去之化若斯,未来之望无既。通万方之略,弘尽性之功,所愿与吾明理之民族共勉之。

柳诒徵先生学术年表*

1880 年（光绪五年）

2月5日（阴历十二月二十五日）出生于江苏省丹徒县（今属镇江市）。

1895 年（光绪二十一年）

赴金坛应科举考试，中秀才。

1901 年（光绪二十七年）

经陈庆年介绍，到南京江楚编译局，担任编写教科书的工作。得识书局总纂缪荃孙，成为其弟子，并与陈作霖、宗嘉禄、徐乃昌等著名学者相识往来。

1902 年（光绪二十八年）

随缪荃孙、徐乃昌等人赴日本考察教育两个多月，将考察日记整理为《日游汇编》。

1903 年（光绪二十九年）

9月，所编《历代史略》由江楚书局出版发行，全书六卷，从唐虞三代编至明末，每卷各分篇章，打破了纲鉴的编年形式，一变而为新式的教科书。

---

* 本年表由北京师范大学历史学院博士生贾浩撰写，内容参考了《柳诒徵自传及自述》、柳定生《柳诒徵先生传略》、王新田《柳诒徵先生年谱简编》等资料。

开始从事教育事业,先后与友人创办南京思益小学、江南中等商业学堂及镇江大港小学。

1905 年(光绪三十一年)

出任江南高等学堂教习,教授国文、伦理、历史三门课程,辞去编译局工作。

1908 年(光绪三十四年)

接受两江师范学堂(南京高等师范学校前身)监督李端清聘请,任文史教习。

在书局和各校所编之书有《历代史略》、《中国教育史》、《中国商业史》、《商业道德》、《伦理口义》等。

1911 年(宣统三年)

任丹徒县临时县议会副议长及镇江中学校长,因议革农民纳粮半费事,与当时县长龃龉,又因剔除学校会计私弊,与校中职员相左,遂于夏间辞职赋闲。

1912 年

赴北京,任明德大学斋务主任兼历史教员。

1915 年

回南京,应南京高等师范学校校长江谦之聘,就任国文、历史教员,又兼河海工程学校教师。

1916 年

辞去河海工程学校职务,专任高师事。

1921 年

是年夏,南京高等师范正式改为东南大学。担任历史系教授,开讲各家文选、中国文化史、东南亚各国史、印度史、中国政治制度史及沿革地理等,亲自起草历史沿革地理挂图、筹设史地陈列室,以配合教学。编有《中国文化史》、《东南亚各国史》等讲义。其中《中国文化史》旨在阐述中国文化的源流,抉择中国文化的特点,以勖勉青年学习、继承和发扬中国文化的优良传统。全书七十余万字,引用资料自六经、廿五史、历代各家著述,旁及国外汉学家论著和近代报章杂志统计资料,无不详为搜辑,达六百余种之多,为一部完备、系统的中国文化史参考书。

1922 年

1月,与东南大学同事梅光迪、吴宓创办的《学衡》杂志开始出版,该刊致力于翻译或介绍西方古代重要学术文艺及近世学者论学论文之作,至1933年7月停刊。此外还与学生缪凤林、景昌极等创办《史地学报》、《文哲学报》。

1923 年

参加中华教育改进社在济南召开的年会,提出《拟编全史目录》议案。

1925 年

3月,东南大学发生更易校长风潮,以校局前途混沌,愤然辞去职务。

6月,赴沈阳,任东北大学教授。

1926 年

应北京女子大学之聘,出任历史教授,兼任北京高等师范学校历史教授。

1927 年

国民政府决定改组东南大学,筹建第四中山大学,被聘任为筹备委员。因无意在此校任教,遂担任第四中山大学图书馆(原江南图书馆,后曾改为中央大学国学图书馆)馆长,该馆不久独立为江苏省立国学图书馆。就任后立即清点藏书,订立了完备的规章制度和周详的工作规则。为方便远地读者,特别设立住馆研读制度。创办《国学图书馆年刊》以鼓励馆内工作人员从事学术研究,还著有《中国版本概说》、《国学图书馆小史》、《国学图书馆概况》,以便读者了解图书馆情况。印行馆藏珍本一百余种,以广流传,并亲自为每种书撰写提要书跋,题署扉页书签。

同时兼任江苏省通志编纂委员,分任《江苏书院志》、《江苏钱币志》、《江苏礼俗志》编辑。

1929 年

主持编成《国学图书馆图书总目》三十六册。该目录将原先分编的国学图书馆普通书目、善本书目,以及丛书总目与丛书子目合编在一起,其分类在四库分类基础上,增设志部以收方志、丛部以收丛书、图部以收各种图册,系我国当时最为详细的图书馆分类目录,于 1933—1935 年陆续编印出版。

1932 年

9 月,与张其昀、缪凤林、倪尚达等人创办国风社,任社长。出版《国风》半月刊,以宣导发扬中华文化和介绍世界最新学术为任,至 1936 年 12 月停刊。

1935 年

与叶楚伧主编的《首都志》由正中书局出版。《首都志》共 16 卷,24 目,50 余万字,详尽地将见于载籍的南京三千年历史变迁编汇于两集,并附有历代珍贵地图一册,是当时最为完备的南京市志。

1937 年

抗战爆发,组织图书馆员将馆藏宋元善本及各种珍本装箱藏于南京朝天宫地库,将普本中较为珍贵的方志三万余册运至江苏兴化县,分藏中圩罗汉寺、观音阁及盛庄三处。

12月间,因日军逼近,被迫离开南京。

1938 年

应浙江大学校长竺可桢之邀,任教浙江大学。

夏间,因病返回苏北兴化县竹泓乡,与家人团聚。

1941 年

兴化沦陷,避居上海。

1942 年

经上海、浙江、江西、广东、云南、贵州抵达重庆。应中央大学校长顾孟余之聘,任历史研究导师,主讲历史研究法,著《国史要义》一书。在此期间,赴各大学讲演,及出席教育部学术评议会,被聘为部聘教授。

1945 年

10月上旬,由重庆返回南京,复任国学图书馆馆长,立即着手收回馆舍和藏书十八万余册,董理校编收复馆藏图书目录。

1947 年

应国史馆之聘,担任兼职纂修,同时为国史馆馆刊总编辑。因国史馆会务,得与陈垣、金毓黻、冒鹤亭、商衍鎏等著名学者相过从。

1948 年

5月,主持编修的《国学图书馆现存书目》上册(经、史、子部)出版。

8月,《国学图书馆现存书目》下册(集、志、丛、金石拓片目)出版。

9月，与陈垣、陈寅恪、张菊生、汤用彤、顾颉刚等被中央研究院聘为院士。

是年秋，以年届七旬，申请退休。

1949 年

是年春，获准退休，迁居上海。

9月，上海市长陈毅组织上海文物管理委员会，被聘为委员，担任图书组主任。根据接收上海及附近各县古籍时所见，写成《检书小识》，鉴别版本，著录内容提要。

1950 年

被聘任为镇江市文物名胜保管委员会委员，提出立即恢复镇江"绍宗藏书楼"。

1951 年

上海筹建图书馆，被聘为筹备委员会委员。工作之暇，还蓄志辑录中国奴隶史及中国人民生活史资料。

1956 年

2月3日，因脑溢血医治无效病逝，享年76岁。

揭开"现代"的遮蔽，走向对传统理解的澄明

——《国史要义》导读

向燕南

陈寅恪在《王观堂先生挽词并序》中称："自道光之季，迄乎今日，社会经济之制度，以外族之侵迫，致剧疾之变迁；纲纪之说，无所凭依，不待外来学说之掊击，而已销沉沦丧于不知觉之间。"①斗转星移，百余年弹指一挥之间，中华民族已再度崛起于世界民族之林，当初迫于西方殖民之威取文化守势而打出的"国学"旗号，随着国势的增强，开始呈现"出击"之势，一时间海外纷纷建起"孔子学院"，讲国学成了时髦。然而"此情可待成追忆，只是当时已惘然"。当初陈寅恪氏挽王国维之词，竟然成了谶语。历经百余年"西潮"的冲涤，千年一脉传承下来的文化，"虽有人焉，强聒而力持，亦终归于不可救疗之局"②。以至于今日，原固有学术文化的核心知识体系及观念，除了"封建糟粕"的负面意义外，已鲜有人能不误读地洞悉其"义"，晓畅其"谊"了。传统学术文化的语言"能指"(significant)，因失去其原文化的语境依托，与其"所指"(signifie)早

---

① 陈寅恪：《王观堂先生挽词并序》，《寒柳堂集》所附《诗存》，上海古籍出版社1980年版，第7页。
② 同上。

已渐行疏离,失去了原有的意义关联,而不得不依赖于"文化的翻译"①。文化传承面临的尴尬,使得近代那些"并识西学西理西俗西政,能为融合古今,折衷中外之精言名论"②的学人著述,很自然地成为我们进入传统经史之学的津梁。其中以史学言,柳诒徵先生的《国史要义》,与近世言史学的其他著作比较,既不似某些著述那般迂旧,又不像某些持西法论的著述与传统史学有所隔膜,庶几可以视为使我们多少脱开西方学科理论的影响,一窥传统史学堂奥的密钥。

一、柳诒徵及其文化思想

《孟子·万章下》说:"颂其诗,读其书,不知其人可乎?是以论其世也。是尚友也。"陈寅恪谈史学研究,亦每言"同情之理解",云:"盖古人著书立说,皆有所为而发。故其所处之环境,所受之背景,非完全明了,则其学说不易评论。"所以理解《国史要义》,唯先了解柳氏其人其世,方可构成对其旨趣的"了解之同情"③,包括其中的故典和"今典"④。

---

① 如《周易》中的一些诸如"元亨利贞"类词语,对于今天大多数人来说,已无法形成某些道德意义的联想。
② 吴宓:《雨僧诗文集》,台北:地平线出版社 1971 年版,第 444—445 页。
③ 陈寅恪:《冯友兰〈中国哲学史〉上册审查报告》。
④ 所谓"今典",即当时之事实。陈寅恪言史学研究每言之,如《柳如是别传》第一章《缘起》曰:"自来诂释诗章,可别为二。一为考证本事,一为解释辞句。质言之,前者乃考今典,即当时之事。后者乃释古典,即旧籍之出处。"又陈寅恪《读哀江南赋》云:"解释词句,征引故实,必有时代限断。然时代划分,于古典甚易,于'今典'则难。盖所谓'今典'者,即作者当日之时事也。"

柳诒徵,字翼谋,亦字希兆,号知非,晚号劬堂,江苏省丹徒县（今属镇江市）人氏。生于清光绪五年十二月廿五日（公元1880年2月5日）,一生历清、民国和新中国三个时代。年7岁,慈父见背,以家贫,柳诒徵随母鲍氏至外家,就鲍氏书塾读。柳母督教甚严,柳诒徵学习亦极刻苦。光绪二十一年（1895）,柳诒徵17岁,中秀才。光绪二十八年（1902）,柳诒徵随缪荃孙往日本考察近代教育,回国后在南京与茅谦、陶逊等创办思益小学堂,是为南京第一所新制小学。后又任江南中等商业学堂、江南高等学堂、江南高等商业学堂、两江优级师范学堂教员等。辛亥革命时,柳诒徵曾任丹徒县临时议会副议长、镇江（府）中学监督。1914年2月,柳诒徵应聘为南京高等师范学校国文、历史教授。1925年,柳诒徵以东南大学学潮故,再度北上,先后执教清华大学、北京女子大学和东北大学；1929年柳诒徵重返南京,任教中央大学,同时担任南京图书馆馆长、考试院委员、江苏省参议员等职。抗战爆发后,柳诒徵辗转西南,先后讲学于国立浙江大学、国立贵州大学。1938年,柳诒徵至重庆,应邀再度出任南迁的中央大学历史系教授。1941年,国民政府教育部颁行《部聘教授办法》,实行"部聘教授"制,柳诒徵以学识德望遴选为首批部聘教授。抗日战争胜利后,柳诒徵复回南京出任国学图书馆馆长,兼任国史馆纂修。1948年,柳诒徵获第一届中央研究院院士殊荣。1949年,柳诒徵以年届七旬申请退休,获批,移居上海。是年5月,上海解放,柳诒徵受新政府之邀,出任上海文物管理委员会委员,任图书组主任。1951年,上海筹建图书馆,柳诒徵受聘担任筹备委员会委员。1956年2月3日,年届七十六的柳诒徵以脑溢血疾卒。

　　柳诒徵先生所生之世,恰值中国千年未有的巨劫奇变,不独国家将亡,绵延承续几千年的文化,亦不无泯灭之虞。当其时,"为此文化所化之人"其痛苦之巨,已非今人所能想象。文化的自卑、沮丧与焦虑,交织着对国家政治前途的焦虑,在当时渐渐形成一种集体无意识情结在全社会蔓延,随之而来的则是新文化运动一些激进者自谴式的文化批判。"盖晚清以来,积腐爆著,综他人所诟病,与吾国人自省其阙失,几若无文化可言。"①柳诒徵先生的这些论述,要亦反映出清季民初之时,内外事势压迫之下,中国文化所面临的存续进退的曲折艰难,与当时国人的心态。

柳诒徵先生是中国现代新史学的开创者和建设者,其不仅著述等身,且多是筚路蓝缕、堪传于世的巨作。不过,柳诒徵先生在新史学、新文化的发展史中扮演的却不是一般人所认同的"革命"角色,而是当时文化保守主义的重要角色。

柳诒徵先生之被视作"文化保守主义"者,主要缘于他与"学衡派"的密切关系。1922年1月,由留美教授梅光迪等发起,集聚了一批东南大学同道,共同创办了《学衡》杂志。其时《学衡》诸君,高擎"论究学术,阐求真理,昌名国粹,融化新知"的旗帜,"以继承中国学统,发扬中国文化为己任",对中国未来文化发展方向的认知独取它径,因而与北京大学中一些新文化人士形成对垒论战,时人称之"学衡派"。《学衡》初创之时,主将吴宓曾以"现时东南大学之教授人才,亦以柳先生博雅宏通为第一人"故②,嘱柳诒徵先生草拟《发刊词》申述办刊旨趣。在此后的日子,先生力襄《学衡》,除见其连载《中国文化史》外,亦有《论中国近世之病源》、《中国文

---

① 柳诒徵:《中国文化史》1947年再版"弁言"。
② 吴宓:《吴宓自编年谱》,三联书店1995年版,第228页。

化西被之商榷》、《中国乡治之尚德主义》等有影响的宏文刊发于此,是该刊发表论文最多的学者。其"领袖群伦",俨然"学衡派""中流砥柱的力量"①。

"学衡派"与"北大派"的南、北对垒,围绕中西文化的问题展开的争辩,是新文化运动后期的重要景观。当时钱穆尚在中学执教,在他所讲授的《国学概论》中,已以专章作过介绍②。晚年的钱穆回忆说:"民国初年以来,陈独秀、胡适之诸人,先后任教于北平北京大学,创办《新青年》杂志,提倡新文化运动,轰传全国。而北京大学则为新文化运动之大本营所在。""民国十年间,南京中央大学诸教授起与抗衡,宿学名儒如柳诒徵翼谋,留美英俊如吴宓雨僧等,相与结合,创办《学衡》杂志,与陈、胡对垒。"③而民国文史大家钱基博,在述及此景时亦称:"丹徒柳诒徵,不徇众好,以为古人古书,不可轻疑;又得美国留学生胡先骕、梅光迪、吴宓辈以自辅,刊《学衡》杂志,盛言人文教育,以排难胡适过重知识论之弊。一时之反北大派者归望焉。"④此为柳诒徵与"学衡派"瓜葛的大概。

柳诒徵虽被视为"文化保守主义者",但是他与先时"国粹派"的文化理念,还是相去径庭,不能作同日语。柳诒徵先生之所以能为游学欧美、通晓新学的"学衡派"诸君所重,咸推之属草《学衡》创刊"弁言",而且他在《学衡》"发刊词"中所倡"论究学术,阐求真理,昌名国粹,融化新知"的宗旨,亦能成为"学衡派"认同的核心理

---

① 张其昀:《吾师柳翼谋先生》,台北《传记文学》1968 年 2 月号,总 69 号。
② 详见钱穆《国学概论》下篇第十章《最近期之学术思想》。
③ 钱穆:《纪念张晓峰吾友》,台湾私立中国文化大学《张其昀先生纪念文集》编纂委员会:《张其昀先生纪念文集》,1986 年,第 7 页。
④ 钱基博:《国学文选类纂总叙》,《钱基博学术论著选》,华中师范大学出版社 1997 年版,第 18 页。

念,实与其一贯学术主张以及其融通中西学术的素养不无关系。此足以说明柳诒徵先生秉持的文化理念,绝不是反对新文化运动,而是对那些否定中国历史文化的民族虚无主义不满。柳诒徵认为:"欲知中国历史之真相及其文化之得失,首宜虚心探索",绝不可妄自菲薄;凡"中国所尚,欧美所无者,一概抹杀,不敢提倡"的民族虚无主义者,"在今日亟宜觉悟"。柳诒徵决绝地指出:"洋奴之习不蠲,中夏之道不明!"①

在所著《中国文化史·绪论》中,柳诒徵曾经指出,历史研究,应以比较之视野,"求人类演进之通则","明吾民独造之真际"②,并以"吾文化独异于他国者"揭出令人深思的三题:中国幅员广袤,世罕其匹,前人之所以开拓抟结为此者,其原因何在?中国种族复杂,至可惊异,即以汉族言,其吸收同化无虑百数,至今泯然相忘,其容纳沟通的原因何在?中国所历年祀久远,相承勿替,成为迄今独存的古文明,其原因何在?③ 柳诒徵认为,幅员如此广袤,融合民族如此众多,历史如此悠久之并世无俦的中华民族,其文化绝不可能具有虚无价值,而必有一伟大的文化力量蕴寓其中!因此,尽管当时中国仍处在前所未有的危难之中,先生仍充满自信地提出"中国文化西被"问题,要以伟大的中华人伦文化,拯西方"物欲"社会的宿弊④。柳诒徵先生曾于其《中国文化史》中特引陈嘉异《东方文化与吾人之大任篇》的观点说:"东方文化一语,其内涵

---

① 详见柳诒徵:《柳诒徵说文化》,上海古籍出版社1999年版,第344—345页。
② 柳诒徵:《中国文化史》1947年再版"弁言",上海古籍出版社2001年版,卷首第1页。
③ 详见柳诒徵:《中国文化史》,上海古籍出版社2001年版,卷首第2—7页。
④ 详见柳诒徵:《中国文化西被之商榷》,《学衡》1924年3月,第27期。

之意义,决非仅如国故之陈腐干枯。精密言之,实含有中国民族之精神,或中国民族再兴之新生命之义蕴。"①因此,只有理解柳诒徵先生对中国文化的坚定信念、续统意识,以及护持、复兴民族文化的担当精神,才能理解《国史要义》背后支撑的文化深意。

二、《国史要义》:解读与分析

《国史要义》的写作,据柳诒徵先生长孙柳曾符先生讲,乃缘于抗战内迁时期中央大学研究院"教授进修课程"的讲授。那时正是抗日战争最艰苦的1942年。这时的柳诒徵先生不仅学术臻备成熟,而且值民族存亡之际,其对于民族文化前途的忧患与思虑,较之先时也愈加深沉。被誉为"命世奇作"的《国史要义》,正是因为集合了柳诒徵先生的学术之醇与思想之厚,而获得"先生文史学之晚年定论"的肯定②。

《国史要义》,顾名思义,就是对中国史学根本思想的阐述。但柳诒徵先生这里所谓的"国史",是指中国传统意义的史或史学,而不是现代意义的、按照西方学科模式建立起来的史学。后者是"新史学"。中国的新史学,是在对传统史学的批判中诞生的。清光绪二十八年,即公历1902年,号称"学界陈涉"的梁启超,继上一年《清议报》发表《中国史叙论》后,于《新民丛报》再发长文《新史学》,高高竖起"史界革命"大纛,截然划开与所谓旧史学的界限。

---

① 柳诒徵:《中国文化史》,第969页。
② 苏渊雷:《柳诒徵史学论文序》,《柳诒徵史学论文集》,上海古籍出版社1991年版。

犹如讨伐旧史学的檄文。《新史学》痛批旧史"四弊"、"二病"等种种沉疴顽疾。以梁启超的影响,《新史学》发表后,一时趋新者无不视旧史学如敝屣,欲抛弃而后快。客观地说,梁启超掀起的"史界革命",对于中国现代史学的兴起自有其积极意义,但是受当时政局下急于变革的急迫心情影响,而不免有泼"澡水"连带"孩子"泼出之嫌。晚年的梁启超,也每流露出悔其少作之意。就史学批评而言,柳诒徵对梁启超的《新史学》最不满。至抗日战争中讲授《国史要义》,柳诒徵既着意表彰中国文化,提振民族信念,也对梁启超《新史学》的偏激观点,每每措意相驳。所以读《国史要义》,不妨取《新史学》所论相互参照。此外,柳诒徵对民初轰动一时的疑古思潮也颇不以为然,故而批驳之辞,在《国史要义》中亦不时流露。这些要皆可视为《国史要义》中的"今典"。

读《国史要义》亦不可不明了柳诒徵先生的史观。《国史要义》所论之"史",虽说仍是基于传统经史子集知识框架下的"史",但又与传统以经为纲的知识构成观不同。在柳诒徵的史观中,史学是取替经学占居统摄整个知识世界的位置的一门学问。柳诒徵后来曾在其《中国文化史》再版"弁言"概括说:"史非文学,非科学,自有其封域。"①这种"古之学者治六艺,皆治史耳"的观点,虽与清代章学诚的"六经皆史"说似,但所归旨趣却仍有不同。章氏称"六经皆史",是从道不离器的角度,来倡导经世致用之学。而柳诒徵所言,其要则归旨于"儒学即史学"②。即史学与儒学二而一,一而二,互为表里,其义一也。即其畴皆关乎政治,其旨俱关乎人伦教

---

① 柳诒徵:《中国文化史》1947年再版"弁言",卷首第1页。
② 同上。

化,而其要则皆归于经世致用。又因儒学的核心是礼,所以《国史要义》所"言史一本于礼"①。

以礼释史是《国史要义》最重要的特点。柳诒徵既以儒学为史学,那么作为儒学核心的礼也就自然地成了他所谓"史"的核心。于是,理解儒家的礼,便成了理解《国史要义》的钥匙。

柳诒徵之所以如此重视礼,既与他的学术渊源有关,亦与礼在中国文化中的地位有关。就学术渊源讲,从注重内圣的心性之学,转向具有外王品格的礼学,以求从中开发出有价值的政治思想,是清嘉道以后兴起的、与经世之学有着内在联系的学术取向。受士大夫问题关怀的驱使,这种崇礼之风一直延至清季民初,柳诒徵曾受业的艺风老人缪荃荪,所践履的就是"以经学为礼学,以礼学为理学"的学术理路。在当时大学术环境及直接师承的影响下,柳诒徵接受崇礼的学术理路,也就是再自然不过的事了。而就中国文化来讲,对于礼在中国历史文化中的核心地位,今人多已不能理解。但是《左传》则这样说:"礼,经国家,定社稷,序人民,利后嗣者也。"②这就足以说明礼在古代政治生活与社会生活中的重要。

关于礼与中国文化,陈寅恪曾这样说:"吾中国文化之定义,具于《白虎通》三纲六纪之说,其定义为抽象理想最高之境,犹希腊柏拉图所谓 idea 者。"③《白虎通》正是儒家之礼观念的集中体现。作为整合整个经验世界秩序的礼,按照儒家的观念,是介于外在之法与内在之德之间的规定,其特点是"别"或"分",其作用是在承认

---

① 熊十力:《国史要义题辞》。
② 阮元校刻本《十三经注疏》,中华书局 1980 年版,第 1736 页。
③ 陈寅恪:《王观堂先生挽词并序》,《寒柳堂集》所附《诗存》,上海古籍出版社 1980 年版,第 7 页。

社会差别客观存在的前提下实现有差等的爱,即仁的实现,以保证社会和谐有序地运转。其中在价值层面,礼所重视的是以"德"为基础的"教化","纳上下于道德,而合天子诸侯卿大夫士庶民以成一道德之团体"①;在政治层面,礼在强调社会阶级等差存在的同时,强调权利与义务的对等性,强调君臣在道义下的平等关系,强调"大公"优先前提下的君权有限性,或对君权的制约。因此,"为抽象理想最高之境"的礼,以及礼观念指导下的礼治社会的实现,在几千年的中国文化语境中,一直是道德、秩序、和谐、(相对的非民粹主义泛爱式的)平等、(权利与义务相称的有限君权条件下的)"民主"等社会理想的追求,是整合社会,使人心向一的核心理念。尽管礼的应有之义在后世不断为专制君主所歪曲,但是其作为"抽象理想最高之境",仍一直是士大夫们明知不可为而为之的理想追求。当然也是柳诒徵毕生的文化追求。

《国史要义》凡十论,其中所论问题依序为:

1. 史原

"原"者,按《说文》为"水泉本也"。因此所谓"史原",即史的本源。

将中国史学的发生追溯到上古时期的史官制度,是由来已久的传统解释,但是柳诒徵并非只局限于论证作为一门学术的史学的起源,而是将上古史官的文化形态,以及文化形态的制度体现,与中国史学的学术品格或精神构成结合起来讨论,指出上古史官与中国史学同国家政治间的天然联系,与中国史学的道德属性,以

---

① 柳诒徵《国史要义》引王国维《殷周制度论》语。

及中国史学的经世致用取向等等文化品格或精神生成的密切关系。同时,又由于上古史官体系与礼(包括礼仪与礼义)所具有的天然联系,于是中国文化中礼赖史而存续,史因礼而获义,由此形成了以礼为价值标准的学术特点。

与西方直接从口述传诵发展起来的史学不同,在中国史学的发展历程中,史官及其制度扮演了一个极其重要的角色,其特有的文化形态和制度形态,对于中国史学日后的发展,有着极其深刻的影响。除上面提到的与政治的密切联系、道德属性及经世致用取向外,将史学纳入国家的管理职能之中、以官修为主的历史编纂、关注制度史的传统以及历史叙事中的国家主义立场,等等,都是与史官的文化形态与制度形态的影响有关而特异于西方史学的学术文化现象。《史原》的论述,体现了柳诒徵对于中国史学之所以具有如此特点的敏锐把握。

2. 史权

因史官而及于礼,柳诒徵顺其逻辑拈出史权的问题。史权的观念作为中国特有的史学观,不仅推动了史学学术的不断发展,也体现了中国一般思想世界中,对于逝与不朽这一对矛盾的时间观所具有的人文主义取向。

与一般单纯从称颂直书的视角表彰董狐、南史不同,柳诒徵先生敏锐地从这些史官秉笔直书的行为背后看到了制度与文化的支持。柳诒徵先生针对唐代刘知幾等只知从个人品质的角度表彰直书的观点诘问之:"使晋、齐诸国史官,无法可据,纵一二人冒死为之,不能必四五人同执一辞,必书之而不顾一切?"认为刘知幾等人的观点,是"止知重个人之气节,不知究古史之职权也"。柳诒徵先生认为,之所以上古"史权高于一切",其实际是当时的史官制度使然。由此柳诒徵先生指出:"是则政宗史体,各有渊源,必知吾国政治之纲维,始能明吾史之系统也。"那么"吾国政治之纲维"是什么呢?柳诒徵先生认为,是当时的史官不仅掌官书典则,而且还负有分理庶政,襄赞王治,约束、诤谏君王的责任。君主虽有势位之崇,但在终极意义上却仍是屈于代表"大公"的天道。道与势之间,史犹法,犹道义,故史权在终极意义上高于君权。柳诒徵先生由申史权之尊而揭出道尊于势的儒家政治学说。

3. 史统

由史权而论及历史的道德判断和政权合法性的判断,遂有史统之论。柳诒徵先生此章所论,旨在明正史之义而判别正统论的公案,终而归之于阐发民族大义。

正统论既是中国史学中是最具民族特色的史学理论问题,也是最富争议的问题。从《国史要义》理论逻辑的推进讲,史权运用的一个重要方面就是对历史的价值评判,彰善瘅恶,以彰显史权的道义力量。然而历史评价又是十分复杂的问题,因为历史事实呈现的结果往往与人的道德诉求构成背反,"成王败寇"是历史中常有的事实。这在评价多政权并存时哪一个政权更具有合法性时,尤其困难。梁启超《新史学》曾力陈正统论之非,"谓中国史家之谬,未有过于言正统者"。与梁启超相反,《史学要义》所竭力张大的,是正统论对中国政治的统一与民族文化的绵延具有的积极意义,认为吾"国统之屡绝屡续者恃此也"。值得注意的是,柳诒徵先生所强调的,是正统或政治合法性的归属,必须是站在"天下为公,不私一姓"的全民族的立场考量,追求"疆域之正,民族之正,道义之正"。柳诒徵先生指出,"疆域不正则耻,民族不正则耻。推此二耻之所由来,则自柄政者以至中流士大夫全体民众,无不与有责焉。吾史之不甘为偏隅,不甘为奴虏,不甘为附庸,非追往也,以诏后也。蒙文通氏谓持正闰论者固政治民族主义,盖见于此……"联想到柳诒徵先生抒发此论之时,正是抗日战争最艰难的时刻。其时国民政府已被迫退居西南,而在日寇扶持下,中国国土之东北有伪满政府,南京则是汪精卫伪政权。此情此境,柳诒徵先生论史统便别有了一番伸张民族大义的深意。

4. 史联

此章所论乃中国史学的编纂要义,表彰的是中国史学表述的独创性。

任何历史事件的发生都不是孤立的,而是处于各种或必然或偶然的关系之中。但是,由于三维的历史存在与二维的文字表述之间天然存在的张力,如历史事实的丰富性与表述的有限性间的张力,事件展开的历时性与共时性的张力,等等,使得如何展现不同历史事件之间的有机联系,呈现给读者一个完整历史画面,成为历史编纂首先面临的难题。然而对于这一问题的解决,相比于西方史家,中国历史上的史学家,表现出了极大的创造性。不仅创制了纪传体这种综合叙事体裁,以多重叙事的形式,展现历史事件之间的关系,还亟力注意通过不同的叙事手法安排,展现出历史事件间的关系,以此揭橥历史的关联及其演进的原委。柳诒徵先生不无民族自豪感地说:"今人论史,尤宜比勘外史,始有以见吾史之创制为不可及矣。"而至于中国史家缘何对表述历史间的联系有如此高的自觉,柳诒徵先生所论,则再次归宗到他的基本观点,即早期的史官制度使然:史之有联,出于官之有联。进而指出:"是故知政而后知史,亦必知史而后知政……班孟坚之自述曰:穷人理,该万方。治史而能着眼于此,始不致徒以史求史,而经世之用无穷矣。"

由史事之联,论及史与政之联,揭出中国史学经世致用的宗旨。

5. 史德

此章主要是继承章学诚论史德、文德的之旨而作进一步的阐述。

柳诒徵先生对史德的理解,较之专就史学论者不同,认为"学者之先务,不当专求执德以驭史,而惟宜治史以蓄德"。即治史学的第一要务是成人立德,培植心术。其中包括习史培德与以德修史两个方面。柳诒徵先生认为,"言德不专为治史,而治史之必本于德"的史德精神,在中国文化中源远流长,是源自上古史官、上古史学以来的优良传统。史官既持典治世,就不能不援引前人经验,亦不能不尚德而临文主敬,不能不重史事的考实征信,而这些因文化制度形态养成的品质,遂成为后世传疑传信,重考信而不轻诋古人的史德传统。于挽近史学,柳诒徵先生最不满的,一为梁启超的《新史学》,一为胡适、顾颉刚等的古史辨,所以其借申史德之义而批评说:"挟考据怀疑之术以治史,将史实因之而愈淆,而其为害国族也亟矣。"此外,此章对于民族虚无主义,或狭隘民族主义支配下的妄意附会自夸之习的针砭,则是柳诒徵先生在当时形势下对传统史德说的发挥。

6. 史识

何为史识,翼谋先生以为近世刘咸炘"观史迹之风势"之论最允当。按照刘咸炘的观点,史家首先要有对历史的见识,才能有相应的编纂史法;读者也是因史著的编纂史法,而体会到史家对于历史的见识。或者说,历史如何编纂表述是由史识所决定的问题,反过来,由于史识是内在的,所以必须通过具体的编纂表述史法才能为读者所认识和理解。即史识因史法而显,史法因史识而活。由于大部分的历史编纂是源于对史料理解下的二次"创作",所以当历史的编纂者,作为后人,以一个"他者"的立场,以果推因,对过去的事件进行追溯"复原"时,其事件的"安排"与组织,事件与事件之间空白的想象性的填补连缀等等具体操作,都与编纂者的史识分不开。因此论史识必不能脱开史法孤立地讨论。

那么中国优秀的史家是通过怎样的史法显现其史识的呢?柳诒徵先生以为,在对史实的采择,如"书与不书"等;在史事的安排去取,如体例的设计、史实的穿插,等等。为揭示中国史学史识的深刻,柳诒徵先生以《春秋》"三传"解《春秋》的义法等为例,进行了详细地剖析,除叮咛"不第不可遽谓前人不逮吾侪,且不得谓吾人于前人所撰著悉已了解"外,亦进一步指出:"治史之识,非第欲明撰著之义法,尤须积之以求人群之原则。"即其最终目的仍在建立对历史的通识,或现代人所说之历史哲学。

7. 史义

"史义"是中国史学中最受重视的,柳诒徵先生也不例外,认为中国史学中无处不蕴藉史义,称前此六章皆关乎史义,而此章则是专门的论述。

中国史学追求的史义其核心内容是什么?柳诒徵先生认为是"生民之本"。称:"不知生民之本,德义之府,治史果何为乎?"因为源于史官的中国史学,与出于史官的"六艺",在关乎政治方面,其精神是统一的,即善善恶恶,抑君权,申民意,使天下为公,而"一本于礼"。孔子《春秋》所揭之义唯此,司马迁《史记·滑稽列传》所示之义亦唯此,后世司马光、黄宗羲、顾炎武的史学亦无不唯之此。柳诒徵先生所继承发挥的史义,也正是晚清以来礼学研究的思路,即揭示原始儒学礼观念中抑君权、申民意的思想。柳诒徵先生以所揭中国史学之义,驳斥梁启超所谓"旧史学皆帝王将相家谱"说之余,复申其"中国文化西被"的理念。

8. 史例

史例者,史书编纂的体例。包括史著的编写格式、遣词造句规定等等。统一的体例,也是史著表述前后统一的保证。中国有极发达的史学,也有重视史例的优良传统,柳诒徵先生认为这是世界其他国家的史学都无法相比的。因史例一如史联,虽为史法,但其本仍在史识,故而《国史要义》此章,以经例诠解史例,基本未出其"论史一本于礼"的观点,认为"史例权舆《礼经》","由动作事为,皆有规律,至于记言记事,亦必有共守之规律。自王朝之史,至诸国之史,一皆据以为书,此非异事也。"指出史例的缘起、本质和史学中的地位。

9. 史术

此章之旨,全在阐发中国史学的经世致用精神。按术者道也,一般为后世儒者所讳言。但是柳诒徵先生承清季倡经世致用之风,欲振儒学外王之学,以史术为中国经史之学的根本精神或目的,径称:"史术即史学。"极"言史术通贯经术,为儒术之正宗"。认为:"史术之正,在以道济天下……治史者必求其类例,以资鉴戒。则原始察终,见盛观衰,又为史术所最重者。"此章所论亦有"今典"。即按近代以来,有感于国势的衰颓,一些人认为中国学术之落后,乃根于传统政、学不分之弊,所以自严复始称"学术必与治事分开",蔡元培掌北京大学时,力倡"学术脱离政治"的理念,而胡适、傅斯年师生等则追随其后,提出"为学术而学术"的口号,其意在将"学"与"术"分别开来。但是柳诒徵先生对"为学术而学术"的提法不以为然,认为"学未必无术",学虽不一定为官,但学终不能脱离政治和社会,学者也不能不关心政治,尤其"就史学而言通,则必就史学与心身家国天下之关系而言"。此亦柳诒徵言史术的一个语境或"今典"。

10. 史化

《国史要义》始于对中国史学史原的追溯,而终于对史学在中国文化生成中的价值,揭橥中国文化的要义。按《说文》:"化,教行也。"本义变化,引申为感化、教化之义。柳诒徵先生认为,中国文化之成为世界一伟大而有特色的文化,端赖史学的涵泳教化。中国史学既渊于礼,又是礼的渊薮,故礼的精神尽在于史学之中。徇此,柳诒徵先生由史学要义而揭中国文化的要义。中国文化要义何?曰礼的精神,即纳上下于道德,明亲亲尊尊贤贤,明男女之别,导化民风,文明四夷,而合天下以成一道德之团体的人文主义。此是翼谋先生对中国文化要义的解读,也是对中国史学要义的解读。"过去之化若斯,未来之望无既。通万方之略,弘尽性之功,所愿与吾明理之民族共勉之。"这是对当时听课诸君的属望,也是对全民族的属望。

以今天的观点看,尽管《国史要义》一些观点可能不无商榷之处,但是其对中国文化温情的敬意,对中国传统史学的肯定,以及坚持依循中国文化、中国史学自身的内在理路,而非以"他者"立场,揭橥中国史学价值的努力,仍值得我们十二分地肯定。20世纪后期兴起的后殖民主义,其理论所阐述的一个核心问题,就是如何解构建构在西方殖民霸权之上的、对于殖民地与半殖民地的话语暴力,解构其所建构的不平等话语上的权力—知识体系,发掘为西方文化霸权遮蔽的民族自身文化的价值。事实上,若仅就史学而言,经过分析哲学的转向、语言学的转向,以及所谓后现代主义思潮的洗礼,人们已经在质疑西方近代启蒙运动以来,一路凯歌发展下来的,标榜"客观"性和"科学"性的现代史学的局限。

法国哲学家福柯(Michel Foucault)在《词与物:人文科学考古学》中曾指出,任何文化都存在着譬如语言、价值和知觉框架等基本代码。这些基本代码不仅确定该文化经验的秩序,还建构了该秩序所存在的阐释,构成了该文化"对所有知识的可能性条件加以限定的认识型(une épistémè)"①。正是这所谓的"知识型",划出了不同文化的思想界限,决定了该文化所属之知识和思想的特殊性。

"这鸭头不是那丫头,头上哪讨桂花油!"中国史学本中国文化所自出,从史学的观念、史学的思维方式,到史学的方法和表述形式,皆表现出不同于实质主义影响下的西方古典史学,也不同于学科体系下的西方现代史学。因此如果以近代西方所谓"科学"的史学观来观照中国的史学,必然凿枘,从而显现出二者不同"认识型"所构成的各自的思想界限。《国史要义》竭力揭示中国史学特异性的努力,其价值也恰恰在这里得以显现。

柳诒徵先生所生也早,其知识直接生成于连续的、还未发生断裂的传统文化,西方文化在他的知识和思想世界中,尚未构成对传统文化真实的遮蔽,这就使他能够相对准确地传递传统知识与思想的信息。但是另一方面,此时西方文化挟着坚船利炮已开始涌入,即使是出于民族前途的忧患,也使他不得不正视这些来自异域的思想文化。于是,这样一个文化的"他者",便很自然地,甚至可

---

① [法]米歇尔·福柯著,莫伟民译:《词与物:人文科学考古学》,上海三联书店2001年版,第222页。

能是不自觉地被叠加到他对中国史学要义的思考和论述当中,构成一个文化比较的视域。而这种文化格局,恰恰是我们今天所不具备的。也许我们对西方文化具有较之柳诒徵先生更多的了解,但是不可否认,现代化过程中形成的民族文化断裂与西方知识、思想体系的遮蔽,已经使我们难于触摸到按其自身规律运转了数千年的传统文化的"真实"。《国史要义》在此情况下,或许可以成为我们揭开"现代化"(或西化)的遮蔽,走进传统史学,走向思想理解之澄明的津梁或密钥。当然,在理解中国传统史学的过程中,"传统"与"现代"二元对立的纠缠,或在现代的学科格局中,怎样完成传统史学学术的创造性转换,这样的问题想来也会伴着我们的思考出现于我们的面前。这可能也是我们在阅读《国史要义》时有必要思考的重要问题。